上海市教育委员会教学研究室科研项目 项目编号 JX09JC01201605

INNOVATIVE TEACHING DESIGN OF MATHEMATICS BASED ON KEY COMPETENCIES

基于核心素养的数学创新教学设计

杨浦区数学学科高地

杨浦区“创智课堂”教学实践研究

宝山区高中数学研究团队（一）

杨浦区王国江数学名师工作室

主编：王国江　副主编：张倬霖

上海社会科学院出版社
SHANGHAI ACADEMY OF SOCIAL SCIENCES PRESS

序

近年来，基础教育的最热门的话题之一可能就是“核心素养”了，教育部2017年颁布的《普通高中数学课程标准》数学学科“六大核心素养”的概念界定也逐渐明晰，培养学生的核心素养具体到数学学科上是一件重要的事.新高中数学课程标准的课程目标指出：通过高中数学课程的学习，学生能获得进一步学习以及未来发展必需的数学基础知识、基本技能、基本思想和基本活动经验；提高从数学角度发现和提出问题的能力、分析和解决问题的能力；逐步学会用数学的眼光观察世界，发展数学抽象、直观想象素养；用数学的思维分析世界，发展逻辑推理、数学运算素养；用数学的语言表达世界，发展数学建模、数据分析素养；增强创新意识和数学应用能力.随之带来的就是我们的数学教学设计也要适应教育改革的要求.

本书主编是杨浦区教师进修学院高中数学教研员，数学特级教师、正高级教师王国江老师，副主编是上海市行知中学高级教师、教研组长、首席教师张倬霖老师，他们领衔的团队承担上海市教委教研室的重大项目、数学名师工作室、数学高地，围绕培养学生核心素养这一主线，将“核心素养落实到课堂”作为建设目标，组织编写《基于核心素养的数学创新教学设计》一书，以此去推动区域学校积极探索课堂教学的改革.

本书以“创智课堂”建设为切入点，通过师生关系的重建、教与学方式的变革、课堂文化的营造、学生潜能的开发，建设以激活学生的潜力和思维活力的课堂为依据的教学设计.不断去改变教学方式，改进教学过程，改善教学氛围，改善师生关系；引导学生以自主、合作、探究的方式进行学习；拓展学生的学习空间、改进学生的学习过程，使学生知识迁移的能力，预测、观察和解释能力，推理能力，批判性思维和创造性思维能力等得到充分发展.

本书以“创智课堂”教学实践为固着点，试图解决教师培养学生创新素养的意识和能力不足的问题，解决学生创新素养培育与学业质量同步提升的问题.众多一线教师将他们多年来关于“教学设计”的探索和思考呈现出来，并用教学实践、教育科研等多种角度来诠释他们对新《普通高中数学课程标准》的理解.本书则是数学学科教师在“数学核心素养”理念的探索和研究上所取得成果的一种呈现.

本书的主要特色：一是具有实践性和可操作性；二是突出应用性和创新性.依据上海教材的课时要求，编者精心设计、全面考虑，是很接地气之作，又有上海的教授、特级教师等教育专家的精彩点评，为本书添色.我想本书可作为数学教师一份参考资料，启迪教师的教学智慧，对提升教师的教学水平和研究能力是有一定帮助的.

同济大学数学科学学院教授、教学中心主任　靳全勤
2018年8月20日

前　言

正如“战场上，不打不准备之战”，“课堂上，不上不备课之课”，备课并不是要把教材背熟，而是要设法看到数学思维过程，强调数学素养、强调过程教学. 那么如何备好课？数学的备课问题，用专业的术语讲，就是数学教学设计问题，这里的“创新”设计，一是基于2017年公布的《高中数学课程标准》要求为依据；二是基于上海市教研室“基于数学学科核心素养的创智课堂教学实验研究”项目为切入点. 本书目的在于，试图把教师从繁重的收集查阅资料、书写教案中解脱出来. 教师通过本书洞察数学教学设计的本质，从操作层面上体会数学教学设计的理念、思路、操作技术及理论依据；感悟什么是数学教学，什么是数学基本课型的教学设计. 这是体现数学学科核心素养的教学设计的接地气之作，也是教师的市级、区级、校级公开课的成果，更是教师们长期教学实践积累的结晶，值得我们关注并不断继续创新.

我们知道数学教学系统由教师、学生、教学目标和教学内容组成，在这一系统中，学生是主体，教师起着主导作用，教学目标预示着教学方向和蓝图，而教学内容设计则起着基础平台的作用. 因为教学总是借助于一定数学教学内容展开的，在数学教与学中，设计是一种基本要素，它影响着数学教学，也能促进学生的学习.

本书主要是上海市杨浦区与上海市行知中学的数学学科带头人、首席教师、区骨干教师，按照上海教材课时要求撰写的教学设计，每节课由教学目标、教学重点与难点、教学方法与教学手段、教学流程设计、教学过程、课堂反思、板书设计、教学设计说明、专家点评等组成. 力求体现基础性、时代性、创新性、典型性和可接受性. 在教学过程中，教师应在新旧知识之间架设好认知的“桥梁”，创设问题情境，激发学生的学习兴趣和求知欲望，揭示问题解决的思想方法，使学生易学、想学、要学.

本书每篇教学设计均有专家点评：同济大学数学教授、博导靳全勤老师，上海大学数学系主任、上海市领军人才王卿文教授，上海师范大学施斌主任，上海市行知中学特级教师、特级校长陈振华校长，上海市晋元高级中学特级教师、正高级教师王华书记，交大附中特级教师曹建华副校长、曾国光副校长，杨浦区教师进修学院特级教师、正高级教师王国江老师，上海市行知中学高级教师、数学教研组长、首席教师张倬霖等老师做了精彩的、客观的、建设性的点评.

人生有涯知无涯，无论是作为科学的数学一部分，还是作为教学设计，探索和创新都是无止境的. 如果本书能为中学数学教学提供认知的新视角，赋予数学教学与传播新认识，使读者有所收获的话，这便是我们的目的与用心所在了.

主编　王国江　副主编　张倬霖
2018 年 8 月 17 日

目　录

高一年级上学期

高一年级下学期

高二年级上学期

高二年级下学期

高三年级

初三年级

高一年级
上学期

子集与推出关系

上海市行知中学　张建国

一、教学目标

1. 理解集合间具有包含关系的充要条件是这些集合的性质具有推出关系.

2. 掌握用集合的包含关系进行推理的方法.

3. 经历用集合知识解决逻辑推理问题的过程.

4. 养成独立思考的习惯,提高分析问题、解决问题的能力,锻炼抽象概括能力和逻辑思维能力.

二、教学重点

理解子集和推出关系的本质,学会用集合的包含关系进行推理的方法.

三、教学难点

掌握用集合的包含关系进行推理的方法.

四、教学方法

学导式教学方法.

五、教学流程设计

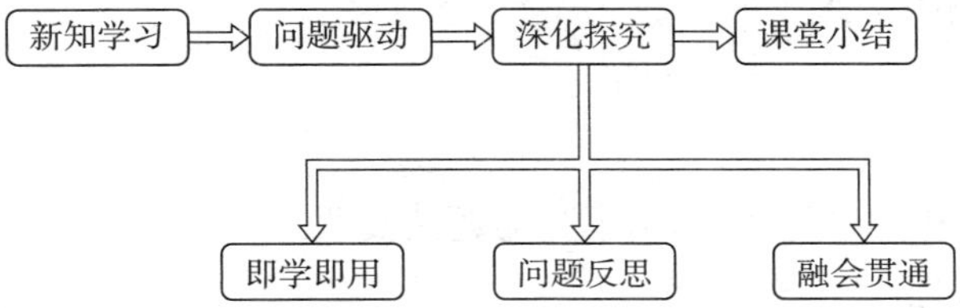

六、教学过程

（一）课前预习

根据课前学案，与学生们共同理解“集合间具有包含关系的充要条件是这些集合中元素的公共属性的性质具有推出关系”.

说明：

1. 课前发下学案，学生在温故知新中预习新知，为本节课的学习打好基础.

（二）新课讲授

1. 建立子集与推出关系的联系

设 $A=\{a \mid a$ 具有性质 $\alpha\}$，$B=\{b \mid b$ 具有性质 $\beta\}$，则 $A\subseteq B$ 与 $\alpha\Rightarrow\beta$ 等价.

上述等价性可以理解为：

集合的包含关系	命题的推出关系	条件关系
$A\subseteq B$	$\alpha\Rightarrow\beta$	α 是 β 的充分条件
$A\supseteq B$	$\alpha\Leftarrow\beta$	α 是 β 的必要条件
$A=B$	$\alpha\Leftrightarrow\beta$	α 是 β 的充要条件

2. 师生讨论后得出结论.

2. 及时巩固

例 1　判断命题 α：$x=1$，β：$x^2=1$ 之间的推出关系.

分析：记 $A=\{x \mid x=1\}$，$B=\{x \mid x^2=1\}$.

因为 $A=\{1\}$，$B=\{1,-1\}$，所以 $A\subseteq B$，从而 $\alpha\Rightarrow\beta$.

3. 借助题目使学生进一步理解子集与推出关系的联系.

例 2　判断集合 $A=\{n \mid n=2k, k\in\mathbf{Z}\}$，$B=\{n \mid n$ 的个位数是 $2, n\in\mathbf{Z}\}$之间的关系.

分析：设命题 α：$n=2k(k\in\mathbf{Z})$，命题 β：n 是个位数是 2 的整数.

因为命题 α：$n=2k(k\in\mathbf{Z})$，即 n 是偶数，

所以 $\beta\Rightarrow\alpha$，从而 $B\subseteq A$.

3. 加深感受

例 3　利用子集和推出关系，判断下列命题的真假.

(1) 如果 $a>2$，那么 $a\geqslant 2$.　　　　（　　）

(2) 如果 $ab\neq 0$，那么 $a\neq 0$ 或 $b\neq 0$.　　（　　）

分析：关于(1).

学生：(易错点)假!

教师：用子集与推出关系可以解释.

分析：关于(2).

4. 例 3、例 4 进一步加深学生体会“利用子集的包含关系”解释“命题的推出关系”.

学生：$ab\neq 0\Leftrightarrow a\neq 0$ 且 $b\neq 0$ 之后，可以用子集和推出关系解释.

教师：正确.

例 4 已知非空集合 A、B，则命题 α：$x\in A\cap B$ 是命题 β：$x\in A\cup B$ 的(　　).

(A)充分条件　　　　(B)必要条件

(C)充要条件　　　　(D)既非充分也非必要条件

思考：若本题改为"已知非空集合 A、B，则命题 α：$x\notin A\cap B$ 是命题 β：$x\notin A\cup B$ 的__________条件.

学生："$\notin$"会导致无从下手，思维混乱.

教师：由子集与推出关系可知，直接从推出角度思考问题比较困难时，可以从集合角度研究！

说明：在判断"命题的推出关系"出现困难时，我们可以借助于"子集的包含关系"的帮助，抓住它们的内在联系，是我们解题的关键.

5. 通过学生讨论，教师做适当指引，得出结论.

4. 灵活应用

例 5 设 α：$1\leqslant x\leqslant 3$，β：$m+1\leqslant x\leqslant 2m+4$，$m\in\mathbf{R}$，$\alpha$ 是 β 的充分条件，求 m 的取值范围.

学生：设 $A=\{x\mid 1\leqslant x\leqslant 3\}$，$B=\{x\mid m+1\leqslant x\leqslant 2m+4\}$.

因为 α 是 β 的充分条件，所以 $A\subseteq B$.

可得 $\begin{cases}m+1\leqslant 1,\\ 3\leqslant 2m+4,\end{cases}$ 解得 $-\dfrac{1}{2}\leqslant m\leqslant 0$.

教师：若 α 是 β 的必要条件则如何？（此处学生易忽略 β 为空集的可能性）

6. 视学生的实际情况再决定教学内容.

（三）课堂反馈

根据课堂所发的学案，对教学情况进行检测和评价.

（四）类比深化

根据本节课所学内容，类比以下结论：

设 $A=\{a\mid a$ 具有性质 $\alpha\}$，$B=\{b\mid b$ 具有性质 $\beta\}$，则

集合的包含关系	命题的推出关系	条件关系
$A\subsetneqq B$	$\alpha\Rightarrow\beta$ 且 $\beta\not\Rightarrow\alpha$	α 是 β 的充分非必要条件
$B\subsetneqq A$	$\beta\Rightarrow\alpha$ 且 $\alpha\not\Rightarrow\beta$	α 是 β 的必要非充分条件

7. 利用学案辅助，由学生自主完成.

思考：在例 5 中，若 α 是 β 的充分非必要条件，则 m 的取值范围是多少？

七、教学设计说明

子集和推出关系主要探讨集合的包含关系与命题的推出关系之间的联系，在之前已经学习了集合的有关内容、四种命题形式和充分必要条件之后继续学习，将集合与命题加以沟通，融为一体，有助于学生更深刻地领会子集概念和命题关系，提高综合运用的能力.

本节内容的理论性较强，不建议学生死记硬背，需要从本质上理解、领悟从而灵活运用. 所以本节课的教学设计要注意以下几点：

1. 怎么提出这个课题而又不觉得突兀？本课从复习集合与命题的相关知识引出集合与命题练习的探讨. 然后以实例进行巩固，目的在于让学生真正理解子集和推出关系.（见附录 1）

2. 将引例与主要知识以列表的形式呈现. 学习理论性较强的知识，学生经常会出现困难，因此，把知识以列表的形式呈现，有助于记忆和理解.

3. 以学生多思考、多交流为中心，促进学生主动学习. 在教学的各个环节中，以学生为主体，引导学生动脑思考，鼓励学生提出问题、寻找联系、发现结论、尝试运用.

4. 融入数学史的学习. 借子集与推出关系向学生们介绍集合论的创始人康托尔，让学生觉得数学并没有那么枯燥.

八、教学反思

本节课的内容比较抽象，学生理解略显吃力，对某些题目的处理可以再细致一些，例如“已知非空集合 A，B，则命题 α：$x \notin A \cap B$ 是命题 β：$x \notin A \cup B$ 的__________条件.”在学生思考之后，教师点评时如果能运用互为逆否命题的思考方法，会更有利于学生的理解.

另外，本节课学生若做好预习工作会更加理想，因此教师可以事先设计预习方案，有助于课堂效率的提高.

课堂评价见附录 2.

九、专家点评

很多高中学生在学到命题这一节的时候都有这样的疑惑：为什么命题与集合是编写在一个章节的？本节内容给出了很好的诠释. 在学习的过程中，我们应该注意知识与知识之间并不是孤立的，它们之间往往有着密切的联系. 本节课建立起了“集合”与“命题”的内在联系，对于优化和提升学生的思维品质有着极大的帮助，可以让学生非常真切地感受到数学的和谐与统一之美，同时也激发了学生学习数学的兴趣，提高学生分析解决问题的能力.

一元二次不等式的解法(第一课时)

上海市市东中学　蔡敏姬

一、教学目标

(一) 知识与技能

1. 知道可以通过将一元二次不等式转化为一元一次不等式组进行求解,体会转化与归类的数学思想.

2. 掌握从一元二次函数的图像中寻找一元二次不等式解集的方法,熟悉解一元二次不等式的一般步骤.

3. 深刻理解"三个二次"的关系,体会数形结合的思想方法.

(二) 过程与方法

通过函数图像探究一元二次不等式与相应函数、方程的联系,获得一元二次不等式的解法.

(三) 情感、态度与价值观

1. 通过研究函数、方程与不等式之间的内在联系,使学生认识到事物是相互联系、相互转化的,树立辩证的世界观.

2. 激发学生学习数学的热情,培养学生勇于探索、勇于创新的精神,同时体会事物之间普遍联系的辩证思想.

二、教学重点与难点

(一) 教学重点

一元二次不等式的解法,"三个二次"(一元二次方程、一元二次不等式和一元二次函数)之间的关系.

(二) 教学难点

"三个二次"(一元二次方程、一元二次不等式和一元二次函数)之间的关系.

理解并掌握利用一元二次函数的图像确定一元二次不等式解集的方法——图像法,其本质就是要能利用数形结合的思想方法认识方程的解,不等式的解集与函数图像上对应点的横坐标的内在联系. 由于初中没有专门研究过此类问题，高一学生比较陌生，要真正掌握有一定的难度，所以是本节课的难点.

三、教学方法与教学手段

（一）教学方法

以学生为中心，问题为驱动，引导探究，启发式教学.

（二）教学手段

多媒体辅助教学.

四、教学流程设计

温故知新 ⇒ 类比解题 ⇒ 深化问题，归纳解法 ⇒ 课堂练习 ⇒ 课堂小结 ⇒ 作业布置

五、教学过程

（一）温故知新

1. 回顾一元一次不等式的解法

教师：我们上节课学习了一元一次不等式的解法，学习过程中我们探索了两种方法，它们分别是什么呢？

学生：利用不等式性质求解（代数法）和利用一元一次函数的图像求解（几何法）.

教师：代数法的本质是？

学生：利用不等式的基本性质对不等式进行变形.

教师：那么大家认为几何法的本质是？

学生：数形结合，从图像角度来解决不等式的解集问题.

教师：利用几何法求解不等式的步骤是什么？

学生：求根—作图—确定解集.

教师：在探索几何法的过程中，我们发现一元一次方程、一元一次不等式与一元一次函数三者之间有着密切的联系. 利用这种集中反映在相应一元一次函数的图像上的联系我们快速准确地求出一元一次不等式的解集，发现和体会了数形结合思想为我们求解不等式带来的便利.

说明：

1. 通过回顾一元一次不等式的解法，为接下来引出一元二次不等式的解法作铺垫.

2. 引入一元二次不等式的概念

教师:今天我们来探讨另外一类不等式的解法,叫一元二次不等式. 首先我们来看一下一元二次不等式的概念:

只含有一个未知数,并且未知数的最高次数是二次的整式不等式叫一元二次不等式. 它的一般形式是 $ax^2+bx+c>0(a\neq0)$ 或 $ax^2+bx+c<(a\neq0)$.

教师:对一元二次不等式 $ax^2+bx+c>0(a\neq0)$,如何求解? 这就是我们今天要探索的问题.(板书课题:一元二次不等式的解法)

(二)类比解题

例 1 请同学们探索一元二次不等式 $x^2-3x-4<0$ 的解集.

学生解:原不等式因式分解为 $(x-4)(x+1)<0$.

于是 $\begin{cases}x-4>0,\\x+1<0,\end{cases}$ ① 或 $\begin{cases}x-4<0,\\x+1>0.\end{cases}$ ②

由①,得 $x>4$ 且 $x<-1$,所以 x 无解;

由②,得 $x<4$ 且 $x>-1$,即 $x\in(-1,4)$.

于是这两个解集的并集 $(-1,4)$ 即为不等式 $x^2-3x-4<0$ 的解集.

教师:同学们在这里利用两个因式异号,准确地进行了分类讨论,将一元二次不等式转化成两个一元一次不等式组,利用不等式性质求得了这两个不等式组的解,从而得到了这个一元二次不等式的解集. 还有其他方法吗?

小组讨论,总结解题思路.

解法二:将不等式与二次函数 $y=x^2-3x-4$ 联系:

① 找到图像与 x 轴的交点 -1 和 4,

即 $y=0$ 时方程 $x^2-3x-4=0$ 的两根.

② 画出函数 $y=x^2-3x-4$ 的图像,如图 1-1 所示.

③ $x^2-3x-4<0$ 即 $y<0$,所以对应于图像在 x 轴下方部分的 x 的取值范围. 由图可知,x 的取值范围是 $-1<x<4$.

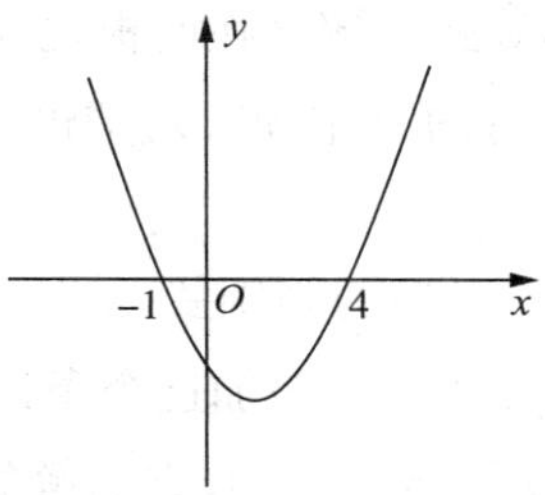

图 1-1

教师:在这种解法中,同学们将不等式 $x^2-3x-4<0$ 与对应的二次函数 $y=x^2-3x-4$ 联系起来,通过观察二次函数的图像,计算图像与 x 轴交点的横坐标,从而得出该不等式的解集.

2. 这里同学们大部分都使用代数解法来解决,对于借助数形结合思想来解决问题的意识还不够强烈,需要在接下来的教学中适当引导,增强学生使用数形结合的意识.

教师:同时我们发现,将不等式改为 $x^2-3x-4>0$,也完全可以借助这种数形结合的方法来求得解集.

教师:那我们接下来就深入探讨用数形结合方法求解一元二次不等式.

(三)深化问题,归纳解法

例 2 对于二次函数 $y=-3x^2+5x+2$,当 x 取何值时,$y=0$,$y>0$,$y<0$?

小组讨论,对比代数和几何两种解法,并投影展示.

解法一:分解成两个因式,转化为一元一次不等式组求解.

解法二:第一步:通过解方程,求出 $y=-3x^2+5x+2$ 与 x 轴的两个交点,$\left(-\frac{1}{3},0\right)$和$(2,0)$.

第二步:画出图像,如图 1-2 所示.

第三步:观察图像,得出结论.

当 $y=0$ 时,$x=-\frac{1}{3}$或 $x=2$;

当 $y>0$,即 $-3x^2+5x+2>0$ 时,$-\frac{1}{3}<x<2$;

当 $y<0$,即 $-3x^2+5x+2<0$ 时,$x<-\frac{1}{3}$或 $x>2$.

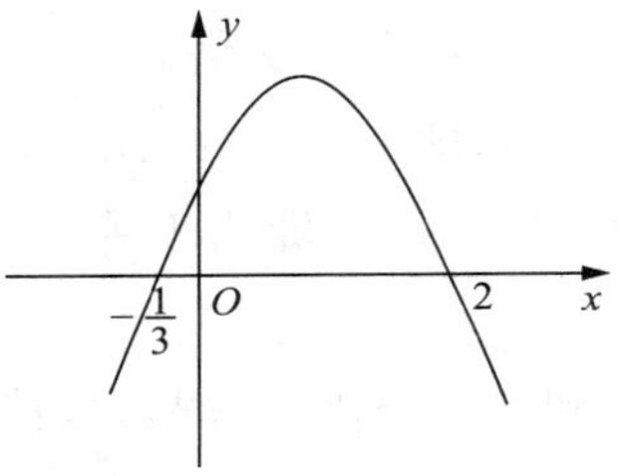

图 1-2

3. 通过例题,让同学们感受使用因式分解转化为一元一次不等式组不一定方便,引导学生从图形角度解决问题.

教师:通过以上两个例题我们发现,解一元二次不等式与对应的一元二次函数图像有关. 我们请同学总结一元二次不等式 $ax^2+bx+c>0$ 或 $ax^2+bx+c<0(a\neq 0)$的一般解法.

学生:画出函数 $y=ax^2+bx+c$ 的图像,找到对应方程 $ax^2+bx+c=0$ 的两根 x_1、x_2;对比不等式,取 x 轴上方或者下方的图像对应的范围,得到不等式的解集在两根之间或者两根之外.

教师:对应方程一定有两个根 x_1、x_2 吗? 有两根的话,这两根一定有大小吗?

学生:不是的,只有当方程的判别式 $\Delta>0$ 时,方程才会有两个不相等的实数根 x_1、x_2. 所以要增加这个条件.

教师:对于不等式 $ax^2+b+c>0$,它的解集在两根之间还是两根之外?

学生:取决于二次函数图像的开口方向.当开口向上,即 $a>0$ 时,解集在两根之外;当开口向下,即 $a<0$ 时,解集在两根之间.

教师:这两种情况可以合并吗?

学生:可以.在作图之前先利用不等式的性质将二次项系数变为正数.

教师:那么接下来请同学们将一元二次不等式 $ax^2+bx+c>0$ 或 $ax^2+bx+c<0(a\neq0)$ 的一般解法再完整地总结一次.

学生总结,教师补充:

(1) 使二次项系数 a 大于零;

(2) 当 $\Delta>0$ 时解出相对应的一元二次方程的两个根 x_1,x_2,不妨设 $x_1<x_2$;

(3) 不等式 $ax^2+bx+c>0$ 的解集是 $(-\infty,x_1)\cup(x_2+\infty)$,不等式 $ax^2+bx+c<0$ 的解集是 (x_1,x_2);

(4) 若不等式的不等号为"≥"或"≤",则解集作相应改变,即把图像与 x 轴交点的横坐标也并入解集之中.

教师:当然,我们今天所举的所有例子中,图像与 x 轴都是有两个交点的,即 $\Delta=b^2-4ac>0$,这个前提是很重要的.

4.在总结一元二次不等式解法的一般过程中,需要强调这两个结论使用的前提是先将二次项系数转化成 $a>0$,否则的话就应该画出对应一元二次函数图像,结合图像来解题.

(四)课堂练习

练习:1. $(5-x)(x-2)<0$.

2. $3x^2+7x+2>0$.

3. $2x^2+x-2>0$.

5.前两题请同学回答,过程中教师注意引导学生按照解法的步骤,并由教师在黑板上板书,以此对学生的解题格式做一个示范.第三题请同学板演.

(五)课堂小结

教师:通过这节课的学习,我们发现总是可以通过对应的一元二次函数的图像来解决一元二次不等式的解集问题.请同学们填写学案上的表格,完成对本节知识的总结.

学生活动:请同学共同完成课堂小结.

教师:本节通过一元二次函数的图像,联系一元二次方程及一元二次不等式解集,给出了解一元二次不等式的方法,即先把二次项系数化成正数,再根据对应的一元二次方程的根的情况,结合不等号的方向,写出不等式的解集.在学习这部分知识的过程中,同学们要注意体验其所蕴含的数形结合、函数、方程、化归及分类讨论的思想方法.

（六）作业布置

练习册：习题 2.2A 组 1，2.

六、教学设计说明

（一）教学内容分析

“一元二次不等式的解法”既是初中一元一次不等式解法在知识上的延伸和发展，也是求解其他不等式，如分式不等式、一元高次不等式的基础，具有很强的工具性，同时也要为下一章中函数的定义域和值域求解作铺垫. 另外，这部分内容较好地反映了方程、不等式、函数之间的内在联系和相互转化，蕴含着归纳、转化、分类讨论和数形结合等丰富的数学思想方法，能较好地培养学生的观察能力、概括能力、探究能力及创新意识.

（二）学情分析

学生刚刚进入高中，初中曾经学习过一元一次不等式的解法，也学过一元一次函数和一元二次函数的基本知识，了解函数的图像，也掌握了求解一元二次方程的方法. 但是对于这些知识的掌握不成系统，函数与图像应用更是他们的薄弱之处，同时也缺乏知识迁移、转化、归纳的能力. 但是这个阶段的学生求知欲强，思维活跃、敏捷，喜欢表现自我，有助于新知识的探索. 基于这些，在学生初中知识经验的基础上，以旧探新；以一系列问题，促进主体的学习活动（如画图像、读图等），建构知识；探究解法过程中激励学生参与，在恰当时机进行点拨启发，练、导结合，讲、练结合；通过教师启发指导和学生自己领悟，实现学生对知识的主动建构；通过这些问题的解决，使学生逐步攀升，达到设定的三维目标.

（三）教法与学法分析

本节课通过对一元一次不等式解法的复习，以旧带新引入一元二次不等式的解法问题. 在引例中，比较多的学生首先想到的是将一元二次不等式转化为两个一元一次不等式组进行求解，只有少数学生类比一元一次不等式的几何解法借助图像来做. 但是通过第二个例子，学生们逐渐感受到有时转化法并非一定简捷，而借助一元二次函数图像来解决问题此时显得直观便捷得多，同时也注意到一元二次不等式的解集和对应的一元二次方程的根存在着某种联系. 在这个基础上，教师和学生共同观察一元二次函数、一元二次方程和一元二次不等式之间的关系，通过分析让学生明确“三个两次”之间的内在联系，明确只要找到方程的根，画出函数的图像，就可以观察图像得到对应的一元二次不等式的解集. 有了这样的一个分析过程，学生就很自然地归纳出求解一元二次不等式的一般步骤，并能够运用到解题过程中去. 在接下来的三个练习中，前两题采取学生讲教师在黑板上板演的方式，主要是为初学一元二次不等式解法的学生树立一个解题规范，而第三题直接让学生板演，既是检验知识的掌握，也是检验解题的规范.

七、板书设计

一元二次不等式的解法(第一课时)

一、一元二次不等式的定义　　例1.……　　练习:1.

解法一:……

二、解一元二次不等式的一般步骤:　　解法二:……　　2.

(1) 二次项系数化为正数,即 $a>0$;

(2) $\Delta>0$ 时解得对应方程两根 x_1、x_2(设 $x_1<x_2$);　　例 2.……　　3.

(3) $ax^2+bx+c>0$ 的解集是 $(-\infty,x_1)\cup(x_2+\infty)$,　　解法一:……

$ax^2+bx+c<0$ 的解集是 (x_1,x_2).

解法二:……

八、课堂反思

教材上一元二次不等式及其解法是从实际情境中抽象出一元二次不等式模型,继而探求其解法.根据学生的实际情况,直接引入不等式,重点放在它的解法上.首先对上一节课"一元一次不等式的解法"进行了复习,旨在让学生再次回顾求解过程中对于"三个一次"(一元一次函数、一元一次方程、一元一次不等式)相互关系的把握,为接下来"三个两次"的学习作铺垫.接着通过两个例题的设计,引导学生类比思考,归纳总结求解一元二次不等式的一般过程,明确第一步做什么,第二步做什么,最后做什么.整节课结束后感觉学生对于一元二次不等式的解法还是掌握得不错的,基本完成了预设的教学目标.当然,在解题规范及正确表达上可能还需要花费更多的时间来加强和巩固.

学生在求解一元一次不等式时,数形结合使用得很好,但是接下来的类比中,学生对于一元二次函数图像和不等式的联系理解得不够深刻,尤其是随机上来展示投影的几位学生,有一位学生用转化法求解但是一直没有求出对应的两根;画一元二次函数图像求解的三位学生中,有两位学生的图像画得都不太理想,其他学生中还有图像都没有画完整的,所以此处花费了太多时间,导致最后练习部分比较匆忙.所以通过这节课,以下两个方面是必须要改进的:

1. 要充分做好各种课堂突发情况的预设.比如一元二次函数画图的问题,没有预设到初中生对于作二次函数图像的能力薄弱,在找学生展示之前应该找一个画好的学生作为备用,或者自己另外画一份一元二次函数的图像.这样就完全可以避免在此处三次找学生展示却效果不理想导致浪费好几分钟的上课时间.

2. 在一个有效课堂中,调动学生的积极性还需要更多更好的方法.在学生数形结合碰到困难时,整个班级的积极性一下子消失了,学生们都处在认真思考却无人发言的状态中,课堂气氛一下子就没有了,这对后续水到渠成的新知识生成过程是一个很大的打击.

同样,学生板演时如果遇到困难卡住,应该有更灵活的处理方式让学生能够继续下去.

下次再上这节课的时候,希望通过对每一个做得不足的细节进行改进,争取达到更好的教学效果.

九、专家点评

本课设计合理,在学习新知识的过程中利用学生已有的知识,同时利用图像辅助分析,充分体现了数学研究问题的一般方法.课堂思维要求高,不一味追求课堂的热闹,而是给予学生充分的思考和解决问题的时间,表面看似乎效率不高,实则学生进入深层的思考与探究!老师教态自然,节奏控制适当,教学效果明显.

基本不等式及其应用(第一课时)

同济大学第一附属中学　李　珍

一、教学目标

(一)知识与技能

1. 掌握两个基本不等式,并掌握其应用条件和等号成立的条件.
2. 理解基本不等式的几何解释,能运用基本不等式解决一些简单问题.

(二)过程与方法

在公式的探究过程中,体会代换、等价转化的数学方法,以及数形结合的数学思想.

(三)情感态度与价值观

1. 通过实例引入,领会数学在实际生活中的重要价值,激发学生的学习兴趣.
2. 设置问题,逐步探究,提高学生分析问题、解决问题的能力,培养学生的探索精神.

二、教学重点与难点

(一)教学重点

两个基本不等式的探索与证明.

(二)教学难点

两个基本不等式的几何意义及其应用.

三、教学方法与教学手段

(一)教学方法

以学生为中心,问题为驱动,引导探究,启发式教学.

(二)辅助教学手段

多媒体辅助教学.

四、教学流程设计

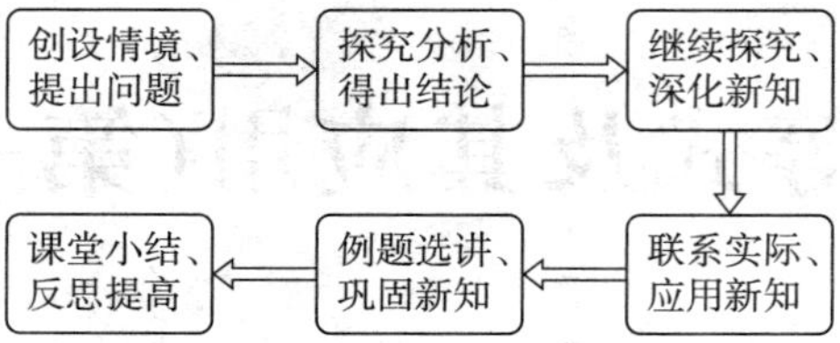

五、教学过程

（一）创设情境、提出问题

实例引入：(PPT 展示)

三国时期吴国的数学家赵爽创制了弦图，并且巧妙地利用弦图中的面积关系证明了勾股定理. 同学们现在看到的是 2002 年在北京召开的第 24 届国际数学家大会的会标(图 1-3)，这个会标设计源于古代弦图，它的色调明暗相间，看上去像一个风车. 今天我们也来研究一下弦图.

图 1-3

说明：

1. 通过实例引入，让学生感受数学与生活的联系，激发学生学习的兴趣.

将上述的“风车”抽象成正方形(图 1-4)，正方形中有 4 个全等的直角三角形，设直角三角形的两条直角边长分别为 a、b，那么大正方形的边长为 $\sqrt{a^2+b^2}$，此时四个直角三角形的面积和为 $4\times\frac{ab}{2}=2ab$，大正方形面积为 a^2+b^2.

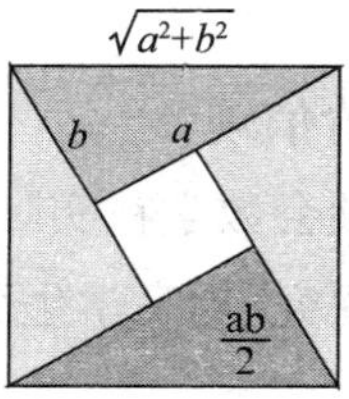

图 1-4

（二）探究分析、得出结论

请同学仔细观察图像，并思考以下问题：

问题 1：图中大正方形的面积与四个直角三角形的面积满足什么关系？

学生： 图中大正方形面积大于四个直角三角形的面积和，即 $a^2+b^2>2ab$.

问题 2：直角三角形的面积和是否会等于大正方形的面积？何时相等？

学生： 中间的小正方形缩为一个点时，面积相等.

教师：(教师演示动态图形)于是可以得到：当 $a=b$ 时，$a^2+b^2=2ab$.

问题 3：从问题 1、2 中，我们可以得出什么结论？如何证明你

2. 通过利用弦图中相关面积间存在的数量关系，使学生由形识数，引导学生从几何图形中抽象出基本不等式 1 的代数形式.

的结论?

学生:$a^2+b^2\geqslant 2ab$,当且仅当 $a=b$ 时等号成立.

教师:根据上面的几何背景,我们已初步形成不等式的结论.我们能不能用代数方法来证明这个结论呢?

学生:可以用作差法来证明不等式成立.

(教师与学生共同完成证明)

证明:$a^2+b^2-2ab=(a-b)^2\geqslant 0$

当 $a=b$ 时,$a^2+b^2=2ab$;

当 $a\neq b$ 时,$a^2+b^2>2ab$.

所以,$a^2+b^2\geqslant 2ab$,当且仅当 $a=b$ 时等号成立.

(教师解释“当且仅当”的含义)

由此,我们得到了一个重要的不等式,称为基本不等式 1:

对任意实数 a、b,均有 $a^2+b^2\geqslant 2ab$,当且仅当 $a=b$ 时等号成立.

(三)继续探究、深化新知

问题 4:在图 1-4 中,如果设直角三角形的两直角边分别为 $\sqrt{a}$、$\sqrt{b}$,那么上述不等关系该怎么表示?

学生:$a+b\geqslant 2\sqrt{ab}$,即$\dfrac{a+b}{2}\geqslant\sqrt{ab}$.

教师:这个不等式中,a、b 有没有限定条件?

学生:有,a、b 应该都是非负数,即 $a\geqslant 0$,$b\geqslant 0$.

教师:非常好,通过分析,我们便得到了,对任意非负数 a、b,都有$\dfrac{a+b}{2}\geqslant\sqrt{ab}$成立,如何证明呢?

学生:证法一:(作差法)

$$\frac{a+b}{2}-\sqrt{ab}=\frac{1}{2}[(\sqrt{a})^2+(\sqrt{b})^2-2\sqrt{a}\sqrt{b}]=\frac{1}{2}(\sqrt{a}-\sqrt{b})^2\geqslant 0,$$

当且仅当$\sqrt{a}=\sqrt{b}$,即 $a=b$ 时,等号成立.

(引导学生利用基本不等式 1 进行等价转化来证明基本不等式 2)

学生:证法二:(利用基本不等式 1)

a、$b\in\mathbf{R}^+$,所以 $a=(\sqrt{a})^2$,$b=(\sqrt{b})^2$. 由基本不等式 1 知,$(\sqrt{a})^2+(\sqrt{b})^2\geqslant 2\sqrt{ab}$,当且仅当$\sqrt{a}=\sqrt{b}$,即 $a=b$ 时,等号成立. 这个不等式,我们称为基本不等式 2:

对任意 a、$b\in\mathbf{R}^+$,均有$\dfrac{a+b}{2}\geqslant\sqrt{ab}$,当且仅当 $a=b$ 时等号

3. 通过用$\sqrt{a}$、$\sqrt{b}$代换直角三角形两直角边长,推导出基本不等式 2,让学生体会代换的数学思想.

4. 运用基本不等式 1 进行等价转化来证明基本不等式 2,让学生体会等价转化的思想.

成立.

教师:我们把$\frac{a+b}{2}$和$\sqrt{ab}$分别叫作正数a、b的算术平均数和几何平均数,因此基本不等式2也可以描述为:两个正数的算数平均数不小于它们的几何平均数.

说明:(1)两个基本不等式的使用条件不同,基本不等式1适用于一切实数,而基本不等式2只适用于正实数.

(2)两个基本不等式都是带有等号的不等式,对于"当且仅当$a=b$时,等号成立"这一充要条件要深入理解.

(3)不等式$\frac{a+b}{2}\geqslant\sqrt{ab}$可变形为$ab\leqslant\left(\frac{a+b}{2}\right)^2$,要注意不等式的逆向使用.

5.指出基本不等式的使用条件、不等关系、等号成立的条件,三者是一个整体,在使用时必须三者同时考虑.

练一练:判断下列命题的真假.

1. 已知a、$b\in\mathbf{R}$,若$ab\neq0$,则$\frac{a^2+b^2}{2}\geqslant\sqrt{ab}$.

2. 已知a、$b\in\mathbf{R}$,若$ab>0$,则$a+b\geqslant2\sqrt{ab}$.

3. 因为$\frac{x^2+3}{\sqrt{x^2+2}}=\sqrt{x^2+2}+\frac{1}{\sqrt{x^2+2}}\geqslant2$,所以$\frac{x^2+3}{\sqrt{x^2+2}}$的最小值为2.

(四)联系实际、应用新知

在客观世界中,有些不等关系是永远成立的.例如,在周长相等的所有矩形中,正方形的面积最大.如何证明这个结论成立呢?

将此问题数学化:设矩形的长和宽分别为a和b(a、b为正数),则同样周长的正方形的边长为$\frac{a+b}{2}$,

6.从实例出发,让学生感知基本不等式在实际生活中的应用.

矩形的面积$S=ab$,正方形的面积$S'=\left(\frac{a+b}{2}\right)^2$.

利用基本不等式2,得$\frac{a+b}{2}\geqslant\sqrt{ab}>0$.

又由不等式性质7,得$\left(\frac{a+b}{2}\right)^2\geqslant(\sqrt{ab})^2$,即$S'\geqslant S$.

教师:我们将实际问题转化为数学问题,然后利用基本不等式2给出了它们的面积之间的关系.

(五)例题选讲、巩固新知

例 1 已知 $ab>0$,求证:$\frac{b}{a}+\frac{a}{b}\geqslant 2$,并指出等号成立的条件.

(学生思考,讨论)

学生:利用基本不等式 2,把$\frac{b}{a}$看作基本不等式 2 中的 a,把$\frac{a}{b}$看作 b.

(教师板书,规范解题步骤)

证明:$\because ab>0$,$\therefore a,b$ 同号,且$\frac{b}{a}>0$,$\frac{a}{b}>0$.

$\therefore \frac{b}{a}+\frac{a}{b}\geqslant 2\sqrt{\frac{b}{a}\cdot\frac{a}{b}}=2$,

当且仅当$\frac{b}{a}=\frac{a}{b}$,即 $a=b\neq 0$ 时等号成立.

教师:请同学们观察例 1,尝试用语言描述例 1 的结论.

学生:任意一个正数和它的倒数之和大于等于 2.

思考 1:若把例 1 中条件"$ab>0$"改为"$ab<0$",上述结论还成立吗?

学生:不成立,因为当 $ab<0$ 时,不再满足基本不等式 2 的使用条件.

教师:我们能不能创造条件来运用基本不等式 2 呢?

学生:通过乘以-1,转化为正数来运用,即$\left(-\frac{b}{a}\right)+\left(-\frac{a}{b}\right)\geqslant 2\sqrt{\left(-\frac{b}{a}\right)\cdot\left(-\frac{a}{b}\right)}=2$,则$\frac{b}{a}+\frac{a}{b}\leqslant -2$,当且仅当$-\frac{b}{a}=-\frac{a}{b}$,即 $a=b$ 时等号成立.

教师:碰到小于零的数,通过乘-1 转为正数,再利用基本不等式 2.

思考 2:若把条件改为"$ab\neq 0$",结论又将怎样?

学生:需分情况讨论,当 $ab>0$ 时,即例 1;当 $ab<0$ 时,即思考 1.

(六)课堂小结、反思提高

1. 请学生归纳总结本节课所学内容.

知识:两个基本不等式及其简单应用.

思想方法:数形结合、等价转化、代换等数学思想.

2. 课后再探究:对于基本不等式 2,我们已经从代数角度给出了证明,那么它是否有相应的几何解释呢?

3. 作业布置:课本 P43,2.4(1)/1,3,4;练习册 P19/1,2,3.

7. 通过这道题目的探究,巩固对基本不等式的理解及应用.

8. 通过设置两个思考问题,让学生进一步认识使用基本不等式的条件限制.

9. 设置课后再探究,旨在让学生从不同角度认识不等式的实质,培养学生的发散思维.

六、教学设计说明

（一）教学内容分析

本节课是沪教版高中数学一年级第一学期第二章《不等式》中“基本不等式及其应用”第一课时. 基本不等式及其应用是高中教材中一个重要内容，虽然基本不等式本身的证明并不困难，但是在不等式的证明和求函数最值中有广泛的应用，因此牢固掌握这两个基本不等式的形成、关系和变式都是十分重要的. 本节课利用几何图形，通过设置问题，探究分析，得出两个基本不等式，在探究和证明过程中，渗透了数形结合等的数学思想，培养了学生分析问题、解决问题的能力.

（二）学情分析

通过前面的学习，学生已经掌握了如何比较两个数或代数式的大小，以及不等式的一些基本性质，本节课利用数形结合从几何图形中抽象出了两个基本不等式，这对学生而言有一定的难度，因此设计以问题呈现的方式，引导学生思考，根据学生的反应，灵活变通，帮助学生突破思维难点.

（三）教法与学法分析

本节课主要采取“创设情境，探究分析”的教学方式，以问题为主，师生共同探索，互动学习，进而达到掌握知识的目的. 在教学过程中，不断引导启发学生，让学生逐步应用所学的知识来分析问题、解决问题. 在基本不等式的应用中，通过例题的不同变式帮助学生掌握公式的结构特点，使学生充分认识到不等式应用过程中应注意的问题，能够准确灵活地应用基本不等式来解决问题，进而突破教学重难点.

七、板书设计

<table>
<tr><th colspan="3">基本不等式及其应用</th></tr>
<tr><td>基本不等式 1：
基本不等式 2：</td><td>基本不等式 1 的证明</td><td>例：</td></tr>
<tr><td>说明：(1)
(2)
(3)</td><td>基本不等式 2 的证明</td><td>思考 1：
思考 2：</td></tr>
</table>

八、课堂反思

本节课是“基本不等式及其应用”的第一课时，从第 24 届国际数学家大会会标开始引入新课,从实际问题出发,让学生对基本不等式从形上加以认识,激发学生学习的兴趣.借助几何图形,通过层层设疑,师生合作,共同探究,让学生逐渐明白公式的来龙去脉,引导学生从直观的图形中归纳总结出基本不等式.在整个探究分析的过程中,既能够让学生掌握新的、有用的知识,又可以有效地提高学生分析问题、解决问题的能力.

反思本节课,基本完成了教学任务.在教学过程中,以问题为核心,旨在通过问题的落实而归纳总结出两个基本不等式,与学生互动比较充分,但是,在学生思维展开和引导层面上做的还不到位,有待改进.另外,例题选讲中主要针对基本不等式的使用条件进行了具体的分析,对于等号成立的条件的分析尚不够透彻.这些在以后的教学过程中,都应该加以改进.

九、专家点评

本节课是"基本不等式及其应用"第一课时,主要内容是两个基本不等式,教师利用第24届国际数学家大会会标,即弦图,引入本节课内容,让学生很好地感受到数学与生活实际的联系,能够激发学生的学习兴趣.接下来,应用几何画板让该图形动起来,让学生更直观地观察到弦图中不同图形面积间的数量关系,让学生经历了基本不等式的概念形成过程,体会数形结合的数学思想.通过具体的感性信息的呈现,能给学生留下更为深刻的印象,使学生不是把数学作为单纯的知识去理解,而是能够更有效地去把握它,这既能培养学生的兴趣,又能大大提高课堂效率.

整节课的教学过程,以问题为核心,问题设计合理,教师通过问题的落实引导学生归纳总结出两个基本不等式,并且对两个基本不等式的使用条件、不等关系和等号成立条件进行了分析,这能够帮助学生更深刻地认识两个基本不等式.整节课,与学生互动也比较充分,大部分的内容都是在教师的引导下由学生自主总结完成,这有助于激发学生的自主思维,使学生能够充分进入课堂环境中,教师与学生的互动不仅有利于学生学习知识,对教师而言也是一个提高自身、不断适应教学发展的过程.

一元二次型不等式恒成立问题初探

上海市行知中学　陈建华

一、教学目标

(一)知识与技能

1. 理解一元二次型不等式恒成立问题.
2. 理解“存在”与“任意”.
3. 能够尝试着解决一些简单的一元二次不等式恒成立问题.

(二)过程与方法

1. 在问题的探究过程中,体会不等式、函数、方程之间的紧密联系.
2. 经历数学探究活动的过程,提高学生分析问题与解决问题的能力.

(三)情感、态度与价值观

1. 在问题的探索过程中,增强学生探索的精神.
2. 通过问题的辨析,促进学生的数学思辨意识.

二、教学重点与难点

(一)教学重点

1. 一元二次型不等式恒成立问题的理解.
2. “存在”与“任意”的区分.

(二)教学难点

“存在”与“任意”的区分.

三、教学方法与教学手段

(一)教学方法

以学生为主体,问题为驱动,引导探究,启发式教学.

（二）辅助教学手段

多媒体辅助教学.

四、教学流程设计

1. 复习旧知，引入课题.
2. 问题提出，思考辨析.
3. 问题再探究与提升.
4. 课后练习，实践巩固.

五、教学过程

（一）课本问题展示，问题引入

1. 课本 P38 例 8，如图 1－5 所示：当 k 为何值时，关于 x 的一元二次不等式 $x^2+(k-1)x+4>0$ 的解集为 $(-\infty,+\infty)$？

学生 A： 只要 $\Delta<0$.

教师： 很好，解集为 **R**，不等式对应的一元二次函数图像必须在 x 轴上方，所以不等式对应的一元二次方程的根的判别式 $\Delta<0$. 这是课本 P38 例 8.

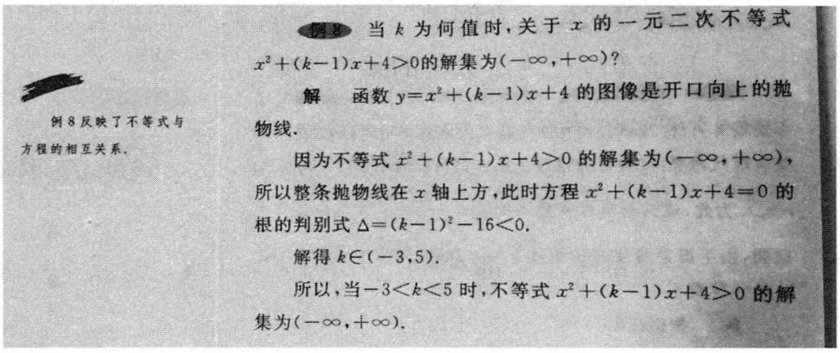

例 8 反映了不等式与方程的相互关系.

例 8　当 k 为何值时，关于 x 的一元二次不等式 $x^2+(k-1)x+4>0$ 的解集为 $(-\infty,+\infty)$？

解　函数 $y=x^2+(k-1)x+4$ 的图像是开口向上的抛物线.

因为不等式 $x^2+(k-1)x+4>0$ 的解集为 $(-\infty,+\infty)$，所以整条抛物线在 x 轴上方，此时方程 $x^2+(k-1)x+4=0$ 的根的判别式 $\Delta=(k-1)^2-16<0$.

解得 $k\in(-3,5)$.

所以，当 $-3<k<5$ 时，不等式 $x^2+(k-1)x+4>0$ 的解集为 $(-\infty,+\infty)$.

图 1－5

教师： 我们再来看这么一个问题.

同时，PPT 展示练习册问题及学生的典型错误样本.

2. 练习册 P17 的 B 组 3，如图 1－6 所示，当 k 取何值时，关于 x 的不等式 $2kx^2+kx-\frac{3}{8}<0$ 对于一切实数 x 都成立？

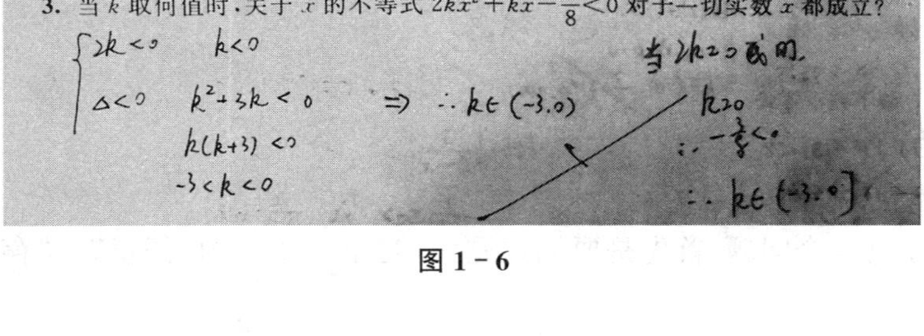

3. 当 k 取何值时，关于 x 的不等式 $2kx^2+kx-\frac{3}{8}<0$ 对于一切实数 x 都成立？

图 1－6

教师作简单点评，提醒学生注意对字母的分类讨论.

教师：在这两个问题中，比较一下“不等式解集为 **R**”与“不等式对于一切实数 x 都成立”意思是否相一致？

学生 B：意思相同.

（二）一元二次型不等式恒成立问题

1. 问题的理解与比较

PPT 问题展示：试比较下列问题表示的意思是否相同？

① 当 k 为何值时，一元二次不等式 $x^2+(k-1)x+4>0$ 的解集为 $(-\infty,+\infty)$？

② 当 k 为何值时，一元二次不等式 $x^2+(k-1)x+4>0$ 对于一切实数 x 都成立？

③ 当 k 为何值时，对任意 $x\in\mathbf{R}$，都有一元二次不等式 $x^2+(k-1)x+4>0$ 成立？

④ 当 k 为何值时，对任意 $x\in\mathbf{R}$，一元二次不等式 $x^2+(k-1)x+4>0$ 恒成立？

学生 C：都相同.

2. 一元二次型不等式恒成立问题

教师：对于上述四个意思完全相同的问题，我们选取其中一种表述方式为规范的问题表述，称其为“一元二次型不等式恒成立问题”. 更为一般地，我们也可以把一元二次型不等式恒成立问题中的 x 取值范围变为实数集的某个子集.

一元二次型不等式恒成立问题：

(1)对任意 $x\in\mathbf{R}$，都有 $ax^2+bx+c>0$（或 $\geqslant 0$，或 <0，或 $\leqslant 0$）成立，求系数中字母取值范围.

(2)对任意 $x\in I$（I 是 **R** 的子集），都有 $ax^2+bx+c>0$（或 $\geqslant 0$，或 <0，或 $\leqslant 0$）成立，求系数中字母取值范围.

3. 对一元二次型不等式恒成立问题的再理解

PPT 问题展示：思考下列问题并作答.

① 当 k 为何值时，对任意 $x\in\mathbf{R}$，都有 $x^2+(k-1)x+4>0$ 成立？

② 当 k 为何值时，存在（至少存在一个）$x\in\mathbf{R}$，使得 $x^2+(k-1)x+4\leqslant 0$ 成立？

③ 当 k 为何值时，有且仅有一个实数 x，使得 $x^2+(k-1)x+4\leqslant 0$ 成立？

④ 当 k 为何值时，存在无数个实数 x，使得 $x^2+(k-1)x+4\leqslant 0$ 成立？

解：① $\Delta=(k-1)^2-16<0\Rightarrow k\in(-3,5)$.

② $\Delta=(k-1)^2-16\geqslant 0\Rightarrow k\in(-\infty,-3]\cup[5,+\infty)$.

③ $\Delta=(k-1)^2-16=0\Rightarrow k\in\{-3,5\}$.

④ $\Delta=(k-1)^2-16>0\Rightarrow k\in(-\infty,-3)\cup(5,+\infty)$.

教师：对于这 4 个问题，首先是要搞清题意，对于问题中的“任意”和“存在”要理解清楚.①中任意 $x\in\mathbf{R}$ 就是所有的实数 x;②中存在 $x\in\mathbf{R}$ 就是有实数 x,实数 x 的个数可以是一个,也可以是多个,甚至更多;③中有且仅有一个实数 x 就是实数 x 的数量只能是一个,不能出现其他情况;④中存在无数个实数 x 就是实数 x 的数量必须是无穷个,不能是有限个.然后,利用一元二次不等式对应的一元二次函数图像,当一元二次函数与 x 轴交点个数为 0,1,2 时,通过观察,何时分别对应符合①②③④的题意.我们要学会区分"任意"与"存在"不同.

PPT 问题展示:我们学习过的哪些概念中有"任意"或"存在"?

教师:我们学习过的第一章和第二章中哪些概念中有"任意"或"存在"?

学生浏览课本.

学生搜寻到的答案:子集、集合相等、真子集、交集、并集、补集.

教师:"任意"即"任何""所有","存在"即"有".子集、集合相等、真子集、交集、并集、补集中都有"任意",真子集中还有"存在".对于理解"任意"和"存在"不能只看表面文字,需要深入准确地理解文字的意思.

(三)简单的一元二次型不等式恒成立问题探究

问题一:若对任意正实数 x,不等式 $x^2-kx+1>0$ 恒成立,求实数 k 的取值范围.

学生:$\Delta<0$.

教师:是这样吗?请注意审题,是"正实数 x",不是"实数 x".

学生再思考.部分学生对问题入手出现困难.

教师:请观察一下不等式对应的二次函数开口方向和对称轴,尝试着画一些满足题意的二次函数图像.

教师板书,在黑板上画了几个满足题意的二次函数草图,如图 1-7 所示.学生和教师共同完成解答.

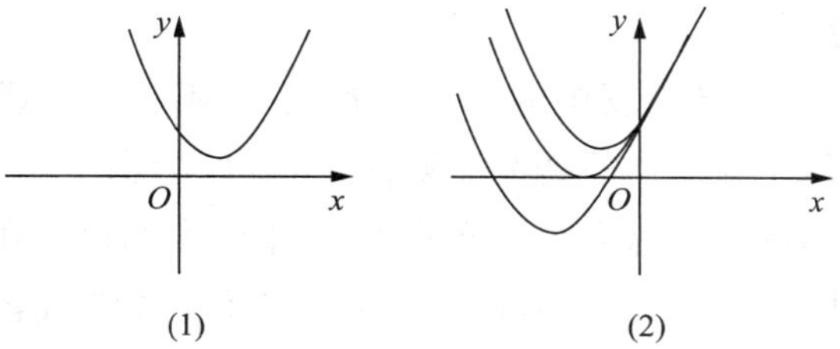

图 1-7

解:令 $f(x)=x^2-kx+1$,二次函数的对称轴为 $x=\frac{k}{2}$.当 $\frac{k}{2}>0$ 时,$\Delta=k^2-4<0$,解得 $0<k<2$;当 $\frac{k}{2}\leqslant 0$ 时,$f(0)=1\geqslant 0$ 恒成立,解得 $k\leqslant 0$.综上,$k\in(-\infty,2)$.

教师:对于一元二次型不等式恒成立问题,当 x 的取值范围为非一切实数的时候,我们要尤其注意.我们知道一元二次不等式、一元二次函数和一元二次方程三者之间的紧密联系.在此类一元二次型不等式恒成立问题中,我们需要借助一元二次函数,研究它,一般的入手顺序是开口方向、对称轴以及它与 x 轴的交点情况,而不是简单的一个 $\Delta<0$ 就可以了.

问题二:若对任意的 $x\in[1,4]$,都有 $x^2-4x-a+1<0$ 成立,求实数 a 的取值范围.

学生:没有思路.

教师:请观察一下不等式对应的二次函数开口方向和对称轴,尝试着画一些满足题意的二次函数图像.

教师板书,在黑板上画了几个开口向上,对称轴为 $x=2$ 的二次函数草图,如图 1-8 所示.

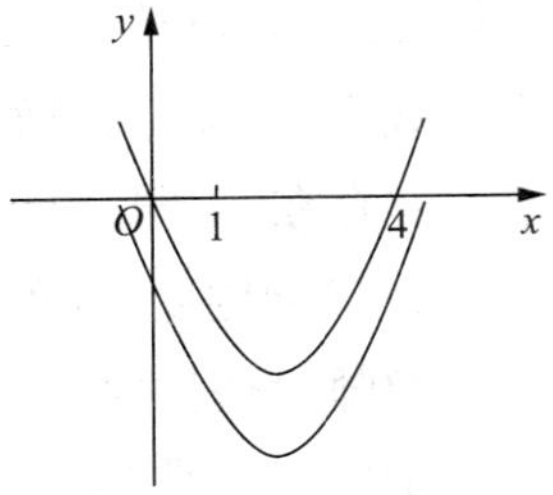

图 1-8

教师:在草图中,二次函数图像能否过点(4,0)?

学生和教师共同完成解答.

解:令 $f(x)=x^2-4x-a+1$,二次函数的对称轴为 $x=2$,由二次函数图像可得,

$\begin{cases}f(1)<0,\\f(4)<0,\end{cases}$解得 $a\in(1,+\infty)$.

(四)课后思考与练习

1. 若对一切 $x\in\mathbf{R}$,$(a^2+4a-5)x^2-4(a-1)x+3>0$ 恒成立,求实数 a 的取值范围.

2. 若存在 $x\in\mathbf{R}$,使得 $(k-5)x^2-(5-k)x+10<0$ 成立,求实数 k 的取值范围.

3. 若对任意 $x\in[1,2]$,都有 $x^2+tx-t>0$ 成立,求实数 t 的取值范围.

六、教学设计说明

(一)教学内容分析

不等式是高中数学代数与方程中的重要内容之一.不等式恒成立问题是不等式各类问题中的一类重要问题,也在历年的高考中屡见不鲜.本节课由高一数学第二章中一个不等式例题引入,然后进行深入的探究与适度的拓展.本节课的目的在于促使高一学生理解一元二次型不等式恒成立问题、理解“存在”与“任意”并能够尝试着解决一些简单的一元二次不等式恒成立问题,为以后不等式恒成立问题的深入学习做好准备.

(二)学情分析

高一学生在学习了第一章《集合与命题》及第二章《不等式》后,逻辑思维能力有了更进一步的提高,对运用函数思想处理不等式问题有了初步了解,对一元二次型不等式在实数集上恒成立问题也有了接触,但是学生对于处理复杂的不等式恒成立问题所需的知识基础还不具备,对于不等式恒成立问题的认识是懵懂的.这节课的学习目的在于学生能够

初步理解一元二次型不等式在实数集或其子集上恒成立问题，会解决一些比较简单的一元二次型不等式恒成立问题，为以后更进一步地学习不等式恒成立问题打下坚实的基础.

（三）教法与学法分析

基于“问题导学”的教学理念，通过问题引导、学生主动探究，教师指导学生学习. 从高一课本中的一个不等式例题出发，并复习回顾学生以前做过的练习，在复习强化的同时，引入本课主题. 以问题对比的形式引出一元二次型不等式恒成立问题，然后又以问题探究的方式，强化对一元二次型不等式恒成立问题进一步的理解. 通过一系列的问题链，学生由学习过的问题自然地进入新问题的研究中，在新问题和旧知识的认知冲撞中，收获新的认识. 然后学生又通过主动搜寻回顾第一章所学习的概念，不仅强化对“任意”与“存在”的理解，同时还提升了对已经学习过的知识的再理解与认识，从而达到本节课的一个重要教学目标. 在这个过程中，学生们主动探究，分享各自的观点，教师从旁加以引导与指导，从而达到认知上的提升. 在学生对一元二次型不等式恒成立问题有了一定认识与理解的基础上，再通过问题的探究，进一步提升学生对一元二次型不等式恒成立问题处理的能力，学生在通过探究一元二次型不等式在某个区间（非实数集）上恒成立问题，感受函数思想在处理不等式问题中的应用. 在这个环节中，学生尝试探究，遇到困难，分享思路想法，教师指导点拨，再探究，形成问题解决方案，互相分享，提升认识. 本节课的学习为以后更深入地学习不等式恒成立问题打下了良好的基础.

七、板书设计

一元二次型不等式恒成立问题初探

一元二次型不等式恒成立问题：

(1) 对任意 x∈**R**，都有 $ax^2+bx+c>0$（或$\geqslant 0$，或<0，或$\leqslant 0$）成立，求系数中字母取值范围.

(2) 对任意 $x\in I$（I 是 **R** 的子集），都有 $ax^2+bx+c>0$（或$\geqslant 0$，或<0，或$\leqslant 0$）成立，求系数中字母取值范围.

问题一：

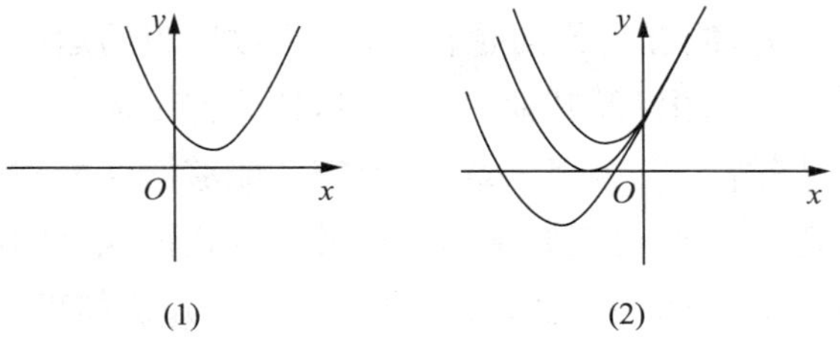

图 1-9

问题二：

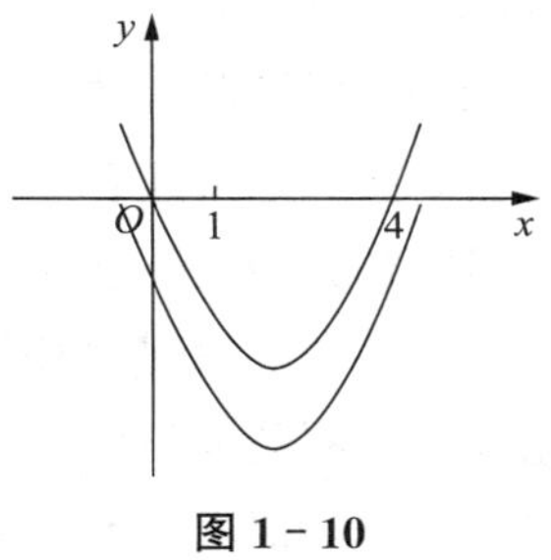

图 1-10

八、课堂反思

问题是数学的心脏，本节课的问题源于教学实践中，起源于高考热点问题，由课本中的问题引入、展开、深入. 基于高一学生的现有知识结构和认知发展水平，一些学生在学习和解决不等式恒成立问题及相关问题中所暴露出的问题与困扰——学生更多地注重解决问题的方法与技巧，忽视对问题的理解，尤其是对“任意”与“存在”的理解，当问题发生微妙的变化时，学生在解决问题时选择的方案往往与问题的初衷大相径庭. 因此，本节课的重点设置为一元二次不等式恒成立问题的理解，以及对“任意”与“存在”的理解.

在本节课教学实践中，始终本着“问题导学”的教学理念. 在教学的各个环节中，均依托问题为引导，以学生为主体，同时又在教师的引导下，学生积极地进行学习与探索，都比较好地完成了预设的教学目标. 在“(二)”中的“3”教学环节中，在①②③④这些问题的探究中，一部分学生对于问题②④的探究还是存在一些困难，但在学习的互动中，经过几个学生发言交流与讨论试解，最终成功突破并解决问题. 在完成①②③④问题的探究后，回归课本，通过寻找已学习概念中的“任意”与“存在”检验学习效果，在此教学小环节中，学生找到的概念比教师预期的更多，并且他们对于找到的这些概念中“任意”与“存在”的理解与阐述已经不仅仅是停留于文字表面，达到了预设的目标，取得了较好的教学效果.

问题从课本和实践中来，然后又回归到课本中去，现在众多的学生在学习的过程中过多地追求方法与技巧，而忽视对问题和概念的理解与认知，甚至舍弃课本，通过这样的教学设计，旨在引导学生在学习和解决问题中重视本源——对问题和概念的理解以及对课本的研读.

对于“(三)”教学环节的设计，基于学生现有的知识结构，主要利用一元二次函数来解决问题，让学生体会不等式、函数、方程之间的紧密联系，同时也为以后不等式恒成立问题的深入学习做一些铺垫工作. 在此环节中，两个问题中 x 的取值范围不再是一切实数，难度发生了变化，学生存在困难较多，学生之间、师生之间的教学互动没有之前的那么流畅，这里教师的问题引导与点拨需要更多的打磨.

九、专家点评

陈建华老师的这节课是一节基于课本问题深入拓展的基础型课. 不等式恒成立问题是高中数学教学中的一类重要问题，也在历年的高考中屡见不鲜，解决好这类问题需要学生具备一定的分析问题、解决问题的能力，能够进行问题转化，对函数思想的运用比较熟练，有时也要借助数形结合的思想来解决问题以及其他一些手段，这些都是需要一定的知识储备为基础的. 当高一学生刚刚学习完第一章和第二章时，要完全能够学会处理解决好不等式恒成立问题显然是很困难的. 但是，此时也正好是学生接触不等式恒成立问题的开端，问题以课本例题为契机，主题的引入时机恰当自然，又兼顾了对已学知识的巩固. 同时又是以问题引导，得出什么是一元二次型不等式恒成立问题，注重理解，不停留于文字表面，抓住“任意”与“存在”，教学重点设置恰当. 在这个教学环节的设计中，又让学生回顾学习过的哪些概念中有“任意”或“存在”，在学习新知和回顾旧知中，学生对知识的理解水平得到充分提升，这是本节课的一大亮点. 在此教学环节中，通过不断的比较和回顾，教学重点得到充分的解读与分解，同时教学难点也合理巧妙地得到了突破. 简单的一元二次型不等式恒成立问题探究环节，是对问题延伸和继续，同样基于问题引导学生探究，针对学生的知识与认知的基础，问题拓展有度，而不是一味地追求问题的深度与广度.

在这节课的教学过程中，教学氛围融洽和谐，学生在一环紧扣一环的问题引导下，学习、探索的热情和积极性得到充分的激发，能够主动探究，互相分享各自观点，互相启发，同时在教师的合理引导下，教学节奏张弛有度，从学生的课堂反馈就可以看到，学生探究问题的效率与效果都不错. 教师板书规范、教态亲切、富有感染力、语言简练、生动形象、有启发性，能帮助学生认识学习规律，端正学习动机，激发学习兴趣，掌握科学的学习方法，养成良好的学习习惯. 在提问和引导过程中，教师能够挖掘学生的内在因素，并加以引导、鼓励. 在教学过程中，教师能够运用多媒体课件提高课堂效率.

纵观本课，一是抓住以学生为主，调动学生积极思考；二是学生受益面大，各层次的学生在知识与方法和思维与认知方面都有提高，三维目标达成度高.

函数关系的建立(第一课时)

上海市行知中学　张倬霖

一、教学目标

1. 知道建立函数关系式的步骤,在初中已经初步了解函数知识的基础上,再次感知函数的基本概念.

2. 会对一些简单的实际问题建立两个变量间的函数关系式,并确定函数的定义域.

3. 体验函数模型建立的一般过程,领会建立函数关系的基本方法.

4. 运用陶行知教、学、做合一的思想,激发学生学习兴趣,培养学生把实际问题转化为数学问题的能力和勇于探究的精神.

二、教学重点与难点

1. 将简单的实际问题转化为数学问题,体现数学建模的过程.

2. 建立函数关系式,确定函数的定义域.

三、教学方法

启发引导,合作交流.

四、教学手段

多媒体辅助教学,幻灯片.

五、教学流程设计

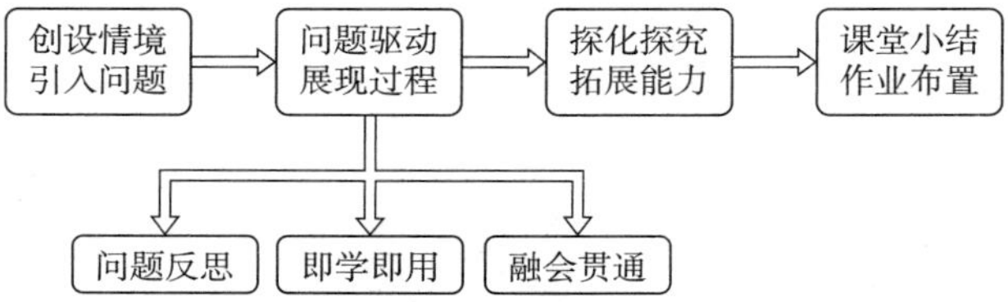

六、教学过程

(一)创设情境　引入问题

有一块边长为 1 米的正方形硬纸板,在它的四个角各剪去一个小正方形后,再折成一只无盖的盒子,如图 1 - 11 所示.如果要使制成的盒子的容积最大,那么剪去的小正方形的边长应为多少米?

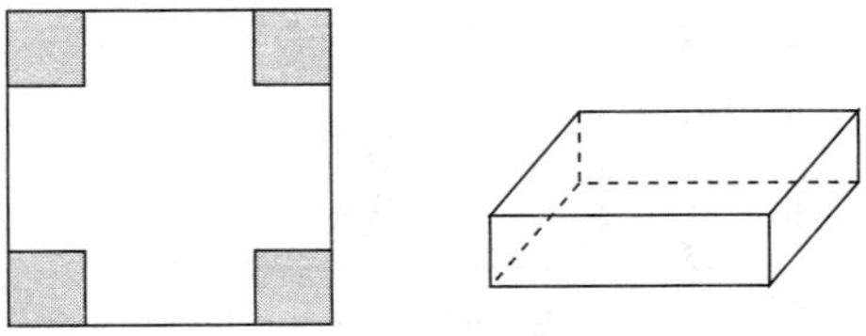

(1)　　(2)

图 1 - 11

分析:① 制成的盒子是长方体,盒子的容积也就是长方体的体积,长方体的体积 = 长 × 宽 × 高,因此,我们想要知道长、宽、高.

② 长、宽、高是变化的,但此时的长、宽、高具有一定的关系,会随着减去的小正方形边长的变化而改变,因此,我们想要寻找它们的关系.

③ 如果设剪去的小正方形的边长为 x 米,如图 1 - 12 所示,结合体积的求法和长、宽、高的关系,我们可以得到体积的表达式 $V=x(1-2x)^2$.

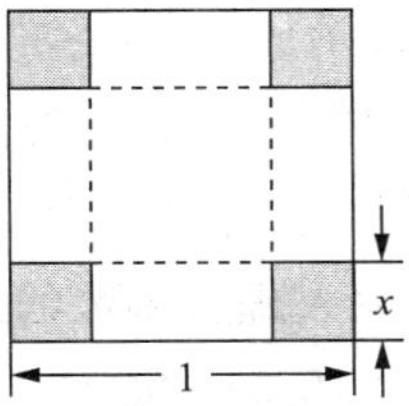

图 1 - 12

④ 对于变量 x,它有适合的范围 $0<x<\frac{1}{2}$,对于这个范围中的每一个 x,都有唯一确定的 V 值与之对应,因此 V 是 x 的函数,而我们刚才建立的表达式 $V=x(1-2x)^2\left(0<x<\frac{1}{2}\right)$ 就是函数关系式,x 的取值范围 $\left(0,\frac{1}{2}\right)$ 则是函数的定义域.

(二)问题驱动　展现过程

1. 问题反思

建立函数关系式的基本步骤可以归纳为如下几点:

(1) 阅读材料,理解题意→确定自变量.

说明:

1. 引例来自课本第二章《不等式》中的“探究与实践”之“课题一　最大容积问题”.

2. 以此作为引例的目的不是求出容积的最大值是多少,而是引导学生从实际问题中建立函数关系式,让学生体会建立函数关系式的步骤方法.

3. 通过对本题的逐层分析,再一次让学生体会到“什么是函数”;让学生体会建立函数模型的一般过程与思考方法.

(2) 再次阅读,理顺关系→列出等量关系.

(3) 精心计算,化简整理→建立函数关系式.

(4) 仔细审题,严密思考→写出函数定义域.

2. 即学即用

例 一个边长为 a, $b(b<a)$ 的长方形被平行于边的两条直线所分割,其中长方形的左上角是一个边长为 x 的正方形,如图 1－13 所示,试用解析式将图中阴影部分的面积 S 表示成 x 的函数.

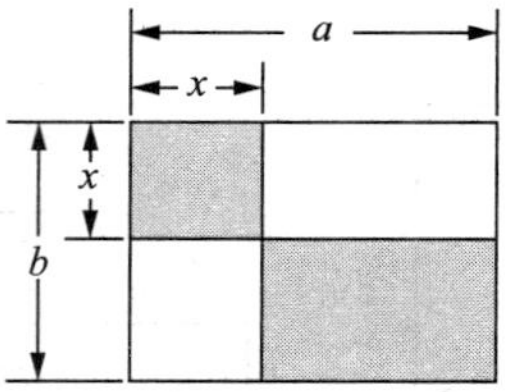

图 1－13

学生:$S=x^2+(a-x)(b-x)$.

教师:x 的范围有限制吗?

学生:$0<x\leqslant\dfrac{b}{2}$.

设计意图:本题是课本中的例 1,题目中变量关系明显,学生比较容易得到函数关系式,教师应在观察学生的思维过程,注意可能产生的问题,例如自变量的选择、定义域的求得等.

4. 在即学即用环节中,教师要时刻关注学生的反馈,以便及时给出指导.

变式 1 在上例中,如果长方形的左上角是一个面积为 S 的正方形,右下角是一个周长为 L 的矩形,试将 L 表示为 S 的函数.

5. 变式思考的目的在于加深学生们对函数关系式的透彻理解.

教师:什么是"将 L 表示成 S 的函数"?

(此时,学生出现概念模糊,不确定答案)

教师:请大家打开课本,再仔细体会一下函数的定义.

(给学生时间让学生深入理解函数的定义)

学生:"将 L 表示成 S 的函数"就是 $L=f(S)$.

设计意图:要懂得什么是"将 L 表示成 S 的函数".

变式 2 如图 1－14 所示,被平行于边的四条直线所分割,左上角和右下角是边长相同的正方形,那么在用解析式将图中阴影部分的面积 S 表示成 x 的函数时,请求出函数的定义域.

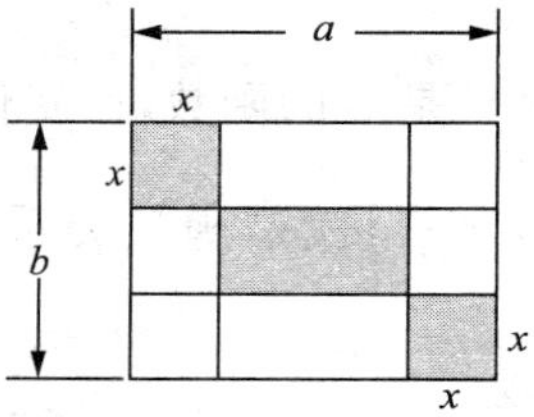

图 1－14

学生:$S=2x^2+(a-2x)(b-2x)$.

(学生建立解析式后,对定义域还有些困惑)

教师:确定实际问题的定义域,我们可以从实际出发,让每一个长度和角度都符合生活实际.

设计意图：要注意从实际问题中发现“自变量的取值范围”.

3. 融会贯通

练习1：有一圆柱形的无盖杯子，它的内表面积是100平方厘米，试将杯子的容积V(立方厘米)表示成底面内半径x(厘米)的函数.

(1) (2)

图 1-15

学生在黑板上演示解题过程，检查学生的书写规范.

练习2：用长为l的铁丝弯成下部为矩形，上部为半圆形的框架. 若矩形底边长为$2x$，求此框架围成的面积y关于x的函数解析式.

图 1-16

6. 建议学生们独立完成练习1和练习2(其中练习1是书中例2)，以达到复习巩固、融会贯通的目的. 但也视具体情况可作出调整.

(三)深化探究　拓展能力

思考题1：如图1-17所示，一份印刷品排版面积(矩形)为432平方厘米，它的左右两边都留有4厘米的空白，上、下底部都留有3厘米的空白，问：如何设计排版的长和宽，使用纸最省？

设计意图：本节课出现的例题与练习，它们的变量关系都是既定的，如果所给的问题中没有直接给出自变量呢？我们要学会确定自变量.

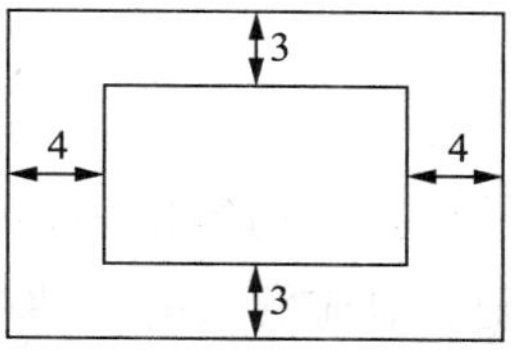

图 1-17

思考题2：函数$f(x)=x^2-4x+k$的图像与x轴交于A、B两点，与y轴交于点C，记$\triangle ABC$的面积为S，求S关于k的函数关系式.

设计意图：本节课初步接触了一些实际问题，思考层面比较简单，我们用一个式子就能表示待求的函数关系式，如果所给的问题比较复杂呢？我们要学会分段确定函数关系式.

7. 这两道思考题既是对本节课的深化探究，也是为“函数关系式的建立”第二课时作出铺垫. 将视学生的学习情况，作为课上思考或课后思考.

（四）课堂小结　作业布置

1. 课堂小结

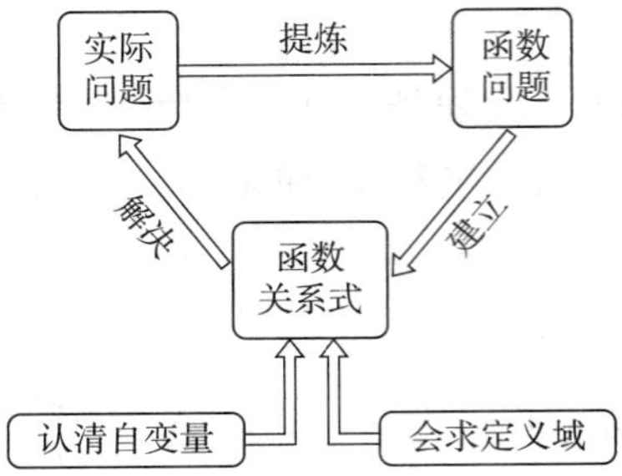

8. 对于课堂小结，会视课堂实际情况而定，可能放在课中也可能放在课后，进行小结.

2. 作业布置

(1) 复习本节课所学内容.

(2) 课本 P58，练习 3.2(1).

七、板书设计

函数关系的建立（第一课时）	
步骤与方法 (1) ……　　练习 1： (2) ……　　…… (3) ……　　练习 2： (4) ……　　……	多媒体幻灯片

八、教学设计说明

（一）教材分析

函数是中学数学的最主要的内容之一，函数的表示方法有列表法、图像法和解析法. 建立函数关系式是表示函数对应关系的一种常用方法，它是独立地、完整地表达函数关系的一种形式，是函数教学中十分关键的环节.

在初中阶段，函数关系式的建立主要要求学生通过解决现实生活中简单实际问题，体会一次、二次函数和正、反比例函数的基本应用和函数的模型思想. 高中阶段则通过对函数关系的建立分析变量和建立函数关系的思考方法，构建模型的思想，培养学生把实际问题转化为数学问题的能力.

本节课，选择高一数学第二章《不等式》拓展内容课题一“最大容积问题”作为引入，让学生体会建立函数模型的步骤与方法，并且可以再一次深化函数的基本概念，当然，以此题引入，也是为接下来即将学习的函数性质埋下伏笔，让学生们知道建立函数关系式的目的是解决实际问题.

(二)设计意图

1. 教学目标分析

高中阶段函数的学习,是在初中学习函数的基础上,进一步理解函数是变量之间的依赖关系的反映.因此,将本节课的教学目标设置为:知道建立函数关系式的步骤,在初中阶段已经初步了解函数知识的基础上,再次感知函数的基本概念;会对一些简单的实际问题建立两个变量间的函数关系式,并确定函数的定义域;体验函数模型建立的一般过程,领会分析变量和建立函数关系的思考方法;运用陶行知教、学、做合一的思想,激发学生学习兴趣,培养学生把实际问题转化为数学问题的能力和勇于探究的精神.

2. 教学过程设计

通过对引例的详细分析,和学生们共同总结求函数关系式的基本步骤与方法:阅读材料,理解题意→确定自变量;再次阅读,理顺关系→列出等量关系;精心计算,化简整理→建立函数关系式;仔细审题,严密思考→写出函数定义域.在学生们体会到函数关系建立的基本方法之后,再开始对课本中的两道例题进行学习,这样用理论指导实践,可以使知识更加融会贯通.

对于教科书中的例题,例1(课本第57页)是比较简单的函数关系的建立,通过对这道题的分析,要让学生明白:①建立函数关系时,应分清自变量和应变量,真正弄懂“函数”;②要会求函数的定义域,特别是在实际问题中,定义域更应该符合“实际问题的背景”.基于以上两点,我给出了两个变式,旨在加深学生的印象,更深入地体会如何建立函数关系式.

在对例1充分讲解的基础上,例2(课本第57页),相较于例1,难度有所提高,但是考虑之前的分析比较详细,所以把例2设置为练习题,并且补充了一道类似的题目,以期通过学生的思维过程建构,体现学生认知水平的提高,并可以以此作为学生听课成果的评价.

考虑“函数关系的建立”有2个课时,第一课时是比较简单的关系式的建立,第二课时则重在从实际问题中建立分段函数的关系.与第一课时相比,第二课时在阅读量和思维量上都高了许多,所以设置了两道深化探究问题,既是对本节课的巩固提高,也是对下节课的预习,为第二课时做好准备.

九、教学反思

本节课是“函数关系的建立”的第一课时,旨在学习从实际问题中抽象出数学形态建立函数关系,从而培养学生的建模思想和实际问题数学化的能力.

本节课完成了既定的教学目标,顺利突破了教学难点.重视教科书,例题的选择来自课本，并在此基础上进一步挖掘、变式，从多角度体会函数关系式的建立方法和其中的注意问题.

课堂中师生互动频繁，教师让学生在黑板上演示解题过程，和学生一起学习规范的书写值得一提. 但是，本节课的教学模式比较传统，多媒体的作用也仅限于“电子板书”，所以在以后的课堂中应多思考如何合理利用多媒体技术有效辅助课堂教学.

教学内容比较多，课前预设的教案没有完成，因此本教案比较适合提高班的教学，普通班还需要适当减少一些内容，可以将思考题放在课后.

十、专家点评

研究一个实际问题时，首先要从问题中抽象出特定的函数关系. 本节课中，教师在把实际问题转化为数学问题的过程中，引导学生建立恰当的函数模型，并且对函数模型进行分析. 由于初中阶段学生们已经接触过数学应用问题，所以本节课，学生除了学习如何建立函数关系式之外，教师还对于函数的基本概念加以强调，特别是在求解定义域方面加重笔墨，而这些都是高中学习函数时应该注意的地方.

通过本节课的学习，学生们把数学知识应用于实际生活中，锻炼了发现数学问题、分析问题、解决问题的能力，达到了预先设计的效果.

函数的奇偶性

上海市行知中学　高振严

一、教学背景分析

（一）教材分析

奇偶性是函数的重要性质之一：一方面，奇偶性是初中学习的图像对称性内容的延伸；另一方面，学习函数性质也为进一步研究基本初等函数等内容做好准备. 奇偶性是在学生学习了函数有关概念的基础上，对函数概念的进一步深化. 它把自变量取相反数时函数值间的关系定量地联系在一起，反映在图像上为：偶函数的图像关于 y 轴对称，奇函数的图像关于坐标原点成中心对称. 这样，就从数、形两个角度对函数的奇偶性进行了定量和定性的分析.

（二）学情分析

我教学所面对的学生是控江中学高一的学生，学生的抽象思维能力和演绎推理能力较强，所以在授课时注重从学生的问题出发，给出几个特殊函数的图像，让学生通过观察图像，直观获得函数奇偶性的感性认识，然后在这个基础上形成概念. 教学过程中注重引导、启发、研究和探讨以符合这类学生的心理发展特点，从而促进思维能力的进一步发展.

二、教学目标

1. 理解偶函数和奇函数的概念.
2. 掌握判断函数奇偶性的方法.
3. 理解函数的奇偶性与函数图像的对称性之间的关系.
4. 培养学生观察比较、抽象和概括的能力.

三、教学重点与难点

（一）重点

1. 形成奇偶性的形式化定义.
2. 掌握函数奇偶性的判别及证明方法.

（二）难点

形成奇偶性定义的过程中，如何从图像的直观认识过渡到函数奇偶性的数学符号语言表述.

四、教学过程

（一）教学基本流程

1. 课题引入；2. 研讨探究；3. 知识形成；4. 应用练习；5. 课堂小结.

（二）教学环节

教学环节如下表所示.

教学环节	教师活动	学生活动	设计意图
创设情景引入新课	利用绘图软件画出函数 $y=\sqrt{1-(\lvert x\rvert-1)^2}$ 与函数 $y=\arccos(1-\lvert x\rvert)-\pi$ 的图像. 如图 1-18 所示. 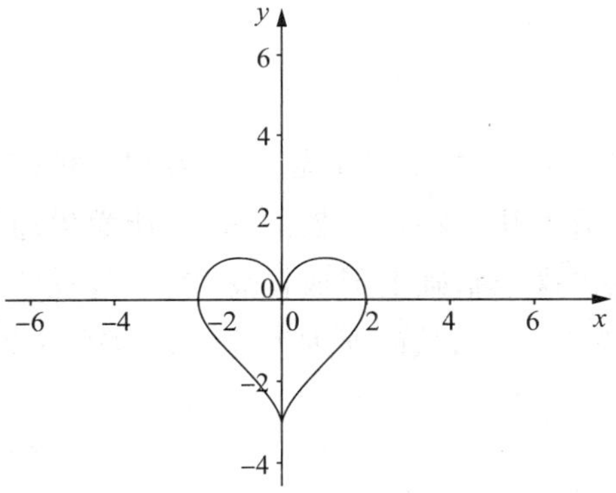 **图 1-18** 由图像的对称性引入偶函数的图形特点：图像关于 y 轴对称的函数是偶函数.	观察教师作图，找出图像的对称性.	通过作图，让学生领略函数的图像的对称之美. 并通过函数图像关于 y 轴对称，引出偶函数图像的特点，从而为学习偶函数的代数形式定义作好铺垫.
探索研究	1. 你们学过的函数，有哪些是偶函数？ 2. 函数中的偶函数非常多，利用函数图像方便判断函数 $y=x^8-x^6+x^4-x^2+1$ 为偶函数吗？ 3. 既然利用偶函数的图像特征来判断有些函数不便利，那么下面我们来研究一下偶函数的代数特性.	1. 函数 $y=x^2$ 等. 2. 函数 $y=x^8-x^6+x^4-x^2+1$ 的图像用描点法较难作出，使用图像来判断不方便. 3. 任意的 $x\in D$ 都有 $f(x)=f(-x)$.	学生由图像的对称性，联系到函数值的变化，为进一步学习定义奠定基础.

续表

教学环节	教师活动	学生活动	设计意图
探索研究	由偶函数的图像关于 y 轴对称可知，任取偶函数 $y=f(x)$ 图像上一点 $(x,f(x))$，它关于 y 轴的对称点 $(-x,f(x))$ 也在函数的图像上，对称点也可以写成 $(-x,f(-x))$，由以上分析可知，$f(x)$ 与 $f(-x)$ 的关系如何？		
得出概念	1. 你能根据偶函数的代数特征，得出偶函数的概念吗？ 2. 把自己总结的偶函数的概念，与课本上偶函数的概念进行对比.	一般地，如果对于函数 $y=f(x)$ 定义域内任意的一个 x，都有 $f(x)=f(-x)$，那么函数 $y=f(x)$ 就叫作偶函数.	指导学生对偶函数从直观认识过渡到用数学符号进行初步表述.
概念挖掘	1. 概念中“任意”可以改成“存在”吗？如果认为不可以请举反例. 2. 概念中“任意”可以改成“无数”吗？如果认为不可以请举反例. 3. 由上可知，“任意”即“每一个”，也就是说 $f(-x)=f(x)$ 恒成立. 若存在 $x\in D$，$f(-x)\neq f(x)$，那么该函数还可能是偶函数吗？ 4. 由函数的概念我们得出了偶函数解析式的特征. 那么函数的定义域的特征呢？ 反过来定义域关于原点对称的函数是否一定为偶函数？ 若定义域关于原点不对称呢？	1. 不可以. 如分段函数：当 $x\in[-1,1]$ 时，$f(x)=x^2$；当 $x\in(-\infty,-1]\cup[1,+\infty)$ 时，$f(x)=x$. 虽然有 $f(-1)=f(1)$ 但该函数并不是偶函数. 2. 反例同上. 3. 不可以. 由偶函数的概念可知，每一个 $x\in D$，都有 $f(x)=f(-x)$. 因此只要有一个 $x\in D$，$f(-x)\neq f(x)$，那么该函数不是偶函数. 4. 由函数图像关于 y 轴对称可知，偶函数的定义域关于原点对称. 也可由偶函数的概念 $f(x)=f(-x)$ 可知，定义域关于原点对称. 不一定，反例同上. 这说明定义域关于原点对称是函数为偶函数的必要非充分条件. 若定义域关于原点不对称，	在前面的基础上进一步探讨偶函数的特征.

续表

教学环节	教师活动	学生活动	设计意图
概念挖掘	5. 由偶函数的概念，可以得出函数图像关于 y 轴对称吗？	函数一定不是偶函数. 不符合偶函数任意 $x\in D$ 都有 $f(x)=f(-x)$ 的概念. 5. 可以. 只要在函数图像上任取一点 $(x,f(x))$，只要证明它关于 y 轴的对称点 $(-x,f(x))$ 也在函数的图像上即可. 因为点 $(-x,f(-x))$ 在函数图像上，由偶函数 $f(x)=f(-x)$ 可知，对称点 $(-x,f(x))$ 也在函数的图像上.	
概念应用	1. 研究了函数的概念之后，我们来判断函数 $y=x^8-x^6+x^4-x^2+1$ 是否为偶函数. 2. 证明函数 $y=\sqrt{1-(\lvert x\rvert-1)^2}$ 为偶函数. 3. 判断下列函数是否为偶函数. (1) $f(x)=x^2,x\in[-1,1)$； (2) $f(x)=x^2-2x+1$. 4. 总结判断并证明偶函数的方法.	1. 是偶函数. 首先定义域为 **R**，其次任意 $x\in D$，都有 $f(x)=f(-x)$，故该函数为偶函数. 2. 解：由已知，函数的定义域为 $[-2,2]$，任意 $x\in[-2,2]$，都有 $f(x)=f(-x)$，故该函数为偶函数. 3. 解：(1) 定义域关于原点不对称，不是偶函数. (2) $\because f(1)=0,f(-1)=4,f(1)\neq f(-1)$，$\therefore$ 不是偶函数. 4. (1) 求函数的定义域. (2) 是，严格证明，任意 $x\in D$ 都有 $f(x)=f(-x)$；不是，举反例.	判断并证明偶函数的方法与步骤.
奇函数的概念及相关性质	在函数中，除了函数图像关于 y 轴对称的偶函数，还有图像关于原点对称的函数，我们称之为奇函数. 你能根据偶函数的概念及性质得出奇函数的性质吗？	1. 奇函数的概念：一般地，对于函数 $y=f(x)$ 定义域中任意的 x，都有 $f(-x)=-f(x)$，那么 $y=f(x)$ 叫作奇函数.	学生仿照偶函数的概念及性质，自主得出奇函数的概念及性质，进一

续表

教学环节	教师活动	学生活动	设计意图
奇函数的概念及相关性质		2. 定义域关于原点对称为函数是奇函数的必要非充分条件. 若定义域关于原点不对称，则函数不是奇函数，也不是偶函数，是非奇非偶函数. 3. 若存在 $x\in D$，$f(-x)\neq -f(x)$，那么该函数不是奇函数. 4. 奇函数的图像关于原点对称.	步加深学生对函数奇偶性的理解.
函数奇偶性的判断及证明	判断下列函数的奇偶性并说明理由. (1) $f(x)=\frac{1}{x+1}$； (2) $f(x)=x+\frac{1}{x}$； (3) $f(x)=x^3+x+1$； (4) $f(x)=0, x\in[-1,1]$. 总结：以函数的奇偶性为标准，如何对函数进行分类？	解：(1) 定义域为 $(-\infty,-1)\cup(-1,+\infty)$，定义域关于原点不对称，是非奇非偶函数. (2) 定义域为 $(-\infty,0)\cup(0,+\infty)$，任意的 $x\in D$，$f(-x)=-f(x)$，是奇函数. (3) 定义域为 $\mathbf{R}$， $f(1)=3, f(-1)=-1$， $f(-1)\neq f(1), f(-1)\neq -f(1)$， 所以该函数是非奇非偶函数. (4) 任意 $x\in[-1,1]$，都有 $f(-x)=f(x)$，$f(-x)=-f(x)$， 所以该函数既是奇函数又是偶函数. 总结：奇函数、偶函数、非奇非偶函数、既是奇函数又是偶函数	进一步对函数的奇偶性的概念进行应用，强化判断并证明函数奇偶性的步骤及方法.

续表

教学环节	教师活动	学生活动	设计意图
函数奇偶性的逆向应用	已知下列函数的奇偶性，求参数的值. (1) 若函数 $y=\frac{1}{x+a}$ 为奇函数，求 a 的值； (2) 若 $f(x)=(m-1)x^2+6mx+2$ 是偶函数，求 m 的值.	解：(1) 定义域为 $(-\infty,-a)\cup(-a,+\infty)$ 关于原点对称，所以 $a=0$. (2) 图像关于 y 轴对称，故 $m=0$.	函数奇偶性的逆向应用，还是继续加强判断并证明函数奇偶性的步骤及方法.
课堂小结	同学们我们这节课学习了哪些知识？	1. 函数奇偶性的概念. 2. 奇、偶函数的定义域的对称性. 3. 判断并证明函数奇偶性的方法及步骤. 4. 奇函数的图像关于原点对称，偶函数的图像关于 y 轴对称.	最后对函数的奇偶性进行梳理总结.

五、专家点评

函数的奇偶性是函数的主要性质之一，由于函数的研究对于高一的学生来说与集合、不等式章节的研究风格完全不同，特别是概念学习，学生在理解、接受上会有不适应与困惑. 对于上述问题，高老师结合课程标准与考纲，提出个人设计理念：体现数学是数学活动的教学，通过活动，经历数学“概念形成”的过程，体现活力课堂的特点，关注调动学生的思维，取得较好的教学效果.

本节课归纳起来有以下几个亮点：

（一）恰当地设计调动学生参与概念形成

教育家杜宾斯基认为：“活动”是指个体通过一步步的外显性（或记忆性）指令去变换一个客观的数学对象. 这里的活动泛指所有的数学活动，如操作、归纳、演绎、讨论等. 由此可见，“活动”不仅涉及外显的行为操作，也涉及内隐的思维操作. 所以，学生只有在活动中才能加深对知识的理解，活动能重现知识的发生发展过程，可以培养学生的数学探究能力和抽象概括能力. 但在活动中不能丢掉数学的本质，不能“去数学化”，活动的目的是更好地理解数学知识，因而在经历活动后，应及时将活动抽象到数学层面.

本节课，“请大家观察一下幻灯实物图，以及初中阶段的轴对称、中心对称知识的复习”，即是由外显性（或记忆性）指令去变换一个客观的数学对象. 通过设计“函数奇偶性任务实验单”及三大任务，让学生的思维活动经历操作、归纳、演绎、讨论等过程，又有三大任务予以约束，在活动中没有丢掉数学概念的本质. 在经历活动后，及时将活动抽象到数学层面上，没有进入形式化的泥潭.

（二）师生的合理定位助推教学效果

从事数学活动是为了让学生获得数学活动的体验，感受数学概念的直观背景及概念之间的关系，对概念形成初步认识，但这种认识并不是也不能一直停留在这个层面，当这种“活动”经过多次重复而被个体熟悉后，就可以内化为一种称之为“程序”的心理操作，这时对概念的学习不再依赖具体的数学活动，而是可以在头脑中实施这个过程. 在期间活动的主体是学生，老师是组织者、参与者，不可以替代学生的主体作用.

师问：什么时候行？学生答：如果区间端点互为相反数就行.（定义域关于原点对称，虽然学生答得不完全对，但已达到教学要求）师继续问：什么时候不行？学生答：区间端点不互为相反数时就不行. 师追问：为什么？学生答：那么函数的图像就会一边多一些，一边少一些.（多么朴实无华的语言，恰恰是我们学生的心理认知的真实表现）整个过程教师没有越俎代庖，更多的是突出学生的主体作用，让学生自己经历问题的分析解决过程.

（三）语言转化、思维的辩证展现数学文化

本节课，“请大家观察一下幻灯实物图具有怎样的数学特征?”**学生**：轴对称. **师**：说明大家很有数学的眼光，会用数学的思维来看我们的实际生活问题. 另外还有，**师**：那么对于函数图像上的点我们如何加以一一验证呢？借助函数的表达式来验证任意都成立. 整体可确定局部，同样，局部可以确定整体. 还有本节课板书上突出原有知识：图形轴对称、中心对称，图像语言，文字语言，数学语言. 这一处理一方面承接了高一先前集合的学习本质（即集合是一种数学语言），另一方面突出了数学概念学习本质，经历数学再发现的过程，经历从具体到抽象、从归纳到演绎的数学化过程，发展数学观念.

本节课还有以下几个方面需要改进：

1. 在否定一个函数是偶函数、奇函数时学生明显脱节，课后觉得还是在几个具体函数的引入部分做得不够到位，如果在前期具体函数变式出有一个点不关于轴（原点）对称，我们还能不能称它是关于轴（原点）对称的设计，这节课就要完美得多.

2. 在偶函数概念的形成时，将学生的说法直接板书. 学生的说法与课本严格定义略有区别，但已写到了黑板上，把自己逼到了绝路，确有不妥. 所以今后还要加强课堂的驾驭能力.

3. 与多媒体的整合还不够，虽然上课也用了幻灯片，但只局限在内容展现上，只有一处使用了几何画板，参与同学与老师均认为处理得很好，个人觉得这样的多媒体效果亮点应该更多一些才好.

函数的基本性质(4)——零点

上海市民星中学　唐费颖

一、教学目标

（一）知识与技能

1. 理解函数零点的概念.

2. 能借助计算器用二分法求方程的近似解,并了解这一数学思想,为学习算法做准备.

（二）过程与方法

1. 通过对二次函数图像的描绘,了解函数零点的概念,渗透由具体到抽象思想,领会函数零点与相应方程实数根之间的关系.

2. 通过对现实问题的分析,掌握函数零点存在性的判断.

（三）情感态度与价值观

1. 体会数学逼近过程,感受精确与近似的相对统一.

2. 在函数与方程的联系中体验数形结合思想和转化思想的意义和价值,发展学生对变量数学的认识,体会函数知识的核心作用.

二、教学重点与难点

（一）教学重点

通过用二分法求方程的近似解,体会函数的零点与方程根之间的联系,初步形成用函数观点处理问题的意识.

（二）教学难点

恰当地使用信息技术工具,利用二分法求给定精确度的方程的近似解.

三、教学方法与教学手段

（一）教学方法

以学生为中心,问题为驱动,探究式教学.

(二)辅助教学手段

几何画板、Excel 软件.

四、教学流程设计

五、教学过程

(一)零点的概念

问题 1:求方程 $x^2-5x-6=0$ 的实数根,并画出函数 $y=x^2-5x-6$ 的图像.

解:方程 $x^2-5x-6=0$ 的实数根为 $-1,6$. 函数 $y=x^2-5x-6$ 的图像如图 1-19 所示.

问题 2:观察函数 $y=x^2-5x-6$ 与相应方程 $x^2-5x-6=0$ 在形式上的联系.

解:函数 $y=0$ 时的表达式就是方程 $x^2-5x-6=0$.

问题 3:由于形式上的联系,则方程 $x^2-5x-6=0$ 的实数根在函数 $y=x^2-5x-6$ 的图像中如何体现?

解:$y=0$ 即为 x 轴,所以方程 $x^2-5x-6=0$ 的实数根就是 $y=x^2-5x-6$ 的图像与 x 轴交点的横坐标.

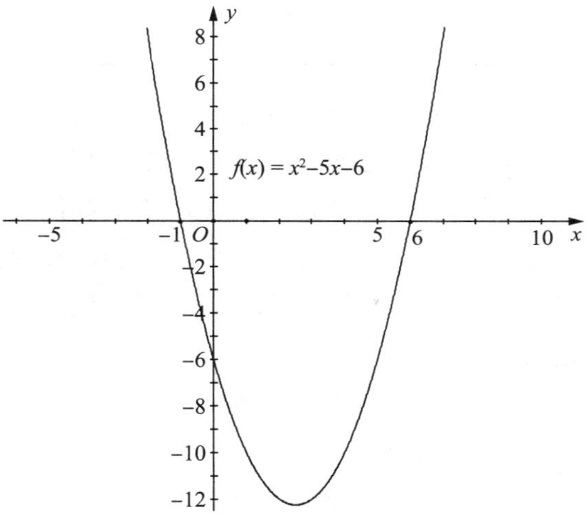

图 1-19

设计意图:以学生熟悉的二次函数图像和二次方程为平台,观察方程和函数形式上的联系,从而得到方程实数根与函数图像之间的关系. 理解零点是连接函数与方程的节点.

初步提出零点的概念:$-1,6$ 既是方程 $x^2-5x-6=0$ 的根,又是函数 $y=x^2-5x-6$ 在 $y=0$ 时 x 的值,也是函数图像与 x 轴交点的横坐标. $-1,6$ 在方程中称为实数根,在函数中称为零点.

问题 4:函数 $y=x^2-4x+4$ 和函数 $y=x^2-4x+5$ 零点分别是什么?

解:函数 $y=x^2-4x+4$ 的零点是 2. 函数 $y=x^2-4x+5$ 不存在零点.

设计意图:应用定义,加深对概念的理解.

提出零点的定义:对于函数 $y=f(x)$,把使 $f(x)=0$ 成立的实数 x 叫作函数 $y=f(x)$ 的零点(zero point).

问题 5:有一块边长为 13 厘米的正方形金属薄片,如果先在它的四个角上都剪去一个

边长为 x 厘米的小正方形，然后做成一个容积是 140 立方厘米的无盖长方体盒子，那么 x 是多少？

分析：根据题意，得 $x(13-2x)^2=140$，即 $4x^3-52x^2+169x-140=0$.

提问：怎样求这个三次方程在 $\left(0,\dfrac{13}{2}\right)$ 内的实数根？

阅读材料：学生上网搜索中外历史上方程的求解，在班级数学学习博客上交流.

设计意图：感受数学文化方面的熏陶，最大限度地调动学生的学习兴趣，提高学习的积极性和主动性.

1. 转化为求函数 $f(x)=4x^3-52x^2+169x-140\left(0<x<\dfrac{13}{2}\right)$ 的零点.

先用描点法作出 $f(x)$ 在区间 $\left(0,\dfrac{13}{2}\right)$ 上的大致图像.

x	0	1	2	3	4	5	6	6.5
$f(x)$	-140	-19	22	7	-40	-95	-134	-140

提问：指出零点所在的大致区间？

启发：如果把函数比作一部电影，那么函数的零点就像是电影的一个瞬间，一个镜头. 有时我们会忽略一些镜头，但是我们仍然能推测出被忽略的片断. 现在我有两组镜头，如图 1－20 所示，哪一组能说明他的行程一定曾渡过河？

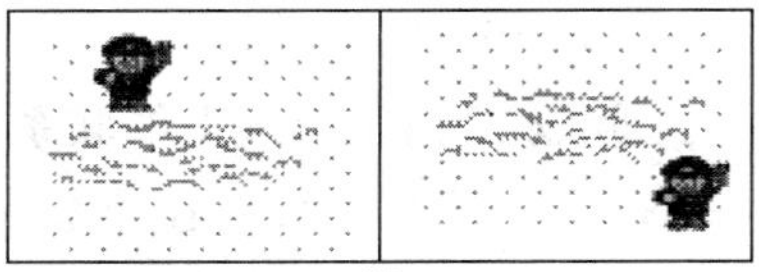
(1)

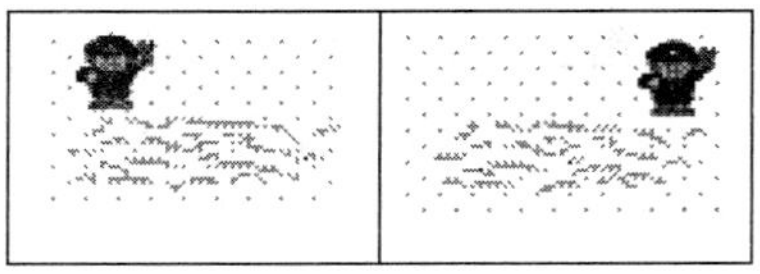
(2)

图 1－20

(1) 将河流抽象成 x 轴，将前后的两个位置视为 A、B 两点. 请问当 A、B 与 x 轴怎样的位置关系时，AB 间的一段连续不断的函数图像与 x 轴一定会有交点？

A、B 两点在 x 轴的两侧，如图 1－21 所示.

(2) A、B 与 x 轴的位置关系，如何用数学符号（式子）来表示？

A，B 两点在 x 轴的两侧时，可以用 $f(a)\cdot f(b)<0$ 来表示.

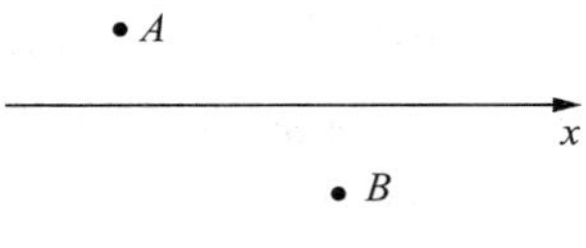

图 1－21

设计意图：由原来的图像语言转化为数学语言，培养学生的观察能力和提取有效信息的能力. 体验语言转化的过程.

所以，由表格看出，函数 $f(x)$ 在区间 $(1,2)$，$(3,4)$ 内各有一个零点.

在一定精确度的要求下，怎样求出零点的近似值？

一个直观的想法是：如果能够将零点所在的范围尽量缩小，那么在一定精确度的要求下，我们可以得到零点的近似值. 为了方便，下面我们通过“取中点”的方法逐步缩小零点所在的范围.

2. 下面寻求函数 $f(x)=4x^3-52x^2+169x-140\left(0<x<\dfrac{13}{2}\right)$ 在区间(3,4)内的零点的近似值(精确到 0.1).

第一步:取区间(3,4)的中点 3.5,用计算器算得 $f(3.5)=-14$.

$\because f(3)\cdot f(3.5)<0$,$\therefore f(x)$在区间(3,3.5)内有零点.

第二步:取区间(3,3.5)的中点 3.25,用计算器算得 $f(3.25)=-2.6875$.

$\because f(3)\cdot f(3.25)<0$,$\therefore f(x)$在区间(3,3.25)内有零点.

第三步:取区间(3,3.25)的中点 3.125,用计算器算得 $f(3.125)=2.3828$.

$\because f(3.125)\cdot f(3.25)<0$,$\therefore f(x)$在区间(3.125,2.25)内有零点.

结论:由于(3.4) $\supsetneqq$(3,3.5) $\supsetneqq$(3,3.25)$\supsetneqq$(3.125,3.25),所以零点所在的范围确实越来越小了.如果重复上述步骤,那么零点所在的范围会越来越小.

利用 Microsoft Excel 逐步计算解答,如图 1-22 所示.

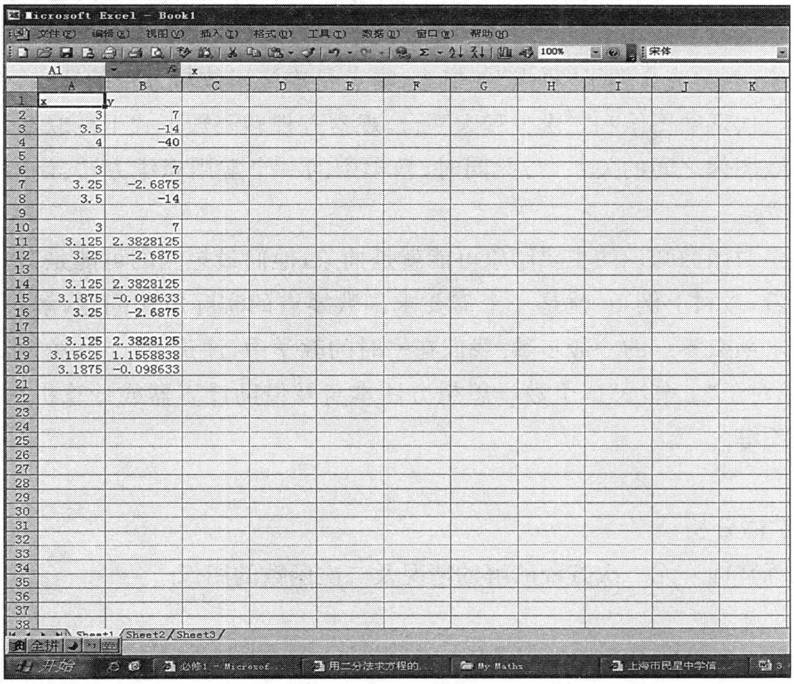

	A	B
1	x	y
2	3	7
3	3.5	-14
4	4	-40
5		
6	3	7
7	3.25	-2.6875
8	3.5	-14
9		
10	3	7
11	3.125	2.3828125
12	3.25	-2.6875
13		
14	3.125	2.3828125
15	3.1875	-0.098633
16	3.25	-2.6875
17		
18	3.125	2.3828125
19	3.15625	1.1558838
20	3.1875	-0.098633

图 1-22

所以 $f(x)$在区间(3,4)内的零点的近似值是 3.2(精确到 0.1).

同样,可求得 $f(x)$在区间(1,2)内的零点的近似值是 1.3.

因此,上述问题中从正方形金属薄片所剪去的小正方形的边长约是 3.2 厘米或 1.3 厘米.

提出二分法的定义:从上面解题过程中可以看到,通过每次把 $y=f(x)$的零点所在的小区间收缩一半,使区间的两个端点逐步逼近函数的零点,以求得零点的近似值,这种方法叫作二分法.

（二）作业布置

1. 有兴趣的同学可以用计算机语言编写程序，来检验做题结果正确与否.

2. 查找有关资料或利用 Internet 查找有关高次代数方程的解的研究史料，追寻阿贝尔（Abel）和伽罗瓦（Galois），增强探索精神，培养创新意识.

3. 谈谈通过学习求函数的零点和求方程的近似解，对数学有了哪些新的认识？将你这节课的收获与感受以小报告或小论文的形式，发表在班级数学学习博客上.

六、教学设计说明

（一）教材内容分析

“零点”是第三章《函数的基本性质》“函数的基本性质”最后一个内容，数学思想的渗透和应用意识的培养是本节教学内容的重要任务.

在本节中，教材先介绍了“零点”的概念，零点是连接函数与方程的节点，在教学中，以学生熟悉的二次函数图像和二次方程为平台，观察方程和函数形式上的联系，得到方程的实数根与函数图像之间的关系，与此同时，教学中的一个常用思维方法：函数与方程思想得以初步建立.

高一学生对函数知识的主要印象可能就是抽象，他们最想问的可能是“函数究竟有什么用?”紧接着，教材上例 10 就是一个需要求函数零点的实际应用问题，解决这个问题的步骤也就是求函数零点的一般步骤. 我们在平时的教学中，注重对“二分法”求函数零点的步骤解释，而对于“二分法”这个数学思想方法本身及借助计算器或计算机求函数零点的数值解关注不够.

（二）学情分析

学生熟练掌握一元二次方程的解的情况及二次函数的图像.

（三）教法与学法分析

通过本节课的学习，使学生在知识上学会用“二分法”求方程的近似解，从中体会函数与方程之间的联系. 在求解的过程中，由于数值计算较为复杂，因此对获得给定精确度的近似解增加了困难，所以希望学生具备恰当地使用信息技术工具解决这一问题的能力. 这就要求学生除了能熟练地运用计算器演算以外，还要能借助几何画板 4.06 中文版中的“绘制新函数”功能画出基本初等函数的图像，掌握 Microsoft Excel 软件一些基本的操作.

七、板书设计

函数的基本性质(4)——零点

1. 零点的定义
2. 零点存在性定理
3. 二分法

八、课堂反思

本节课注重从学生已有的基础(一元二次方程及其根的求法、一元二次函数及其图像与性质)出发,从具体(一元二次方程的根与对应的一元二次函数的图像与 x 轴的交点的横坐标之间的关系)到一般,揭示方程的根与对应函数零点之间的关系.在此基础上,再介绍求函数零点的近似值的"二分法",并在总结"用二分法求函数零点的步骤"中渗透算法的思想,为学生后续学习算法内容埋下伏笔.教科书不仅希望学生在数学知识与运用信息技术的能力上有所收获,而且希望学生感受数学文化方面的熏陶,所以在"阅读与思考"中,介绍古今中外数学家在方程求解中所取得的成就,特别是我国古代数学家对数学发展与人类文明的贡献.

九、专家点评

本节课通过"概念形成—深化理解—实际应用—提炼思想—课后巩固"的教学模式,从学生熟悉的问题情境,精心设计问题链,让学生自主探索与合作交流并归纳小结,意在给每个学生提供思考、创造、表现和成功的机会,充分体现了以学生为主体的理念,也渗透众多数学思想,同时也提高了学生的数学素养,总之,本节课达到了应有的教学效果.

二次函数在闭区间上的最值问题

复旦大学附属中学　张　哲

一、教学任务分析

本堂课是高一年级的新授课，授课对象是复旦附中文理学院的学生. 根据上海市数学学科的课程标准，学生已于初中阶段系统地学习过二次函数的图像与基本性质. 本堂课的教学重点更侧重在引导和启发学生研究二次函数在闭区间上的最值问题. 利用经典的例子结合多媒体技术引发学生的自主思考，锻炼学生的逻辑思维和形象思维能力，最终让学生完全了解和掌握这一类问题.

二、教学目标

1. 简单复习二次函数的基本性质，回顾以前的知识.
2. 引导思考和解决两类含参数的闭区间上二次函数的最值问题.
3. 通过建立图像与函数的联系，进一步提高形象思维能力.

三、教学重点与难点

（一）教学重点

会求含参数的二次函数在给定闭区间上的最值和给定二次函数在变动闭区间上的最值. 掌握和运用二次函数的曲线性质.

（二）教学难点

如何依据参数进行分类讨论，理解和想象参数变化情况下的图像变化.

（三）教学重点落实

通过典型例题的讲解让学生体会闭区间上二次函数的单调性质以及二次函数的最值规律.

（四）教学难点突破

通过复习二次函数的基本性质架起与新知识的桥梁，运用多媒体技术给学生以直观感受从而降低形象化思维的难度.

四、教学技术与学习资源应用

使用投影仪、PPT 课件等多媒体设备.

五、教学过程

（一）复习二次函数 $f(x)=ax^2+bx+c(a\neq 0)$ 的基本性质

引导学生回顾二次函数的对称轴、顶点解析式与判别式以及 a、b、c 的数学含义.

（二）研究给定二次函数在变动区间上的最值问题

1. 从最简单的出发，提问学生给定二次函数在 $\mathbf{R}$ 上的最值.

2. 给定一个二次函数，区间发生变动的情况下如何求解.

例 1　求函数 $f(x)=x^2-2x+1$ 在 $x\in[t,t+1]$上的最值.

分析：根据区间$[t,t+1]$相对函数 $y=f(x)$的对称轴 $x=1$ 的位置关系确定函数的最大、最小值. 难点在于如何进行分类讨论，根据两者的位置情况分成三类，分别是对称轴 $x=1$ 在区间$[t,t+1]$的左边，对称轴 $x=1$ 在区间$[t,t+1]$的右边以及对称轴 $x=1$ 在区间$[t,t+1]$内三种情况. 但是对称轴 $x=1$ 在区间$[t,t+1]$内的情况需要根据对称轴 $x=1$ 离 t 或 $t+1$ 哪个更近再分类讨论，这往往是学生容易忽视的地方.

小结：这一类给定二次函数在变动区间上的最值问题，已知二次函数的开口方向和函数的对称轴，而区间在变动的问题需要分类讨论进行解决.

（三）研究含参数的二次函数在给定闭区间上的最值问题

1. 引导学生思考含参数的二次函数在给定闭区间上的最值问题.

例 2　求函数 $f(x)=x^2-2ax+1$ 在 $x\in[0,1]$上的最值.

分析：解决含参数的二次函数在给定闭区间上的最值问题与解决给定二次函数在变动区间上的最值问题的方法类似，都需要从二次函数的对称轴相对区间的位置关系角度来进行分类讨论. 与例 1 类似，形式上需要分成三种情况，实际上分成四种情况来讨论.

小结：这一类给定区间上的含参数的二次函数最值问题，已知二次函数的开口方向，函数的对称轴在变动的问题需要分类讨论进行解决.

2. 让学生对问题求函数 $f(x)=x^2-2ax+1$ 在区间$[0,1]$上的最值进行小结.

3. 提问：如果把问题改为求函数 $f(x)=x^2-2ax+1$ 在 $x\in(0,1)$上的最值将如何解决？

（四）含参数的二次函数在给定区间上的最值问题的综合运用

例 3　二次函数 $f(x)=\frac{1}{a}x^2-4x+1(a\neq 0,a\in\mathbf{R})$在区间$[0,1]$上有最大值 M 和最小值 m，$F(a)=M-m$，写出 $F(a)$的解析式.

分析：本题含参数的二次函数 $y=f(x)$最大值和最小值是关于参数 a 的分段函数，讨论方法与例1类似，$F(a)$就是参数 a 的分段函数. 值得注意的是在 a 的值分别取正负数的时候，二次函数 $f(x)$的开口方向发生了变化，进而会影响函数最大值、最小值的取值.

（五）课堂总结

利用两个最经典的闭区间上二次函数的最值问题让学生了解和掌握这类问题，第三个问题是作为这类问题的综合运用的形式呈现的. 在解决这类问题的过程中分类讨论思想是贯穿其中的，也是最为重要的. 让学生在研究这类问题的过程中体会分类讨论思想，引导学生进行形象化思维来思考为什么要进行分类讨论，如何进行分类讨论. 例题的选择上也体现了解决该类问题的基本思想和核心要素，反映了二次函数的开口方向、对称轴与取值区间的关系.

（六）作业布置

1. 已知函数 $f(x)=x^2-2ax+2, x\in[-4,6]$.

（1）当 $a=-1$ 时，求函数的最大值和最小值；

（2）求实数 a 的取值范围，使 $y=f(x)$在区间$[-4,6]$上是单调函数.

2. 求函数 $f(x)=x^2-2ax+2a^2(a\in\mathbf{R})$在区间$[-1,1]$上的最大值和最小值.

3. 设函数 $f(x)=-\frac{1}{2}x^2+\frac{13}{2}, x\in[a,b]$，且 $f(x)\in[2a,2b]$，其中 $a<b$，求 a、b 的值.

六、专家点评

含参数的一元二次函数的最值问题是高中函数教学中的重难点，在处理的过程中一是要考查学生分类讨论的能力，二是要考查学生数形结合处理问题的习惯与能力，此外也要求学生对基本的知识做到充分理解. 本节课利用三个很典型的例题，结合多媒体技术引发学生的自主思考，锻炼学生的逻辑思维和形象思维能力，在短短一节课的时间内让学生基本了解和掌握这一类问题，殊为不易.

幂函数的性质与图像

复旦大学附属中学　施柯杰

一、教学任务分析

本节课的内容选自《数学》(高一年级第一学期)(上海教育出版社)第四章《幂函数、指数函数和对数函数(上)》的第一节“幂函数”. 本节课是该章节的第一课时,学习幂函数的性质与图像. 学习幂函数是为了让学生进一步获得比较系统的函数知识及研究函数的方法,为今后学习其他函数打下良好的基础.

授课对象为复旦附中高一(4)班学生,该班学生学习态度比较认真,数学思维比较活跃,有一定的分析问题及解决问题的能力,但同时也存在着学习水平参差不齐,个体差异明显的问题.

二、教学目标

理解幂函数的概念,会用描点法画特殊指数的幂函数的图像,并通过函数图像归纳总结幂函数图像的变化规律及幂函数的性质,体会从特殊到一般的研究问题的数学方法.

三、教学重点与难点

(一) 教学重点

幂函数概念的理解,用描点法作幂函数的图像,观察幂函数的定义域、值域及单调性、奇偶性等性质在图像上的表现.

(二) 教学难点

由函数的图像概括出幂函数的性质,体会图像的变化规律.

(三) 难点突破

利用几何画板演示函数图像的生成及变化过程.

四、教学技术与学习资源应用

使用 PPT 课件、几何画板.

五、教学过程

（一）复习引入

在上一节课学生们学习了有理指数幂，$N=a^b\,(a>0, b=\frac{m}{n}, m、n\in\mathbf{N}^*)$. 我们规定：$a^{\frac{m}{n}}=\sqrt[n]{a^m}$，$a^{-\frac{m}{n}}=\frac{1}{\sqrt[n]{a^m}}$. 固定 $b\in\mathbf{Q}$，让底数 a“动起来”，则幂 N 也跟着“动起来”，即 N 随底数 a 的变化而发生变化. 得到如 $y=x$，$y=x^{-1}$，$y=x^2$，$y=x^{-\frac{1}{2}}$ 的函数. 你能发现这些函数解析式有什么共同点么？

（二）新课教学

幂函数的定义：一般地，函数 $y=x^k$（k 是常数，$k\in\mathbf{Q}$）叫作幂函数，其中 x 是自变量. 即以底数为自变量，幂为因变量，指数为常量的函数称为幂函数.

例 1　下列函数哪些是幂函数？

1. $y=2^x$；　2. $y=1$；　3. $y=x^{-2}$；　4. $y=2x$；　5. $y=x^2+x$.

下面，我们就 $k=0$、$k>0$ 和 $k<0$ 来研究幂函数.

（1）当 $k=0$ 时，函数 $y=x^0$ 是什么函数？它的图像是怎样的呢？

（2）考虑 $k>0$ 的情形.

① 当 $k\in\mathbf{Z}^+$ 时，$y=x^k=\underbrace{xx\cdots x}_{k(个)}$，就指数 k 的奇偶性指出其代表函数，并快速说出它们的性质，填入下表.

$a\in\mathbf{N}^*$	代表函数	定义域	值域	单调性	奇偶性	经过象限
$k=2a$						
$k=2a-1$						

② 当 k 为正分数的，考虑 $k=\frac{p}{q}$（$p、q\in\mathbf{N}^*$，$(p,q)=1$，$q>1$）的情形. 此时 $y=x^k=x^{\frac{p}{q}}=\sqrt[q]{x^p}$. 大家能举出一些形如这类函数的特殊函数吗？

例 2　研究函数 $y=x^{\frac{2}{3}}$ 的定义域、值域、奇偶性和单调性，并且作出它的图像.

请根据数 p、q 的奇偶性的情形，用描点法画出指定函数图像，并完成下面表格.

	代表函数	定义域	值域	单调性	奇偶性	经过象限
p 奇，q 偶	$y=x^{\frac{1}{2}}$					
p 偶，q 奇	$y=x^{\frac{2}{3}}$					
p 奇，q 奇	$y=x^{\frac{1}{3}}$					

我们将上述 3 个函数图像画在同一直角坐标系内，得到如图 1－23 所示图像.

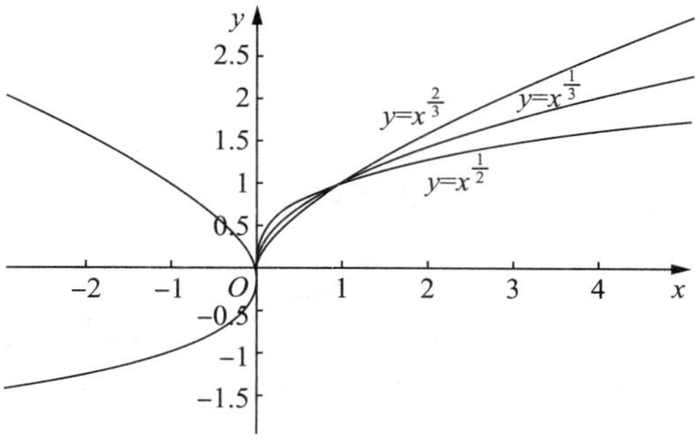

图 1－23

根据上表的内容并结合图像，试总结当 $k>0$ 时，幂函数 $y=x^k$ 的性质：

1）图像都经过点(0，0)，(1，1)；

2）函数在区间$(0,+\infty)$上是增函数；

3）在第一象限，幂函数图像呈逆时针按指数从小到大分布；

4）函数图像不经过第四象限.

（3）再讨论 $k<0$ 的情形.

① 当 $k\in\mathbf{Z}^-$ 时，$y=x^k=\dfrac{1}{x^{-k}}$，就指数 k 的奇偶性指出其代表函数，并快速说出它们的性质，填入下表.

$a\in\mathbf{N}^*$	代表函数	定义域	值域	单调性	奇偶性	经过象限
$k=-2a$						
$k=-2a+1$						

② 当 k 为负分数时，考虑 $k=-\dfrac{p}{q}$（p、$q\in\mathbf{N}^*$，$(p,q)=1$，$q>1$）的情形. 此时 $y=x^{-\frac{p}{q}}=\dfrac{1}{\sqrt[q]{x^p}}$.

例 3 研究函数 $y=x^{-\frac{1}{2}}$ 的定义域、值域、奇偶性和单调性，并且作出它的图像.

请根据数 p、q 的奇偶性的情形，用描点法画出指定函数图像，并完成下面表格.

	代表函数	定义域	值域	单调性	奇偶性	经过象限
p 奇，q 偶	$y=x^{-\frac{1}{2}}$					
p 偶，q 奇	$y=x^{-\frac{2}{3}}$					
p 奇，q 奇	$y=x^{-\frac{1}{3}}$					

我们将三个函数 $y=x^{-\frac{1}{2}}$，$y=x^{-\frac{2}{3}}$，$y=x^{-\frac{1}{3}}$ 的图像画在同一直角坐标系内，得到如图

1－24 所示的图像.

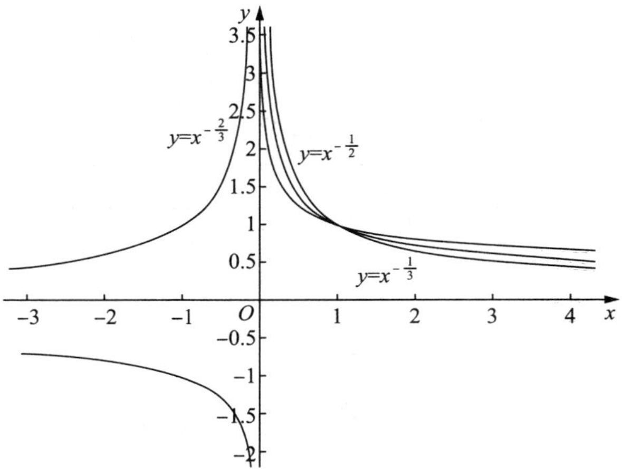

图 1－24

根据上表的内容并结合图像，试总结当 $k<0$ 时，幂函数 $y=x^k$ 有如下性质：

1）图像都经过点(1,1)；

2）函数在区间$(0,+\infty)$上是减函数；

3）在第一象限内，图像向上、向右与坐标轴无限接近，但永远无法达到；

4）在第一象限直线 $x=1$ 右侧，幂函数图像呈逆时针按指数从小到大分布；

5）函数图像不经过第四象限.

（三）课堂小结

1. 所有的幂函数在区间$(0,+\infty)$上都有定义，并且图像都经过定点(1,1).

2. 单调性：在区间$(0,+\infty)$上，当 $k>0$ 时，$y=x^k$ 在每个象限内是增函数；当 $k<0$ 时，$y=x^k$ 在每个象限内是减函数.

3. 奇偶性：当 k 为奇数时，$y=x^k$ 为奇函数；当 k 为偶数时，$y=x^k$ 为偶函数；

4. 对于形如 $k=\dfrac{p}{q}(p\in\mathbf{N}^*, q\in\mathbf{Z}, (p,q)=1)$ 的幂函数：

(1) 当 p 为偶数时，$y=x^k$ 为偶函数，图像关于 y 轴对称；

(2) 当 p、q 均为奇数时，$y=x^k$ 为奇函数，图像关于原点对称；

(3) 当 q 为偶数，p 为奇数时，$y=x^k$ 是非奇非偶函数，图像只在第一象限.

（四）作业布置

1. 已知函数 $f(x)=(m^2+2m)\cdot x^{m^2+m-1}$，$m$ 为何值时，$f(x)$是：(1)正比例函数；(2)反比例函数；(3)二次函数；(4)幂函数.

2. 求下列幂函数的定义域，并指出其奇偶性、单调性：

(1)$y=x^{\frac{2}{5}}$；　(2)$y=x^{-\frac{4}{3}}$；　(3)$y=x^{\frac{5}{4}}$；　(4)$y=x^{-\frac{1}{6}}$.

3. 已知幂函数 $f(x)=x^{\alpha}$ 为偶函数，且在区间 $(0,+\infty)$ 上单调递减，$A=\left\{-2,-1,-\frac{1}{2},-\frac{1}{3},\frac{1}{2},1,2,3\right\}$，试在集合 A 中确定满足条件的 α 值，并作出 $f(x)=x^{\alpha}$ 的大致图像.

4. 若 $(m+a)^{-1}<(3-2m)^{-1}$，试求实数 m 的取值范围.

5. 已知幂函数 $y=x^{m^2-2m-3}(m\in\mathbf{Z})$ 的图像与 x 轴、y 轴都无交点，且关于原点对称，求 m 的值.

6. 已知函数 $f(x)=x^{-2m^2+m+3}(m\in\mathbf{Z})$ 为偶函数，且 $f(3)<f(5)$，求 m 的值，并确定 $f(x)$ 的解析式.

六、板书设计

幂函数的性质与图像

$N=a^b$，固定 b，N 随 a 的变化而变化.

定义：一般地，函数 $y=x^k$（k 是常数；$k\in\mathbf{Q}$）叫作幂函数.

1. $k=0$，$y=x^0=1(x\neq0)$
2. $k>0$

(1) $k\in\mathbf{Z}^+$，$y=x$，$y=x^2$

(2) $k=\frac{p}{q}(p、q\in\mathbf{N}^*,(p,q)=1,q>1)$，$y=x^{\frac{1}{2}}$；$y=x^{\frac{1}{3}}$；$y=x^{\frac{2}{3}}$

3. $k<0$

(1) $k\in\mathbf{Z}^-$，$y=x^{-1}$，$y=x^{-2}$

(2) $k=-\frac{p}{q}(p、q\in\mathbf{N}^*,(p,q)=1,q>1)$，$y=x^{-\frac{1}{2}}$；$y=x^{-\frac{1}{3}}$；$y=x^{-\frac{2}{3}}$

七、专家点评

本课是一节概念课，为幂函数的第一节，学生此前对部分幂函数已有接触. 教师在教学设计中充分利用了这一点，从已有的知识出发，从熟悉到陌生，从简单到复杂，符合逐次递进的思想，增强了学生的数学思考能力. 课堂条理脉络清晰，对重点的把握和难点的突破处理得流畅. 师生互动好，学生的积极性得以充分调动.

函数综合例题应用

上海市行知中学　严卫东

一、教学目标

（一）知识与技能

1. 二次函数、指数函数、对数函数、幂函数等知识点的综合应用.

2. 函数与高中数学其他知识点，如不等式、数列、三角、向量、解析几何等知识点的综合应用.

（二）过程与方法

1. 通过函数基本性质的综合应用，加深对函数本质的理解与应用，进一步领悟与把握高中各数学分支间的内在联系.

2. 通过函数基本性质的综合应用，探求函数丰富的数学思想与培养人的核心素养方面的育人功能.

（三）情感、态度与价值观

1. 通过学生主动学习构建和优化知识结构，教师注重学生在课堂问题变化过程中的问题生成与解决.

2. 通过组织学生小组对综合问题进行探索，在课堂问题生成—解决—产生新问题螺旋式上升的过程中培养学生之间合作交流的精神，感受攻坚的快乐.

3. 教师要在课堂关注每个学生，给学生更多的机会锻炼他们的求异思维、表达能力等，以适应新高考招生与改革.

二、教学重点与难点

（一）教学重点

函数的性质与不等式、数列、三角、向量、解析几何等知识点的综合应用.

（二）教学难点

不等式、数列、三角、解析几何等内在函数思想的探索.

三、教学方法与教学手段

（一）教学方法

以学生为主体，注重课堂问题生成与解决，着力培养学生思维的深度与广度.

（二）教学手段

问题驱动、学生主动、交流互动、探究解疑. 辅助多媒体教学.

四、函数综合问题例解

例 1　已知函数 $f(x)=a\cdot b^x$ 的图像过 $A\left(4,\dfrac{1}{4}\right)$ 和 $B(5,1)$.

(1) 求函数 $f(x)$ 的解析式；

(2) 记 $a_n=\log_2 f(n)$，n 是正整数，S_n 是数列$\{a_n\}$的前 n 项的和，解关于 n 的不等式 $a_nS_n\leqslant 0$；

(3) 对于(2)中的 a_n 与 S_n，整数 96 是否为数列$\{a_nS_n\}$中的项？若是，则求出相应的项数；若不是，则说明理由.

说明：(1)(2)两小题考查基本的函数、对数、不等式及方程的知识与方法，难度不大，可由学生自行解决.

第(3)小题：

学生：三次方程 $2n(n-5)(n-9)=96$ 目前没有能力解决.

教师：请大家先思考并且尝试探索.

学生 A：可以代数字，从 $n=10$ 起，$2n(n-5)(n-9)$的值超过 10 且不断变大，而前 9 项代入后等式都不成立.

教师：很不错，不过怎么才能严格说明当 $n>10$ 之后，等式一定不成立？

学生 B：可以构造函数 $h(n)=2n(n-5)(n-9)$，其图像可由几何画板给出.

学生 C：可以构造数列 $a_n=2n(n-5)(n-9)$，研究其增减性即可严格说明.

解：(1)列方程组$\begin{cases}\dfrac{1}{4}=a\cdot b^4,\\ 1=a\cdot b^5,\end{cases}$解得 $a=4^{-5}$，$b=4$，所以 $f(x)=4^{x-5}$.

分析：此小题是函数与数列的综合. 理解数列是特殊类函数是解决问题的起点. 这样很多的数列问题，可以用函数的某些特性去解决. $f(x)$含有两个未知量 a、b，又已知 A、B 两点，所以通过待定系数法可求. 常规方法，由学生谈论可得，教师不用多提示.

(2) $\because a_n=2n-10$，$\therefore S_n=n(n-9)$，$\therefore a_nS_n=2n(n-5)(n-9)\leqslant 0$，$\therefore 5\leqslant n\leqslant 9(n\in\mathbf{N})$，$\therefore n=5,6,7,8,9$.

分析：$f(n)$是个过渡，懂此符号意义即可，主要是为了给出数列$\{a_n\}$，顺便考查了对数的运算. 也是由学生谈论可得.

(3) ∵$a_1S_1=64,a_2S_2=84,a_3S_3=72,a_4S_4=40$,

又当 $5\leqslant n\leqslant 9$ 时,$a_nS_n\leqslant 0$,且当 $n\geqslant 10$ 时,$a_nS_n\geqslant a_{10}S_{10}=100$.

∴96 不是数列中的项.

分析:此小题在选择方法时学生感到困难,三次方程 $2n(n-5)(n-9)=96$ 目前学生没有能力解决,不少学生在此搁浅.把 $h(n)=2n(n-5)(n-9)$ 看作关于 n 的三次函数,其图像可由几何画板给出.尤其当 $a_nS_n=2n(n-5)(n-9)$ 看作关于 n 的三次函数,其图像可由几何画板给出.发现当 $n\geqslant 9$ 时,$h(n)=2n(n-5)(n-9)$ 的图像是递增的是解决问题的关键点.教师要通过学生之间的讨论自然生成.

课堂问题生成一:什么是待定系数法?

课堂问题生成二:方程 $n(n-5)(n-9)=48$ 不会解,还有什么思路可以判定 96 是否是数列 $\{a_nS_n\}$ 中的项?第二问的结论有用吗?

课堂问题生成三:学生在第三小问中提出用计算器 TABLE 功能,老师没有实践过,所以课堂内布置学生小组课后研究一下,下节课再交流.

例 2 已知向量 $\overrightarrow{OB}=\{2,0\}$,$\overrightarrow{OC}=\{2,2\}$,$\overrightarrow{CA}=\{\sqrt{2}\cos\alpha,\sqrt{2}\sin\alpha\}(\alpha\in\mathbf{R})$,则向量 $\overrightarrow{OA}$ 与 $\overrightarrow{OB}$ 夹角的取值范围是(　　).

(A) $\left[0,\frac{\pi}{4}\right]$　　(B) $\left[\frac{\pi}{4},\frac{5\pi}{12}\right]$　　(C) $\left[\frac{5\pi}{12},\frac{\pi}{2}\right]$　　(D) $\left[\frac{\pi}{12},\frac{5\pi}{12}\right]$

学生:根据夹角公式得 $\cos\theta=\dfrac{2(2+\sqrt{2}\cos\alpha)}{\sqrt{10+4\sqrt{2}(\cos\alpha+\sin\alpha)}}$,即建立起 θ 关于 α 的函数关系式,但很难化简.

教师:思路很好,但既然遇到阻碍,那怎么办?

学生:$\overrightarrow{OA}=\overrightarrow{OC}+\overrightarrow{CA}=\{2+\sqrt{2}\cos\alpha,2+\sqrt{2}\sin\alpha\}$,∴点 A 轨迹为 $(x-2)^2+(y-2)^2=2$,以下可以结合图像,很容易获得答案.

教师:很好,数形结合是高中数学解题过程中的基本思想方法之一,当我们从代数角度研究问题遇到困难时,往往可以分析其图形,利用图形的直观性探究解题思路.

解:$\overrightarrow{OA}=\overrightarrow{OC}+\overrightarrow{CA}=\{2+\sqrt{2}\cos\alpha,2+\sqrt{2}\sin\alpha\}$,$\overrightarrow{OB}=\{2,0\}$,

∴点 A 轨迹为 $(x-2)^2+(y-2)^2=2$.

数形结合,设直线方程,用点到直线距离计算相切时的斜率,再将斜率转换成角度即可.故选 D.

分析:此题是函数与向量的综合.求向量夹角一般方法:根据夹角公式得 $\cos\theta=\dfrac{2(2+\sqrt{2}\cos\alpha)}{\sqrt{10+4\sqrt{2}(\cos\alpha+\sin\alpha)}}$,则很难化简,$\theta$ 的范围不容易求出.至此解题陷入僵局,还有其他求角途径吗?

课堂问题生成四:$\overrightarrow{OB}$ 是已知的,那么 $\overrightarrow{OA}$ 如何表示?

课堂问题生成五:位置向量$\overrightarrow{OA}$ 和点 A 的坐标有何联系?

分析:发现点 A 的轨迹是关键.本题体现思维的灵活性,培养学生逆向思维的能力.当常规代数方法行不通的时候,要考虑其他途径,数形结合是常用方法.要熟悉代数形式背后的几何意义,用图像直观解决问题比较快捷.

例 3 已知函数 $y=f(x)=\dfrac{bx+c}{ax^2+1}(a、c\in\mathbf{R},b\in\mathbf{N})$是奇函数,$f(x)$有最大值$\dfrac{1}{2}$,$f(1)>\dfrac{2}{5}$.

(1) 求 $f(x)$的解析式;

(2) 是否存在直线 l 与函数 $y=f(x)$的图像交于 P、Q 两点,并且使得线段 PQ 的中点为(1,0).若存在,求出直线 l 的方程;若不存在,请说明理由.

解:(1) $\because f(x)$是奇函数,$\therefore f(0)=0$,$\therefore c=0$.

$\therefore f(x)$的最大值一定是在 $x\neq0$ 时取得,此时 $f(x)=\dfrac{bx}{ax^2+1}=\dfrac{b}{ax+\dfrac{1}{x}}$.

$\because b\in\mathbf{N}$,$\therefore ax+\dfrac{1}{x}$有最小值 $2b$.

$\therefore$当 $a>0$ 且 $x>0$ 时 $ax+\dfrac{1}{x}$取得最小值 $2b$,此时 $ax+\dfrac{1}{x}\geqslant2\sqrt{a}=2b$,$\therefore a=b^2$.

$\because f(1)=\dfrac{b}{a+1}=\dfrac{b}{b^2+1}>\dfrac{2}{5}$,$\therefore 2b^2-5b+2<0$,$\therefore \dfrac{1}{2}<b<2$,$\therefore b=1$.

$\therefore a=1$,$\therefore f(x)=\dfrac{x}{x^2+1}$.

分析:此小题是函数与解析几何的综合题.要用待定系数法求 a、b,题中三个条件的转化不容易,$f(x)$有最大值$\dfrac{1}{2}$,若用判别式则运算量大,要充分利用 $b\in\mathbf{N}$ 这个条件.

(2) 假设存在满足题意的直线 l.

设 $P(x_0,y_0)$,不妨令 $x_0\geqslant0$,$\therefore Q(2-x_0,-y_0)$.

由 $y_0=\dfrac{x_0}{x_0^2+1}$且$-y_0=\dfrac{2-x_0}{(2-x_0)^2+1}$,消去 y_0 整理得 $x_0^2-2x_0-1=0$.

$\therefore x_0=1+\sqrt{2}$,$\therefore P\left(1+\sqrt{2},\dfrac{\sqrt{2}}{4}\right)$,$\therefore k_{PQ}=\dfrac{1}{4}$.

$\therefore$所求直线方程为:$x-4y-1=0$.

课堂问题生成六:a 的符号如何确定?

解后回顾:探索性问题的一般解法:先假设结论成立,然后根据已知逐步推理,若导出合理结论,则表明假设成立,若导出矛盾结论,则表明假设不成立.

例 4 对于定义 D 上的函数 $y=f(x)$，若同时满足下列条件：① $f(x)$ 在 D 内单调递增或单调递减；②存在区间 $[a,b]\subseteq D$，使 $f(x)$ 在区间 $[a,b]$ 上的值域为 $[a,b]$. 那么把函数 $y=f(x)(x\in D)$ 叫作闭函数.

(1) 求闭函数 $y=-x^3$ 符合条件②的区间 $[a,b]$；

(2) 判断函数 $f(x)=\frac{3}{4}x+\frac{1}{x}(x>0)$ 是否为闭函数？并说明理由；

(3) 若函数 $y=k+\sqrt{x+2}$ 是闭函数，求实数 k 的取值范围.

学生：闭函数的定义读不太明白.

教师：可通过实例来反向促进对新定义的理解，比如 $y=x$，$y=x^3$.

教师：第(2)小题，说明一个命题不成立，只要举一个反例即可.

学生：第(3)小题，由 $\begin{cases}k+\sqrt{a+2}=a,\\ k+\sqrt{b+2}=b\end{cases}\Rightarrow=k+\sqrt{x+2}=x\Rightarrow x^2-(2k+1)x+k^2-2=0$，由 $\Delta>0$ 无法获得正确答案.

教师：等价性错误，并非在实数集上有相异根，建议数形结合，转化成两条曲线的交点问题.

解：(1) $y=-x^3$ 是递减函数，所以 $\begin{cases}-a^3=b,\\ -b^3=a.\end{cases}$ 由 $b>a$ 解得 $b=1$.

∴所求闭区间为 $[-1,1]$.

分析：通过解决简单问题，加深对闭函数概念的理解. 发现 $y=-x^3$ 在区间 $(-\infty,+\infty)$ 上是单调递减函数，依此建立方程组，在解方程时注意区间概念要求 $a<b$.

(2) ∵ $f\left(\frac{1}{10}\right)=10\frac{3}{40}>f(2)=2>f(1)=\frac{7}{4}$，∴ $f(x)=\frac{3}{4}x+\frac{1}{x}(x>0)$ 不是单调函数.

所以 $f(x)$ 不是闭函数.

分析：$f(x)=\frac{3}{4}x+\frac{1}{x}(x>0)$ 为常见"耐克"函数，不是单调函数，而闭函数必须首先满足是单调函数，故举反例即可.（有不少学生从正面证明，对假命题只需要举反例用得比较少，掌握不到位，今后要注意训练）

(3) ∵函数 $y=k+\sqrt{x+2}$ 在区间 $[-2,+\infty]$ 上单调递增，

∴由 $f(a)=a$，$f(b)=b$，即 $\begin{cases}k+\sqrt{a+2}=a,\\ k+\sqrt{b+2}=b.\end{cases}$

上式等价于：a、b 是方程 $k+\sqrt{x+2}=x$ 的两个相异实根.

等价于：两条曲线 $y_1=\sqrt{x+2}$、$y_2=x-k$ 有两个不同交点.

y_1 表示双曲线 $y^2-x^2=2$ 在 x 轴上方部分，y_2 表示斜率 $k=1$ 的平行直线系.

当直线 y_2 经过点 $(-2,0)$ 时，$k=-2$.

当 y_2 与 y_1 相切时，由 $\sqrt{x+2}=x-k$ 得 $x^2-(2k+1)x+k^2-2=0$.

$\therefore \Delta=0$，即 $k=-\frac{9}{4}$.

$\therefore -\frac{9}{4}\leqslant k\leqslant -2$.

分析：得到方程 $k+\sqrt{x+2}=x$ 的两个相异实根后，若对此式两边平方后可整理为关于 x 的带参量 a 的一元二次方程，则求 k 的范围需要多步讨论，比较烦琐. 如何改进这个解法？这里用数形结合比较简捷.

思考题：已知二次函数 $f(x)=ax^2+bx+c$，$f(0)=3$，且直线 $y=5x+1$ 与 $f(1)$ 的图像相切于点(2,11).

(1) 求函数 $f(x)$ 的解析式；

(2) 若 $f(n)$ 为数列 $\{a_n\}$ 的前 n 项和，求数列 $\{a_n\}$ 的通项公式；

(3) 求 $\lim\limits_{n\to\infty}\left(\frac{1}{a_2a_3}+\frac{1}{a_3a_4}+\frac{1}{a_4a_5}+\cdots+\frac{1}{a_na_{n+1}}\right)$ 的值.

分析：确定函数 $f(x)$ 的表达式，需要三个条件，题目已知"直线 $y=5x+1$ 与 $f(x)$ 的图像相切于点(2,11)"，实际含有两个条件：(1) $f(x)$ 经过点(2,11)，(2)两曲线相切.

解：(1) $\because f(0)=3$，$\therefore c=3$.

又 $\because f(x)$ 经过点(2,11)，$\therefore 11=4a+2b+3$，即 $b=4-2a$. $\therefore f(x)=ax^2+(4-2a)x+3$.

又 $\because f(x)$ 与直线 $y=5x+1$ 相切，

$\therefore ax^2+(4-2a)x+3=5x+1$，即 $ax^2+(-2a-1)x+2=0$.

由 $\Delta=0$ 得 $a=\frac{1}{2}$，$\therefore b=3$.

$\therefore f(x)=\frac{1}{2}x^2+3x+3$.

(2) $\because f(n)=\frac{1}{2}n^2+3n+3$

$\therefore$ 当 $n=1$ 时，$a_1=f(1)=\frac{13}{2}$；当 $n\geqslant 2$ 时，$a_n=f(n)-f(n-1)=n+\frac{5}{2}$.

$$a_n=\begin{cases}\frac{13}{2}, n=1,\\ n+\frac{5}{2}, n\geqslant 2.\end{cases}$$

(3) 当 $n\geqslant 2$ 时，$\frac{1}{a_na_{n+1}}=\frac{1}{a_n}-\frac{1}{a_{n+1}}$

$$\therefore \lim_{n\to\infty}\left(\frac{1}{a_2a_3}+\frac{1}{a_3a_4}+\frac{1}{a_4a_5}+\cdots+\frac{1}{a_na_{n+1}}\right)$$

$$=\lim_{n\to\infty}\left(\frac{1}{a_2}-\frac{1}{a_3}+\frac{1}{a_3}-\frac{1}{a_4}+\cdots+\frac{1}{a_n}-\frac{1}{a_{n+1}}\right)=\lim_{n\to\infty}\left(\frac{1}{a_2}-\frac{1}{a_{n+1}}\right)=\lim_{n\to\infty}\left(\frac{2}{9}-\frac{2}{2n+7}\right)=\frac{2}{9}.$$

五、课堂小结(学生归纳,教师补充)

上海高考经常在知识的交汇点处考查学生的能力,函数由于其知识特性,可以将不同章节的知识进行有机地结合,对学生的思维深度、广度和灵活性都提出了很高的要求,日常学习过程中要有意识加强此方面训练,掌握常见的处理问题的思想方法.

六、课后作业

完成配套练习 1.

七、教案设计说明

(一)教学背景

高三数学复习第一轮结束,启动第二轮专题复习.函数思想是物质世界运动变化的抽象反映,对学生形成辩证的世界观有重要作用.函数又是近几年高考的重中之重,所以必须非常重视.上海高考经常在知识的交汇点处考查学生的能力,因此本人根据所教班级学生的学情,安排本节内容.

(二)选题理由

任何一个好的教案首先要切合学生的实际情况.作为平行班学生,他们基本知识的掌握是合格的,但他们大多缺少对问题的主动探求和思考,更不注重对各知识点之间内在联系的研究.缺少联系,学生对知识的理解总停留在浅层次上,而且也容易遗忘.针对上海数学高考常在知识交汇处考查能力的情况,选择本课题并联系数列、向量、解析几何、三角等多个知识点复习.

课堂的时间很有限,选例题既要考虑知识点的覆盖要面广,更要注意其中思维方法的灵活多样.例 1 是函数与数列的交汇题,一题三问,环环相扣,信息量大,高考重点.多次月考中学生失分多.例 2 是函数与向量结合的问题,使用数形结合,思维多元化.培养学生的灵活性.例 3 是函数与解析几何结合的问题.难度较高,教师要注意合理引动,设计合理的问题驱动.例 4 闭函数概念课本没有介绍,培养学生自我解读概念、分析题目主旨的能力.

(三)表面的热闹不一定是一节成功的课

一节好课,教师必须把思维的时间、空间留给学生.以问题为先导,引导学生在安静中展开思考.当原有的认知和课堂内容冲突时,会激起学生求知的欲望,若教师所讲太抽象时,学生会陷入迷茫和疲惫.所以问题设计的台阶要合理.

八、板书设计

函数综合例题应用		
一、函数性质回顾 二、数列与函数 三、向量与函数 四、解析几何与函数	各例题解答空间	PPT 给出例题

九、专家点评

函数是高中数学学习中的重点内容之一，函数的思想方法贯穿了整个高中数学学习过程，也是高考的主要考查内容之一. 本课的教学内容立足于函数，又涉及了其与数列、向量、解析几何等内容的综合，内容选择贴合教学实际，课堂教学的过程也充分考虑了学生的知识水平与学习能力，并且在引导学生分析解决问题以及分配课堂教学时间让学生充分思考探索的环节上处理得非常成功.

高一年级
下学期

两角和与差的运用

上海市市东中学　陆剑红

一、教学目标

（一）知识与技能

1. 通过自主复习，理解两角和与差的余弦、正弦、正切公式的推导过程.

2. 通过课前预习作业，熟记两角和与差的公式.

3. 通过课上例题和课后作业，进一步掌握两角和与差的公式并会灵活运用.

（二）过程与方法

1. 在探究两角和与差公式的推导过程中，感受数学探究的一般过程和方法.

2. 在思考两角差的余弦公式的其他推导方法时，通过小组间合作学习，多角度多观点的碰撞，体现和感受数学发现和创造的过程，提高严谨而准确的数学表达能力.

3. 体会“构造法”“化归法”“整体代换”等数学方法在数学中的运用.

（三）情感、态度与价值观

1. 通过复习教材，了解两角和与差公式的推导过程，领略数学家对科学严谨认真的态度.

2. 通过小组合作或查阅资料，思考两角差的余弦公式的其他推导方法，激发学生的探究兴趣和欲望. 学会从已有知识出发主动探索未知世界的意识和对待新知识的良好情感态度.

3. 在探究的过程中，体验合作的愉悦和经验，增强责任感，互帮互助，增强团队意识.

二、教学重点与难点

（一）教学重点

运用两角和与差的公式解决三角式的求值、化简和证明问题.

（二）教学难点

合理灵活地选择公式.

三、教学方法与教学手段

（一）教学方法

以学生为主体，问题为驱动，探究练习，小组讨论合作学习.

（二）辅助教学手段

多媒体辅助教学：互动电视（包括数字展台、电子白板、网络多媒体）、移动黑板和导学案.

四、教学流程设计

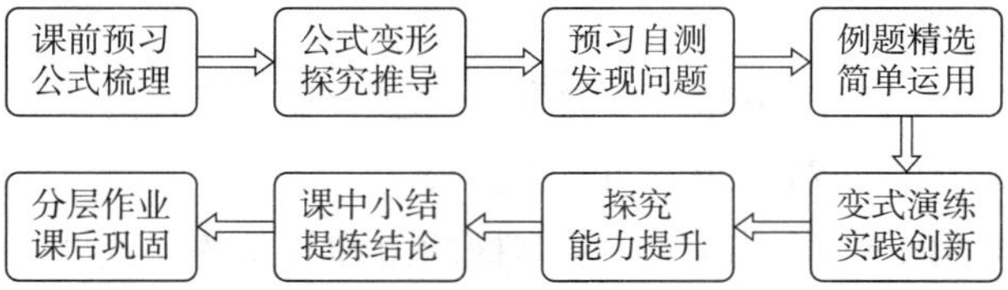

五、教学过程

（一）课前学生自主预习，梳理知识

1. 公式梳理

(1) 两角和与差的正弦、余弦、正切公式：

$\sin(\alpha\pm\beta)=$________________；

$\cos(\alpha\pm\beta)=$________________；

$\tan(\alpha\pm\beta)=$________________.

(2) 公式变形：

$\sin\alpha\sin\beta+\cos\alpha\cos\beta=$________________；

$\tan\alpha+\tan\beta=$________________；

$\tan\alpha-\tan\beta=$________________；

$\frac{1+\tan\alpha}{1-\tan\alpha}=$________________；$\frac{1-\tan\alpha}{1+\tan\alpha}=$________________.

说明：

1. 通过公式变形，进一步让学生熟练公式.

2. 探究推导

(1) 通过复习课本 P51，理解课本推导两角差的余弦公式的方法.

思考：你还有什么其他推导方法吗？（小组合作）

(2) 复习课本 P52、P55、P57，思考：利用两角差的余弦公式是如何推导两角和的余弦公式以及两角和与差的正弦、正切公式的？（课上回答，请做好准备）

2. 通过探究推导两角和与差公式，让学生感悟“整体代换”等数学方法.

3. 预习作业

(1) 化简：$\sin(60°-\alpha)-\sin(60°+\alpha)=$__________；

(考查知识点：两角和与差的正弦公式的运用)

化简：$\cos(x+y)\cos y+\sin(x+y)\sin y=$__________；

(考查知识点：两角差的余弦公式的逆用)

(2) 已知 $\sin\alpha=\frac{3}{5}$，$\cos\beta=-\frac{\sqrt{5}}{5}$，$\alpha$、$\beta\in\left(\frac{\pi}{2},\pi\right)$，则 $\sin(\beta-\alpha)$ $=$__________；

(考查知识点：同角三角比和两角和与差的正弦公式的运用)

(3) 已知 α、β 为锐角，$\cos\alpha=\frac{1}{\sqrt{10}}$，$\cos\beta=\frac{1}{\sqrt{5}}$，则 $\alpha+\beta$ $=$__________；

(考查知识点：两角和的正弦、余弦公式的灵活运用以及角范围的判断)

(4) 已知 $\tan\left(\alpha-\frac{\pi}{4}\right)=-2$，$\tan\left(\beta+\frac{\pi}{4}\right)=3$，

则 $\tan(\alpha+\beta)$__________.

(考查知识点：两角和与差的正切公式的灵活运用)

3. 通过对两角和与差公式运用的简单练习，一方面让学生熟练公式，另一方面让学生体会一题多解，复杂与简捷的变身.

(二) 精选例题，灵活运用

1. 预习检测，体验方法

(1) 通过数字展台，对两位学生的作业(课前老师批改，选出具有代表性的)进行展示，让学生自己纠错或同学互助一起帮忙改正，同时通过两位同学不同的解题思路，让学生从对比中体会公式的逆用、灵活变式的优点. 尤其是第(4)题，可以把已知条件展开，分别求出 $\tan\alpha$ 和 $\tan\beta$，然后再求 $\tan(\alpha+\beta)$，也可以先观察所求角正好等于已知角的和，直接利用两角和的正切公式，岂不又方便又简单！

4. 通过自己做题，再看看其他同学的思路，取长补短，找到最合适的方法.

(2) 通过检测公式的推导，后一个公式是由前一个公式怎么推过来的？$\cos(\alpha-\beta)\to\cos(\alpha+\beta)\to\sin(\alpha+\beta)\to\sin(\alpha-\beta)\to\tan(\alpha\pm\beta)$，由 5 位学生分别回答，通过代换、诱导公式、商数关系，将一些未知的转化为已知的，全班同学一起体验公式的由来，了解公式的内在联系，从中体会数学思想方法.

5. 一起体会公式的由来，感悟数学思想方法.

2.典型问题分析

例 1 已知 α、β 是第二象限的角，$\sin\alpha=\frac{3}{\sqrt{10}}$，$\sin\beta=\frac{2}{\sqrt{5}}$，求 $\alpha+\beta$ 的值.

分析：学生本能的会根据已知条件求 $\sin(\alpha+\beta)$，但是根据 $\alpha+\beta$ 的范围，有两解，会出现增解. 如果根据角的范围，选择求 $\cos(\alpha+\beta)$，则不会有增解.

6. 让学生通过观察角的范围，根据三角比的符号合理选择三角.

例 2 已知 α、β 为锐角，且 $\cos\alpha=\frac{3}{5}$，$\cos(\alpha+\beta)=-\frac{5}{13}$，求 $\cos\beta$ 的值.

分析：可以通过 $\cos(\alpha+\beta)$ 的公式展开，再借助 $\sin^2\beta+\cos^2\beta=1$ 解出 $\cos\beta$，可是计算复杂，而且因为选择了平方公式，有可能会产生增解. 但是如果观察所求角 β 是已知角 $(\alpha+\beta)$ 和 α 的差，利用两者之间的关系是不是更简单呢？

7. 直接展开公式虽然可以做，但显然很复杂. 如果观察所求角与已知角之间的关系，灵活运用公式，会更方便和简洁.

解法一：$\cos(\alpha+\beta)=\cos\alpha\cos\beta-\sin\alpha\sin\beta$.

$\because \cos\alpha=\frac{3}{5}$，$\therefore \sin\alpha=\frac{4}{5}$.

则 $\begin{cases}-\frac{5}{13}=\frac{3}{5}\cos\beta-\frac{4}{5}\sin\beta, \\ (\cos\beta)^2+(\sin\beta)^2=1,\end{cases}$ $\therefore \cos\beta=\frac{33}{65}$.（烦琐）

解法二：$\cos\beta=\cos[(\alpha+\beta)-\alpha]=-\frac{5}{13}\times\frac{3}{5}+\frac{12}{13}\times\frac{4}{5}=\frac{33}{65}$.（简单）

点评：学生要认真审题，仔细观察，分析已知角与所求角的联系，β 可以改写成 $(\alpha+\beta)-\alpha$，掌握拆角合角的灵活变化. 合理地选择公式，可起到事半功倍的效果.

变式 1：已知 $\frac{\pi}{4}<\alpha<\frac{3\pi}{4}$，$0<\beta<\frac{\pi}{4}$，$\cos\left(\frac{\pi}{4}-\alpha\right)=\frac{3}{5}$，$\sin\left(\frac{5\pi}{4}+\beta\right)=-\frac{5}{13}$，求 $\sin(\alpha+\beta)$ 的值.

分析：学生会发现所求角既不等于已知两角之和，也不等于两角之差，如果把已知条件用公式展开，显然很麻烦. 这时候可以进一步引导学生去探究：所求角与已知两角差是不相等，可它们之间相差什么呢？

8. 和学生们再度审视所求角与已知角之间的关系，合理选择两角和与差的公式以及诱导公式，体会公式的灵活运用之美.

$\alpha+\beta=\left(\frac{5\pi}{4}+\beta\right)-\left(\frac{\pi}{4}-\alpha\right)-\pi$，相差 π，可以利用诱导公式把

它转回来.

解：$\because \frac{\pi}{4}<\alpha<\frac{3}{4}\pi$，$\therefore \frac{\pi}{4}-\alpha\in\left(-\frac{\pi}{2},0\right)$.

又 $\cos\left(\frac{\pi}{4}-\alpha\right)=\frac{3}{5}$，

$\therefore \sin\left(\frac{\pi}{4}-\alpha\right)=-\frac{4}{5}$.

同理，$\frac{5}{4}\pi+\beta\in\left(\frac{5}{4}\pi,\frac{3}{2}\pi\right)$，$\cos\left(\frac{5\pi}{4}+\beta\right)=-\frac{12}{13}$.

$\therefore \sin\left[\left(\frac{5\pi}{4}+\beta\right)-\left(\frac{\pi}{4}-\alpha\right)\right]$

$=\sin[\pi+(\alpha+\beta)]$

$=-\sin(\alpha+\beta)=-\frac{63}{65}$.

$\therefore \sin(\alpha+\beta)=\frac{63}{65}$.

变式 2：已知 α、$\beta\in\left(0,\frac{\pi}{2}\right)$，$\alpha+\beta\neq\frac{\pi}{2}$，且 $3\sin\beta\cdot\cos\alpha=\cos(\alpha+\beta)$，

求证：$\tan(\alpha+\beta)=\frac{4}{3}\tan\alpha$.

分析：继续观察角与角之间的关系，目标中角的形式，有 $\alpha+\beta$ 和 α，而已知条件中除了有 $\alpha+\beta$ 和 α，还有 β，应该想办法把 β 转化成目标中的角，$\beta=(\alpha+\beta)-\alpha$.

9. 两角和与差公式在证明题中的运用. 我们不仅要学会观察，把所求角写成已知角的和与差，有时候也可以把已知条件写成目标的形式.

解：$\because 3\sin[(\alpha+\beta)-\alpha]=\cos(\alpha+\beta)\cdot\sin\alpha$，

$\therefore 3\sin(\alpha+\beta)\cdot\cos\alpha=4\cos(\alpha+\beta)\cdot\sin\alpha$.

$\therefore \alpha+\beta\neq\frac{\pi}{2}$，$\alpha$、$\beta\in\left(0,\frac{\pi}{2}\right)$，$\therefore \cos(\alpha+\beta)\neq 0$，$\cos\alpha\neq 0$.

$\therefore \tan(\alpha+\beta)=\frac{4}{3}\tan\alpha$.

点评：本题是关于有条件的等式证明，要注意观察已知等式和要求证的等式的结构特征，如角的结构或者函数名的结构.

（三）课中小结

1. 合作学习，培养创新意识

（1）通过个人预习和复习，你认为这节课的学习内容还有哪些方面不明白？

10. 在课堂上通过对几个典型问题的分析与研究，达到落实双基和培养创新意识的目的.

（2）在小组讨论中，你是否解决了你的疑问？是否遇到新问题？

（3）推导两角差的余弦公式还有什么其他推导方法吗？（利

用向量的数量积等）

2. 学会学习，提高认识

通过自主复习、知识结构的构建以及例题的探究，你学到了哪些数学方法？有什么样的收获？

（1）角变换的方法：在三角比求值、化简或证明时，观察角的特征，进行适当变形，寻找条件与结论之间的关系，不蛮干，要巧干.

（2）结构联想法：善于发现其结构上的特点，在解决问题时积极联想公式的结构形式.

（3）灵活运用公式：正用、逆用、变形用，将未知转化为已知.

（四）巩固练习，加深理解

1. 双基训练

（1）① 化简：$\cos91°\cos29°-\sin91°\sin29°=$__________；

（考查两角和余弦公式的逆用）

11. 夯实基础.

② 化简：$\cos x\sin\left(\frac{\pi}{4}+x\right)-\sin\left(\frac{\pi}{4}-x\right)\sin x=$__________.

（考查诱导公式和两角和差公式的逆用）

（2）已知 $\sin\alpha=\frac{4}{5}$，$\cos(\alpha+\beta)=\frac{4}{5}$，$\alpha$、$\beta\in\left(0,\frac{\pi}{2}\right)$，则 $\cos\beta=$__________.

（灵活选择公式，求值）

（3）已知 $\cos(\alpha-\beta)=-\frac{4}{5}$，$\cos(\alpha+\beta)=\frac{4}{5}$，$\alpha-\beta$ 在第二象限，$\alpha+\beta$ 在第四象限，则 $\cos2\beta=$__________.

（观察所求角与已知角之间的关系，选择合适的公式）

（4）已知 $\sin\left(\alpha+\frac{\pi}{4}\right)=\frac{1}{2}$，$\alpha\in\left(-\frac{\pi}{4},\frac{\pi}{4}\right)$，则 $\cos\alpha=$________.

（考查两角差的公式）

（5）已知 $\cos\left(\alpha+\frac{\pi}{4}\right)=\frac{3}{5}$，$\frac{\pi}{2}\leqslant\alpha\leqslant\frac{3\pi}{2}$，求 $\tan\left(\alpha-\frac{\pi}{4}\right)$ 的值.

（考查公式的综合运用）

（6）在 $\triangle ABC$ 中，若 $\tan A$、$\tan B$ 是方程 $x^2-6x+7=0$ 的两个根，求 $\tan C$ 的值.（考查两角和的正切公式的运用）

2. 拓展训练

(7) 求证：$\sin(2\alpha+\beta)-2\cos(\alpha+\beta)\sin\alpha=\sin\beta$. 12. 培养能力.

（两角和与差公式在证明中的运用）

(8) ① 在$\triangle ABC$中，角A、B、C所对的边分别为a、b、c，已知$\cos C+(\cos A-\sqrt{3}\sin A)\cos B=0$，求角$B$的大小；

② 求证：$\sin(2\alpha+\beta)-2\cos(\alpha+\beta)\sin\alpha=\sin\beta$.

（两角和与差公式在三角形中的运用）

3. 创造性训练

(9) ① 已知$\alpha+\beta=45°$，求$(1+\tan\alpha)(1+\tan\beta)$的值； 13. 发展思维.

② 求$(1+\tan1°)(1+\tan2°)\cdots(1+\tan44°)(1+\tan45°)$的值；

③ 如果$(1+\tan\alpha)(1+\tan\beta)=2$，$\alpha$、$\beta\in\left[0,\frac{\pi}{2}\right)$，求$\alpha+\beta$的值.

六、教学设计说明

（一）教学内容分析

本节课是关于两角和与差公式的综合练习课，包括了余弦、正弦和正切. 这节课采用了导学案“一课三单”的形式编写，通过背默公式，提供预习思路激发学生自主预习的愿望，引导学生主动构建知识体系，积极探究，老师适时精讲，分层把握，及时总结、延拓、发散，使学生的学习能力得到进一步的提高. 目的在于尝试改变传统的教学模式，突出学生的自主复习、小组合作、主动探究和能力发展. 使学生成为学习的主人，让他们在主动积极地探索活动中实现创新、有所突破，通过展示自己的才华、智慧，提高数学素养和悟性.

（二）学情分析

授课对象是高一创新班学生. 绝大多数学生基础还好，但还是有些学生存在问题，基本公式记不清楚，或者勉强记住了公式，但又缺乏深层次的理解，在解决综合问题时不能灵活运用，知识零散，缺乏整体性. 怎么调动学生把零散知识点串联起来，并能灵活地进行综合运用，是作为老师的我一直在思考和探究的. 这节两角和与差公式的综合练习课就是我在这方面的一次尝试和实践.

（三）教法与学法分析

两角和与差的正弦、余弦、正切公式是三角变换的基本依据，也是后面学习倍角、半角等公式的“源头”，很重要，但我觉得不是公式很重要，而是公式中蕴含的数学思想方法很重要.所以,在本节课的设计上,如何让学生真正动起来,主动进行知识系统化构建,数学思想方法的提炼和升华,是我考虑的重点.通过课前的导、课上的析、课后的悟,做到放中有导、导中有放、导放适中.从教学理念、教学内容、教学过程及教学空间等方面,全面进行开放型教学探究与实践.

七、板书设计

两角和与差的运用

一、公式梳理

二、公式推导

$\cos(\alpha-\beta)\to\cos(\alpha+\beta)\to\sin(\alpha+\beta)\to\sin(\alpha-\beta)\to\tan(\alpha\pm\beta)$

三、精选例题

例题

变式

八、课堂反思

这节课在课堂实施过程中,通过课前导学案一课三单的设计,贯彻"以学生发展为本"的教学理念.课前引导学生自主复习,主动建构知识结构,完善知识体系,体会和总结公式推导过程中所涉及的主要数学思想和数学方法,整理并分析.课上在反馈学生预习作业的基础上,组织学生交流,通过对比,发现优点和不足,并提出修改意见,积极探讨,加深对知识的再认识.通过回顾知识背景和对公式的再推导,学生积极思考,认真准备,了解知识的内在联系.在一定程度上激发了学生的挑战意识和学习热情,促进了学生的自主合作学习和团队合作能力.但是,因为检测是抽样检测,不排除有学生存在浑水摸鱼现象,或者个别理解能力弱的同学尚需要课后的个别辅导.

例题的设计,一题多解,一题多变,多题一解,既可加强学生对知识间的纵横联系,也能锻炼思维能力的发展.课上抓住了典型问题,针对学生的一些易错易漏点做重点分析,引导学生理解数学思想,掌握数学方法,所以在课上常常让学生思考这样的问题:这道题涉及什么知识?用了哪些方法?这些知识和方法还能解决什么问题?以培养学生会分析、解决、归纳问题的能力.数学不仅要结果,更是要看重过程.

重视学生的解题过程和书写规范问题,在详略得当上做得不够好,比如,变式2的处理,完全可以采取课上仅仅是和学生一起理清思路,课后放手让学生去书写完成,这样可以适当地提高课堂效率.另外在能力训练上,放得还不够开,对公式的运用较多,但对理解公式功能上做得不够全面,模板可以更丰富一些.

课后围绕解题训练,让学生通过练习达到灵活应用、触类旁通的效果.作业的分层设计,体现了不同个体的学习需求,由于时间关系,没有来得及当堂反馈,但通过课后老师的批改,很容易了解学生掌握程度,然后有针对性地补缺补差.

九、专家点评

现在高考对能力的要求,除了考查数学基础知识,在知识交汇点设计试题外,还考查中学数学知识中蕴含的数学思想与方法,注重通性通法,淡化特殊技巧.本节课通过一课三单的形式,老师为指引,学生自主预习、思考.课上通过对预习作业的反馈,让学生自我对比、分析,体会公式的逆用、灵活变式的优势.同时通过对公式的推导回顾,进一步了解公式的内在联系,体会数学思想方法.例题的设计注重规律的概括总结与优选能力的培养.上课采用题组法教学(一题多变)和讲练结合的方式,挖掘教材内涵,又利用课本辐射整体,实现"由内到外"的目标.从例题到变式1、2,由易到难,意在引导学生仔细分析已知角与所求角的联系,掌握拆角合角的灵活变化,学会合理选择公式运用公式.每题都有多种方法解决,不同学生可以有不同的解题思路,让学生自己在多种方法中体会优劣性,既落实了双基,又提高了学生思考和解决问题的能力.

正弦定理(第一课时)

上海市同济中学　顾琳婕

一、教学目标

1. 通过对任意三角形边长和角度关系的探索、发现，归纳概括出正弦定理，并理解正弦定理的推导过程.

2. 会初步应用正弦定理解决两类三角形问题.

3. 在发现及推导正弦定理的过程中，进一步渗透数形结合、分类讨论的思想，培养学生观察、分析、归纳、概括等能力.

二、教学重点与难点

（一）教学重点

正弦定理的发现、证明及初步应用.

（二）教学难点

正弦定理的证明及解的情况的讨论.

三、教学设计

本节课首先通过一个实例，让学生知道初中阶段所学的锐角三角比只能解决直角三角形问题，但是实际生活中有很多有关斜三角形的问题，所以我们的知识面需要拓宽. 而引例和例 2 是一个先提出，一个在给出定理后求解，相互呼应给出了正弦定理的两个重要应用类型，即两角一边和两边一对角的问题. 而例 2 的变式深入剖析了两边一对角问题可能出现的一解和两解情况的产生原因，及在应用题中的取舍，在应用的同时不断巩固. 同时，通过这两个实例在多媒体中的生动展示，让学生产生学习数学的兴趣和动力.

本节课的重点是正弦定理的归纳—猜想—证明过程.

通过对直角三角形锐角比这一已知知识的探索，得到了：

在直角三角形中，$\frac{a}{\sin A}=\frac{b}{\sin B}=\frac{c}{\sin C}$（即 $a:b:c=\sin A:\sin B:\sin C$）.

然后通过等边三角形和顶角为 120°的等腰三角形这两个例子，让学生猜测锐角和钝角三角形中该等式依然成立. 接下来通过多媒体演示，学生发现任意三角形中，不论边和角如何变化,等式依旧成立,这样就完成了从特殊到一般的猜想和归纳过程.

本节课对正弦定理的证明一共出现了三种方法,首先三角法是对前面问题的回答,将一个斜三角形问题转化为直角三角形来解决,用已有的知识推导出新的知识,数学就是这样不断发展的. 接着引出了向量法,让学生体验到一种新的思路. 最后是坐标法,这个方法将引出面积公式,所以也称为面积法. 它不用坐标表示也能证明,但是要分成锐角和钝角两种情况讨论.

本节课主要完成正弦定理的证明、面积公式引入、正弦定理的应用三个教学目标,在正弦定理第二课时可以对两边一对角问题进行深入探讨.

四、教学过程

(一)创设情境

今天,我们来学习正弦定理. 首先,让我们看一个例子.

引例:如图 2-1 所示,一架搜救飞机沿水平方向在海上向位置 C 的受困渔船飞行,在位置 A 处测得渔船的俯角为 30°,向前飞行了 10 000 米,到达位置 B 时测得渔船的俯角为 75°,通过这三个条件,是否已能计算出此时飞机与渔船的距离?

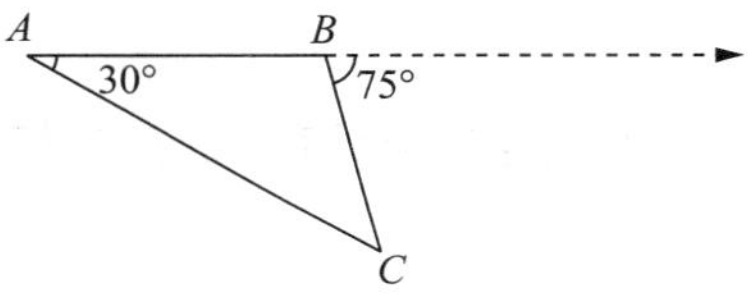

图 2-1

上述问题是一个解斜三角形的问题.

我们在初中已经能够借助锐角三角比解决有关直角三角形的一些测量问题,但是在实际生活中会遇到许多其他的测量问题,所以我们必须扩大知识面,进行更深入的探索.

(二)新课引入

1. 背景实例

例 1 如图 2-2 所示,让我们回想一下,在 Rt$\triangle ABC$ 中,已知$\angle C$ 是直角,$BC=a$,$AC=b$,$AB=c$.

提问 1:能用其他的边角表示斜边 c 吗?

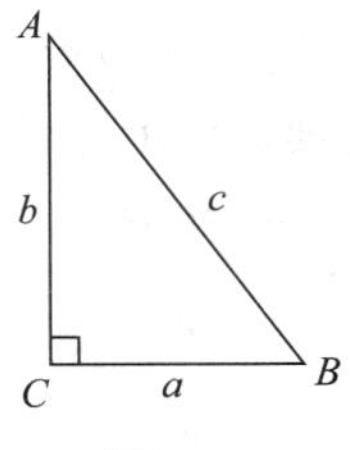

图 2-2

学生:由锐角的三角比的定义可得$\dfrac{a}{c}=\sin A$ 和$\dfrac{b}{c}\sin B$.

由此不难得到$\dfrac{a}{\sin aA}=\dfrac{b}{\sin B}=c$,即$\dfrac{a}{\sin A}=\dfrac{b}{\sin B}=\dfrac{c}{1}$.

而我们在高中学过 $\sin C=1$,因而有

$\dfrac{a}{\sin A}=\dfrac{b}{\sin B}=\dfrac{c}{\sin C}$(即 $a:b:c=\sin A:\sin B:\sin C$).

提问 2:上述结论从形式上看非常对称,体现了数学的一种独特的美,但是它只是在$\triangle ABC$ 为直角三角形的前提下提出的. 如果$\triangle ABC$ 不是直角三角形,上述结论是否依然成立呢?

2. 实例探究

我们可以先看一些非直角三角形的例子.

(1) 如图 2-3 所示,在正$\triangle ABC$中,$a=b=c$,$\angle A=\angle B=\angle C=60°$,这时应有$\frac{a}{\sin A}=\frac{b}{\sin B}=\frac{c}{\sin C}$.(锐角)

(2) 如图 2-4 所示,顶角为 120°的等腰三角形.(钝角)

(3) 任意三角形.

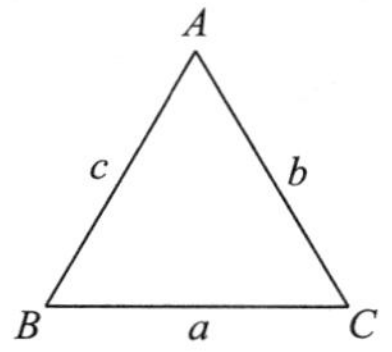

图 2-3

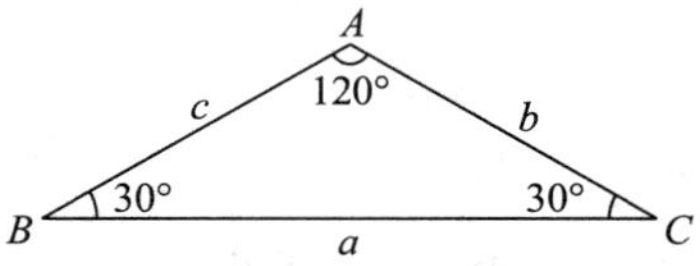

图 2-4

猜想:对于任意$\triangle ABC$,都有$\frac{a}{\sin A}=\frac{b}{\sin B}=\frac{c}{\sin C}$成立.

3. 证明

(1) 三角法

让我们借助直角三角形中的锐角三角比的定义来证明.

① 如果$\triangle ABC$为锐角三角形,如图 2-5 所示,设边BC上的高是AD.

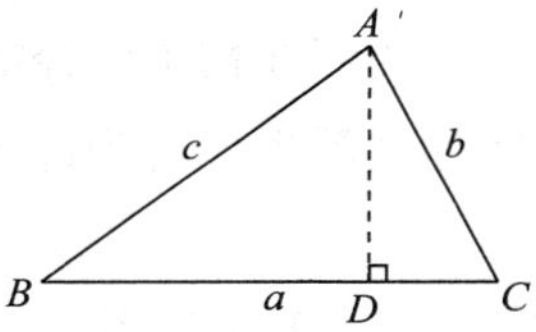

图 2-5

在$\mathrm{Rt}\triangle ABD$中,$AD=c\sin B$;在$\mathrm{Rt}\triangle ADC$中,$AD=b\sin C$.

所以$c\sin B=b\sin C$,即$\frac{b}{\sin B}=\frac{c}{\sin C}$.

同理可证$\frac{a}{\sin A}=\frac{b}{\sin B}$,从而在锐角三角形$\triangle ABC$中,总有$\frac{a}{\sin A}=\frac{b}{\sin B}=\frac{c}{\sin C}$.

② 如果$\triangle ABC$为钝角三角形(不妨设$B>90°$),过点A作$AD\perp BC$,垂足D在CB延长线上,如图 2-6 所示.

在$\mathrm{Rt}\triangle ABD$中,$AD=c\sin(\pi-B)=c\sin B$;在$\mathrm{Rt}\triangle ADC$中,$AD=b\sin C$.

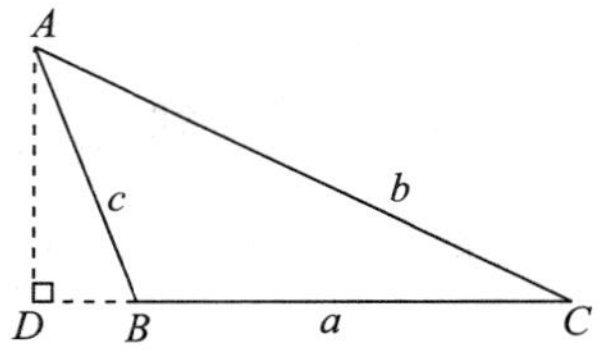

图 2-6

所以$c\sin B=b\sin C$,即$\frac{b}{\sin B}=\frac{c}{\sin C}$.

同理可证$\frac{a}{\sin A}=\frac{b}{\sin B}$,从而在钝角三角形$\triangle ABC$中,总有$\frac{a}{\sin A}=\frac{b}{\sin B}=\frac{c}{\sin C}$.

综上所述,在任意$\triangle ABC$中,$\frac{a}{\sin A}=\frac{b}{\sin B}=\frac{c}{\sin C}$.(板书)

(2) 向量法

我们发现,也可以用三个向量来构成$\triangle ABC$,则有$\overrightarrow{BC}+\overrightarrow{CA}=\overrightarrow{BA}$.若过$B$作单位向量$\vec{j}$垂直$\overrightarrow{BC}$.在等式两边同取与向量$\vec{j}$的数量积,得到$\vec{j}\cdot(\overrightarrow{BC}+\overrightarrow{CA})=\vec{j}\cdot\overrightarrow{BA}$.所以$\vec{j}\cdot\overrightarrow{BC}+\vec{j}\cdot\overrightarrow{CA}=\vec{j}\cdot\overrightarrow{BA}$.

① 如果$\triangle ABC$为锐角三角形,如图 2-7 所示,$\vec{j}$与$\overrightarrow{BA}$的夹角为$90°-B$,$\vec{j}$与$\overrightarrow{AC}$的夹角为$90°-C$.

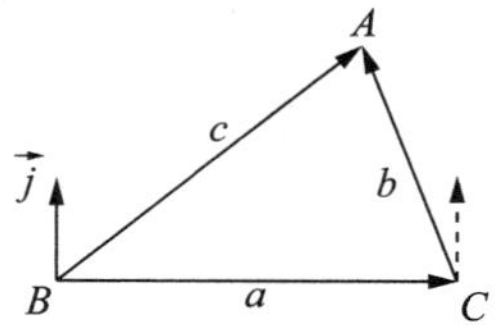

图 2-7

所以$|\vec{j}|\cdot|\overrightarrow{BC}|\cos 90°+|\vec{j}|\cdot|\overrightarrow{CA}|\cos(90°-C)=|\vec{j}|\cdot|\overrightarrow{BA}|\cos(90°-B)$.

所以$b\sin C=c\sin B$,所以$\frac{b}{\sin B}=\frac{c}{\sin C}$.

同理可证$\frac{a}{\sin A}=\frac{b}{\sin B}$,故有$\frac{a}{\sin A}=\frac{b}{\sin B}=\frac{c}{\sin C}$.

② 如果$\triangle ABC$为钝角三角形(不妨设$\angle B>90°$),如图 2-8 所示,则$\vec{j}$与$\overrightarrow{BA}$的夹角为$B-90°$,$\vec{j}$与$\overrightarrow{AC}$的夹角为$90°-C$.

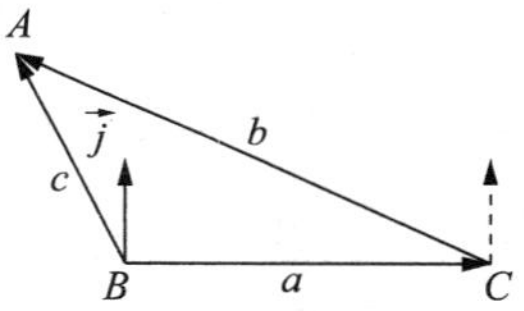

图 2-8

所以$|\vec{j}|\cdot|\overrightarrow{BC}|\cos 90°+|\vec{j}|\cdot|\overrightarrow{CA}|\cos(90°-C)=|\vec{j}|\cdot|\overrightarrow{BA}|\cos(\mathrm{B}-90°)$.

所以$b\sin C=c\sin B$,所以$\frac{b}{\sin B}=\frac{c}{\sin C}$.

同理可证$\frac{a}{\sin A}=\frac{b}{\sin B}$,故有$\frac{a}{\sin A}=\frac{b}{\sin B}=\frac{c}{\sin C}$.

综上所述,在任意$\triangle ABC$中,$\frac{a}{\sin A}=\frac{b}{\sin B}=\frac{c}{\sin C}$.

我们把高二的向量内容提前到高一来学,就是为了证明今天这道题.

(3) 坐标法

如图 2-9 所示,建立直角坐标系,$B(0,0)$,$C(a,0)$,$A(c\cos B,c\sin B)$.

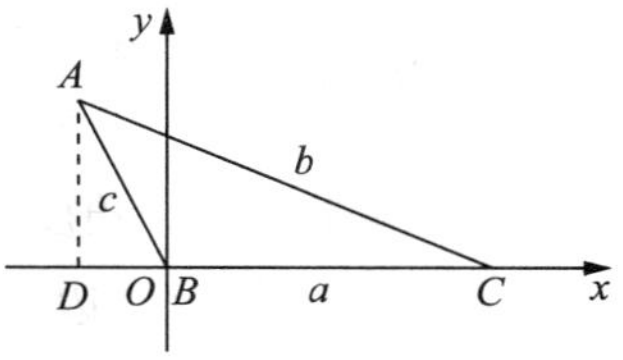

图 2-9

$S_{\triangle ABC}=\frac{1}{2}BC\cdot AD=\frac{1}{2}ac\sin\angle ABC$,

同理:$S_{\triangle ABC}=\frac{1}{2}bc\sin A$,$S_{\triangle ABC}=\frac{1}{2}ab\sin\angle ACB$.

$\therefore \frac{1}{2}bc\sin A=\frac{1}{2}ac\sin\angle ABC=\frac{1}{2}ab\sin\angle ACB$.

上述式子同除以$\frac{1}{2}abc$,取倒数,得$\frac{a}{\sin A}=\frac{b}{\sin\angle ABC}=\frac{c}{\sin\angle ACB}$.

上述方法又称为面积法,因此我们得到了三角形面积的另一种求法,即

$S_{\triangle ABC}=\frac{1}{2}ac\sin B=\frac{1}{2}bc\sin A=\frac{1}{2}ab\sin C$.

面积法也可以不借助坐标直接证明，有兴趣的同学可以在课后进行研究.

4. 归纳概括

请学生归纳概括：

正弦定理——在一个三角形中，各边和它所对的正弦比相等.

即在$\triangle ABC$中，$\frac{a}{\sin A}=\frac{b}{\sin B}=\frac{c}{\sin C}$.

（三）应用举例

正弦定理的每一个等式中都有同一三角形中的四个元素，由此可知，只要已知三个量便可求第四个量.

让我们完成引例.

解：由题意知，在$\triangle ABC$中，$|AB|=10\ 000$，$A=30°$，$\angle ABC=105°$，$C=45°$.

由正弦定理，得$\frac{|AB|}{\sin C}=\frac{|BC|}{\sin A}$，所以$|BC|=\frac{|AB|\sin 30°}{\sin 45°}=5\ 000\sqrt{2}$（米）.

答：这时飞机与渔船的距离为$5\ 000\sqrt{2}$米.

已知两角一边（唯一解）.

例 2　如图 2－10 所示，鱼雷快艇A发现位于正北方向的敌舰B以每分钟$\sqrt{6}$海里的速度朝东北方向驶去，已知鱼雷的速度是每分钟$2\sqrt{3}$海里，为击中敌舰，求鱼雷发射的角度.

解：设t分钟后鱼雷击中敌舰.

由题意知，在$\triangle ABC$中，$a=\sqrt{6}t$，$b=2\sqrt{3}t$，$\angle ABC=135°$.

由正弦定理，得$\frac{a}{\sin A}=\frac{b}{\sin\angle ABC}$，

所以$\sin A=\frac{a\sin\angle ABC}{b}=\frac{\sqrt{6}t\sin 135°}{2\sqrt{3}t}=\frac{1}{2}$，$A=30°$或$150°$（舍）.

答：鱼雷发射的角度为北偏西$30°$.

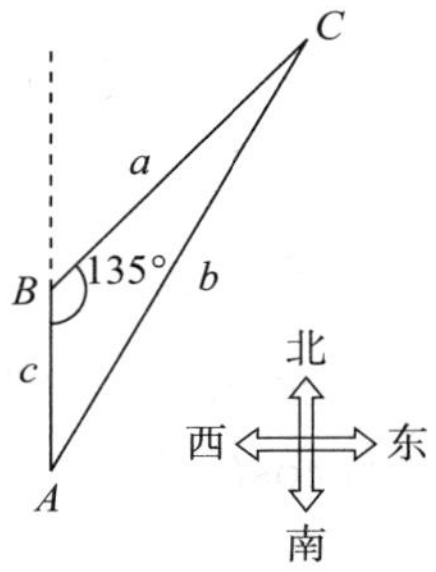

图 2－10

是否只要给出两边一对角就一定能组成一个三角形？如果能是否只有唯一的一个？

变式：在$\triangle ABC$中，$a=\sqrt{6}$，$b=2$，$B=45°$，求A.

解：由正弦定理，得$\frac{a}{\sin A}=\frac{b}{\sin B}$，

所以$\sin A=\frac{a\sin B}{b}=\frac{\sqrt{6}\sin 45°}{2}=\frac{\sqrt{3}}{2}$，$A=60°$或$A=120°$.

已知两边一对角（多种情况）.

(四)巩固练习

课本 P69(2,3)(精确到 0.01).

(五)小结

1. 用各种方法证明正弦定理——在$\triangle ABC$中,$\frac{a}{\sin A}=\frac{b}{\sin B}=\frac{c}{\sin C}$.

2. 三角形面积公式——$S_{\triangle ABC}=\frac{1}{2}ac\sin B=\frac{1}{2}bc\sin A=\frac{1}{2}ab\sin C$.

3. 正弦定理可以解决的问题:

(1)已知两角一边(唯一解),(2)已知两边一对角(多种情况).

(六)作业

练习册 P24(4)(选做).

1. 在$\triangle ABC$中,已知下列条件,解三角形(边长精确到1厘米,角度精确到1°).

(1) $A=34^\circ$,$B=57^\circ$,$c=68$厘米(答案:$a\approx38$厘米,$b=57$厘米,$C=89^\circ$)

(2) $c=54$厘米,$b=39$厘米,$C=115^\circ$(答案:$a\approx24$厘米,$A\approx24^\circ$,$B\approx41^\circ$)

2. 在$\triangle ABC$中,$\frac{a}{\sin A}=\frac{b}{\sin B}=\frac{c}{\sin C}$.试用正弦定理证明:$\triangle ABC$是等边三角形.(提示:利用已知和正弦定理,可得$\tan A=\tan B=\tan C$)

五、教学反思

本节课的重点和难点是正弦定理的三种证明方法.在实际上课过程中,学生可能没有建立直角坐标系就得到了面积公式,遇到这种情况时就可以简略介绍坐标表示.

三角法和向量法都由教师给出关键的证明过程,然后引导学生完成证明.这两种方法都要用到分类讨论的数学思想,在钝角三角形的证明中应该给学生更多的时间思考,独立完成证明.

本节课内容紧凑,学生如果要理解透彻必须熟练掌握锐角三角比、诱导公式、向量夹角、向量数量积等知识,对学生的知识面要求很高,如果有时间可以先对这些知识点进行预习,会取得更好的效果.

六、专家点评

顾老师的这节课重点突出,节奏紧凑,语言严谨生动,取得了很好的教学效果.这堂课因材施教,在本校高一年级学生提前完成向量学习的基础上,挑战了概念教学的难点,利用三种方法对正弦定理进行了证明,这种设想大胆而具有实践价值.而对于本届学生学习能力比较薄弱这个特点,在整个教学的设计和课堂的互动中,充分调动了学生的积极性,循循善诱,提问层层递进,让学生能够通过老师的引导有意识地得到相应的证明方法,整个过程酣畅淋漓、一蹴而就,让我们回味无穷.

正弦定理(第一课时)

上海市行知中学　朱　华

一、教学目标

（一）知识与技能

1. 引导学生发现正弦定理的内容，体会正弦定理的证明方法.

2. 已知三角形的两角及一边或两边及其中一边的对角，解三角形时，知道选择正弦定理.

3. 能运用合理的方法判断三角形解的情况.

（二）过程与方法

1. 经历数学探究活动的过程，体会数学的简约、严谨之美.

2. 实践由具体到一般的归纳论证过程.

（三）情感、态度与价值观

1. 通过正弦定理的推导和证明，培养学生的探索精神和创新意识.

2. 以数学的思维方式解决问题，领会数学的应用价值和科学价值.

二、教学重点与难点

（一）教学重点

1. 正弦定理的推导与证明.

2. 知道解三角形至少需要已知三个条件，并且在已知三角形的两角及一边或两边及其中一边的对角的情况下，能选择运用正弦定理解三角形.

3. 能将实际问题转化为数学问题，并利用正弦定理解决问题.

（二）教学难点

1. 发现并证明正弦定理.

2. 已知三角形的两边及其中一边的对角时，判断三角形存在的个数.

三、教学方法与教学手段

(一)教学方法

以学生为中心,问题为驱动,引导探究,启发式教学.

(二)辅助教学手段

多媒体辅助教学.

四、教学流程设计

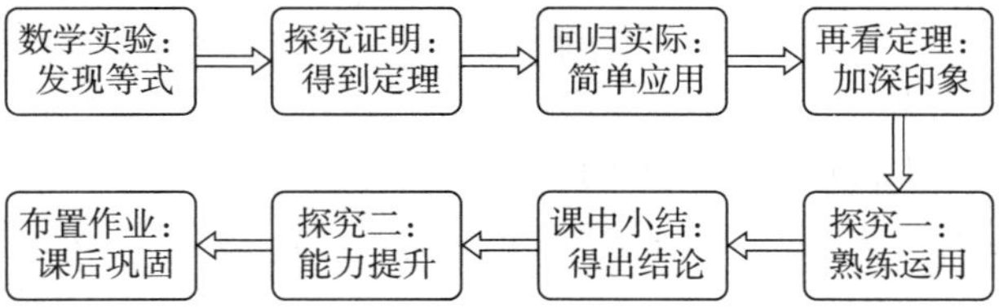

五、教学过程

(一)数学探究、引入新知

1. 利用几何画板设计数学实验,当改变三角形的形状、边长、角度时,通过观察表格中的数据,尝试得出结论.

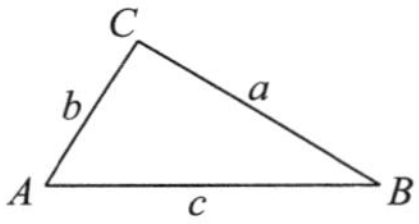

图 2 - 11

边	角	比值
$a=3.86$	$A=58°$	$\frac{a}{\sin A}=4.57$
$b=2.44$	$B=32°$	$\frac{b}{\sin B}=4.57$
$c=4.57$	$C=90°$	$\frac{c}{\sin C}=4.57$

教师:大家仔细观察,当改变如图 2 - 11 所示的$\triangle ABC$ 的边长 a、b 时,表格中的数据会发生怎样的变化呢?

学生:三角形的边长和角度发生变化时,$\frac{a}{\sin A}$、$\frac{b}{\sin B}$、$\frac{c}{\sin C}$的值始终相等.

教师:很好,这一结论仅适合本题中的三角形,还是对所有的三角形都成立呢?

部分学生抢答:所有三角形.

教师:真的吗? 怎么证明你的结论?

2. 与学生共同证明所得的结论:在$\triangle ABC$ 中,角 A、B、C 所

说明:

1. 由数学实验引入,引起学生思考,因而探究、推导出正弦定理.

对边分别是 a、b、c，则 $\frac{a}{\sin A}=\frac{b}{\sin B}=\frac{c}{\sin C}$.

学生：在直角、锐角、钝角三角形中分别证明.

（1）在直角三角形中：

如图 2－12 所示，易知 $c=\frac{a}{\sin A}=\frac{b}{\sin B}$.

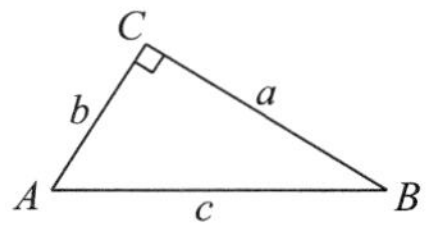

图 2－12

又 $c=\frac{c}{\sin 90^\circ}=\frac{c}{\sin C}$，

所以 $\frac{a}{\sin A}=\frac{b}{\sin B}=\frac{c}{\sin C}$.

（2）在锐角三角形中：

如图 2－13 所示，过点 C 作 AB 的垂线交 AB 于 H，则 $CH=b\sin A=a\sin B$，

得 $\frac{a}{\sin A}=\frac{b}{\sin B}$.

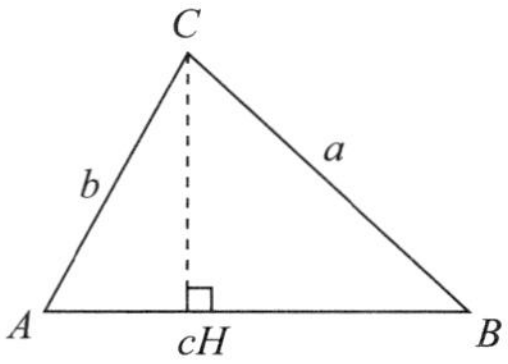

图 2－13

同理，可知 $\frac{a}{\sin A}=\frac{c}{\sin\angle ACB}$.

所以 $\frac{a}{\sin A}=\frac{b}{\sin B}=\frac{c}{\sin\angle ACB}$.

（3）在钝角三角形中：

如图 2－14 所示，过点 C 作 AB 的垂线交 BA 的延长线于 H，则 $CH=b\sin(\pi-A)=a\sin B$，

得 $\frac{a}{\sin\angle CAB}=\frac{b}{\sin B}$.

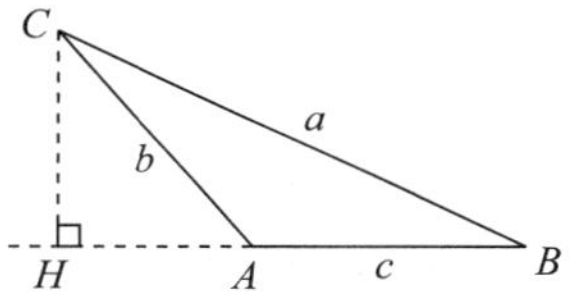

图 2－14

同(2)理，可得 $\frac{a}{\sin\angle CAB}=\frac{b}{\sin B}=\frac{c}{\sin\angle BCA}$.

教师：非常好，通过分析，我们得出了结论：在三角形中，各边与它所对角的正弦比相等. 我们称这一结论是正弦定理，今天这节课，我们就来学习正弦定理.

2. 三角形的面积公式的推导，打算作为应用放在第二课时讲授，因此引入方法与教材中推导正弦定理的方法不一样.

3. “学生的回答”是课前预估学生可能得到的答案，具体情况还需观察课堂实际而做出改变.

（二）联系实际、运用新知

1. 回归实际，简单应用

实例分析（课本 P67）：某林场为了及时发现火情，在林场中设立了两个观测点 A、B. 某日，两个观测点的林场人员分别观测到 C 处出现火情. 在 A 处观测到火情发生在北偏西 40° 方向，而在 B 处观测到火情北偏西 60° 方向. 已知 B 在 A 的正东方向 10 千米处，请确定火场 C 与 A、B 的距离.

学生:可以将本题转化为数学问题.

如图 2－15 所示,已知在$\triangle ABC$中,$\angle CAB=130^\circ$,$B=30^\circ$,$AB=10$,求AC、BC.

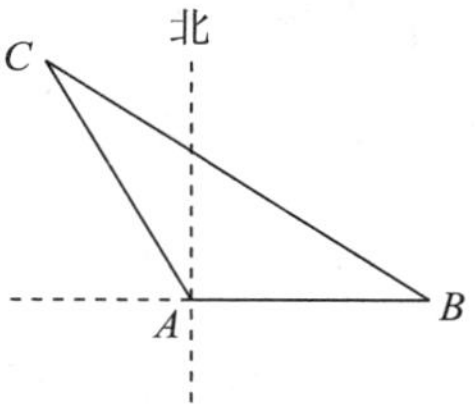

图 2－15

分析:$\dfrac{AB}{\sin C}=\dfrac{BC}{\sin\angle CAB}=\dfrac{AC}{\sin B}$

所以$\dfrac{10}{\sin 20^\circ}=\dfrac{BC}{\sin 130^\circ}=\dfrac{AC}{\sin 30^\circ}$,从而可求得$AB$、$BC$的长度.

教师:我们将实际问题转化为数学问题,然后利用正弦定理求解出相应的边长,所以我们实际上利用了正弦定理解出了三角形中的相关问题.

4. 从实例出发,让学生感受正弦定理在解三角形问题中的作用.

2. 再看定理、加深印象

(1) 正弦定理形式简洁、结构一致,体现着数学之美.

(2) 三角形中的三条边和三个角称为三角形的元素.

(3) 已知三角形的若干元素,求其他元素的过程叫解三角形.

5. 和学生们再度审视正弦定理,体会正弦定理的美感,并且感知利用正弦定理可以解决的问题.

(三)问题解决、巩固新知

1. 问题导学

(1) 我们至少需要知道几个条件,才能求出三角形中的其他元素?

(2) 正弦定理适合解决哪类三角形问题?

2. 问题呈现

在如图 2－16 所示的$\triangle ABC$中,根据以下条件解三角形.

① $A=60^\circ$,$B=45^\circ$;

② $A=60^\circ$,$B=45^\circ$;$AB=8$;

③ $A=60^\circ$,$AB=8$,$BC=4\sqrt{6}$.

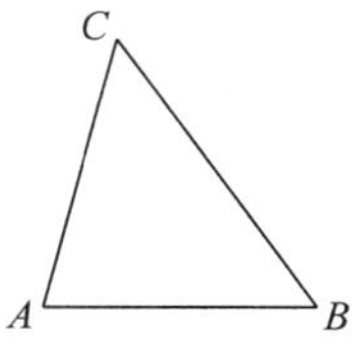

图 2－16

分析①:已知A和B可以求得$C=75^\circ$,但是求不出三条边,所以知道两角的大小,无法解出三角形.同样地,如果仅知道两边或一角及一边,也无法解出三角形.

分析②:易知$C=75^\circ$,由$\dfrac{8}{\sin 75^\circ}=\dfrac{BC}{\sin 60^\circ}=\dfrac{AC}{\sin 45^\circ}$可知:

$BC=12\sqrt{2}-4\sqrt{6}$,$AC=8\sqrt{3}-8$.

所以,已知两个角一条边,可以解出三角形.

6. 学生通过这三道题目的探究,得出问题导学的答案,为课中小结做好准备.

分析③：由$\frac{4\sqrt{6}}{\sin 60^\circ}=\frac{8}{\sin C}$可得 $\sin C=\frac{\sqrt{2}}{2}$，解得 $C=45^\circ$或 135°.

因为 $60^\circ+135^\circ>180^\circ$，所以 $C=45^\circ$，所以 $B=75^\circ$.

又$\frac{4\sqrt{6}}{\sin 60^\circ}=\frac{AC}{\sin 75^\circ}$，所以 $AC=4+4\sqrt{3}$.

所以，已知两边和其中一边的对角，可以解出三角形.

3. 课中小结（由学生小结，得出结论）

（1）至少需要知道三个条件才能解出三角形.

（2）利用正弦定理解三角形，需要知道：两角一边或者两边及其中一边的对角.

（四）继续探究、深化新知

教师：利用全等三角形的知识，解释为什么已知三角形的两边及其中一边的对角，解出的三角形可能有不同的解.

1. 问题探究

已知三角形的两边及其中一边的对角，那么在解三角形时，何时有一解、二解、无解呢？

2. 问题呈现

在如图 2－17 所示的$\triangle ABC$ 中，角 A、B、C 所对边分别是 a、b、c，根据以下条件判断三角形的个数.

① $a=\sqrt{6}$，$b=\sqrt{3}$，$A=45^\circ$；

② $a=\sqrt{2}$，$b=\sqrt{3}$，$A=45^\circ$；

③ $a=\frac{\sqrt{6}}{3}$，$b=\sqrt{3}$，$A=45^\circ$.

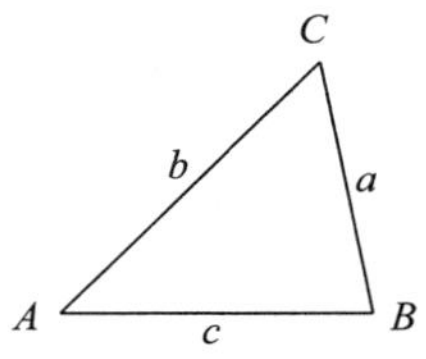

图 2－17

分析①：由$\frac{\sqrt{6}}{\sin 45^\circ}=\frac{\sqrt{3}}{\sin B}$可得 $\sin B=\frac{1}{2}$，解得 $B=30^\circ$或 150°(舍).

由$\frac{\sqrt{6}}{\sin 45^\circ}=\frac{c}{\sin 105^\circ}$可得 $c=\frac{\sqrt{6}+3\sqrt{2}}{2}$. 此时三角形有一解.

分析②：由$\frac{\sqrt{2}}{\sin 45^\circ}=\frac{\sqrt{3}}{\sin B}$可得 $\sin B=\frac{\sqrt{3}}{2}$，解得 $B=60^\circ$或 120°.

当 $B=60^\circ$时，$C=75^\circ$，$c=\frac{\sqrt{2}+\sqrt{6}}{2}$；

当 $B=120^\circ$时，$C=15^\circ$，$c=\frac{\sqrt{6}-\sqrt{2}}{2}$. 此时三角形有两解.

分析③:由 $\dfrac{\frac{\sqrt{6}}{3}}{\sin 45^\circ}=\dfrac{\sqrt{3}}{\sin B}$ 可得 $\sin B=\dfrac{3}{2}$(舍). 此时三角形无解.

3. 问题深化

结合上述三小题,大家能推导出一般情况吗?

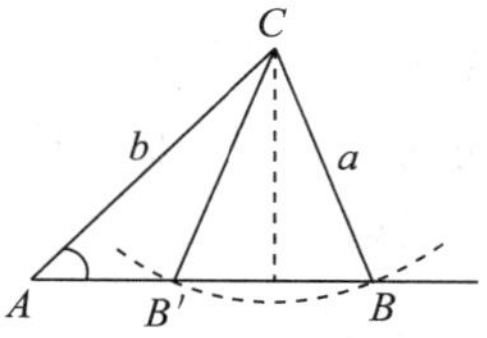

图 2-18

如图 2-18 所示,当 A 为锐角时:

① 当 $a=b\sin A$ 或 $a\geqslant b$ 时,三角形有一解;

② 当 $b\sin A<a<b$ 时,三角形有两解;

③ 当 $a<b\sin A$ 时,三角形无解.

如图 2-19 所示,当 A 为钝角时:

① 当 $a>b$ 时,三角形有一解;

② 当 $a\leqslant b$ 时,三角形无解.

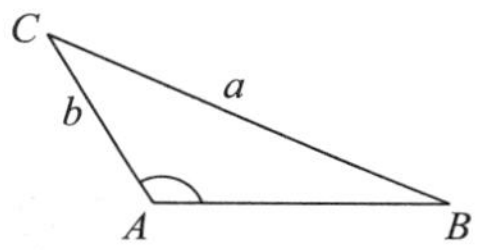

图 2-19

7. 本部分内容将视课堂具体情况而调整. 如果时间来不及,则作为思考题留在课后完成.

(五)复习小结、巩固训练

1. 由教师或学生根据本节课所学内容进行适当小结.
2. 作业布置:练习册 P25/1,3,4;P27/10,11;P28/4.

六、教学设计说明

(一)教学内容分析

本节课为上教版高中数学一年级第二学期第五章《解斜三角形》中“正弦定理”的第一课时. 本节课的主要内容是引入、证明正弦定理,并且学会利用正弦定理解三角形,在课型上属于“定理教学课”. 本节课通过对正弦定理的引入、证明、应用和探究,培养学生探索问题、分析问题、解决问题的能力,增强学生研究性学习的能力.

(二)学情分析

高一年级学生在初中时主要学习的是解直角三角形,拥有一定的平面几何基础,也具备了一定的观察、分析和解决问题的能力. 但是解斜三角形对于学生们而言,确实是比较陌生的领域,学生往往会在对新知识的理解应用以及与已学知识的联系上出现思维障碍,思维灵活性、深刻性受到制约. 根据以上特点,教师设计以数学实验的方法引入,更加直观地感受正弦定理,从直角三角形入手证明正弦定理,进而推广到一般三角形,用学生们熟悉的方法，引导学生直接参与分析问题、解决问题.

（三）教法与学法分析

本节课在引入时选用了“探究—发现”的教学模式，这是基于本节课的知识内容，可以依托数学实验让学生观察归纳从而得出结论. 因此本节课在教学活动的设计中，应注意学生归纳能力的培养. 对于正弦定理的教学，教师注重层次感，设计的过程是定理引出—回归实际—再看定理—熟练应用—探究深化. 学生们经常会作高求解三角形中的相关问题，正弦定理其实简化了作高的过程，所以要让学生能够接受新的知识，选择逐层递进，螺旋式地强化知识，使学生能更好地掌握本节课的教学重点. 在学习利用正弦定理解三角形至少需要知道几个条件，它们分别是什么时，所选例题由浅入深，根据学生的认知规律，结合初中所学的相似和全等的概念，和学生一起分析，最终使学生顺利地得出结论，水到渠成地攻克教学重难点.

七、板书设计

正弦定理（第一课时）

一、定理

$$\frac{a}{\sin A}=\frac{b}{\sin B}=\frac{c}{\sin C}$$

注：利用正弦定理解三角形，至少需要知道三个条件：

① 两角一边；

② 两边和其中一边的对角.

二、判断三角形解的个数

分析①：……

分析②：……

分析③：……

八、课堂反思

本节课是“正弦定理”的第一课时，从设计数学实验出发，通过学生的探究活动，引导学生归纳结论，从而引入并证明正弦定理，既让学生掌握新的有用的知识，又可以有效提高学生解决问题的能力.

反思本节课，完成了教学任务，与学生互动也很充分. 但是，对学生思维的展开和引导层面还有所缺失，课堂中的提问可以再斟酌，在以后的课堂教学中，教师对问题有效性的设置有待进一步完善.

在课程内容的设置方面，引入、定理概念和简单运用用时较长，三角形解的情况是本节课难点之一，在教学中略显仓促，受时间限制，没有让学生充分思考，这需要教师在今后的课堂教学中合理分配时间.

九、专家点评

本节课是“正弦定理”的第一课时，属于概念课. 在引入阶段，从已有的知识出发，通过数学实验师生共同观察三角形中随着边、角的改变，三角形的边和其对角的正弦值之比不变，从而猜测结论. 再从已有的知识出发，进行证明，符合逐次递进的思想，增强了学生的数学思考能力.

在新课例阶段，通过教师的引导与学生的发现，得到正弦定理后，阐述正弦定理简单运算，然后回归教材感受正弦定理的实际应用，之后深化提高强调三角形解的个数的问题. 整节课的流程可以归纳为：数学实验—得出定理—解释定理—回归课本运用定理—深化提高掌握定理，呈螺旋式层层递进，符合学生的思维习惯和学习过程.

可以看出教师有钻研，条理脉络清晰，对重点的把握和难点的突破处理得流畅. 师生互动好、教师有激情，充分调动了学生学习的积极性.

余弦定理(第一课时)

上海市复旦实验中学　袁　青

一、教学目标

(一) 知识与技能

1. 引导学生经历使用勾股定理尝试发现、归纳猜想、严谨推导余弦定理的过程.

2. 初步学习应用余弦定理解决简单的解斜三角形问题.

(二) 过程与方法

1. 通过对公式结构的分析,引导学生体会数学之美,并利用方程的观点准确理解余弦定理的适用范围.

2. 通过演绎法进行余弦定理的证明,培养学生严谨的思维习惯.

(三) 情感、态度与价值观

1. 体验数学的发现历程,激发数学学习兴趣.

2. 体验"试—探—悟"的过程,感悟"特殊与一般、类比与联想、化归转化、数形结合"等重要数学思想方法.

二、教学重点与难点

(一) 教学重点

余弦定理的"试—探"过程与灵活使用.

(二) 教学难点

余弦定理的"试—探"过程与证明思路的形成.

三、教学方法与教学手段

(一) 教学方法

创设情境,以问题为驱动,以学生为中心,运用启发式教学方法,引导学生在主动探究过程中形成概念,深化理解.

(二)辅助教学手段

多媒体辅助教学.

四、教学流程设计

1. 活动一:问题导入.
2. 活动二:活动探究.
3. 活动三:开展构建.
4. 活动四:成果运用.
5. 活动五:总结反思.

五、教学过程

(一)活动一:问题导入

1. 复习旧知

回忆正弦定理的表达公式和它的主要用途.

2. 创设情境

提出问题:A、B 两地之间隔着一条小河,现选择另一个点 C,可以测得 $AC=182$ 米,$BC=126$ 米,$\angle BCA=63°$,求 A、B 之间的距离.

3. 提炼抽象

引导学生将问题数学化:在$\triangle ABC$ 中,已知 $AC=182$,$BC=126$,$\angle BCA=63°$,求 AB.

4. 认识本质

通过讨论,引导学生识别出问题的本质:已知两边一夹角,求另一边.

说明:

1. 观察学生能否认清实际问题背后的数学本质.
2. 在复习正弦定理之后同时引出不能用正弦定理直接求解的问题后,及时评价学生的思维反应,确定后续教学手段.
3. 在抽象化过程中,观察学生认识数学本质的能力.

(二)活动二:活动探究

1. 知识迁移

提问:已经学习过的知识中,有没有涉及三角形中已知两边一夹角求第三边的问题?

2. 合作学习、给出实例

学习小组讨论并给出实例:初中勾股定理,如:在 Rt$\triangle ABC$

4. 在知识迁移过程中,评价学生已有知识的掌握程度,确定后续合作学习过程中的切入点,让学生体会从简单到复杂逐步深入的探究过程.

中，$C=90°$，$a=3$，$b=4$，求 c.

3. 思维发散

提问：在$\triangle ABC$ 中，如果保持 $a=3$，$b=4$，C 发生变化，那勾股定理还成立吗？$a^2+b^2=c^2$？如果不相等，为何不相等？

（三）活动三：开展构建

1. 提出猜想

学生：当 C 是钝角时，$a^2+b^2<c^2$；当 C 是锐角时，$a^2+b^2>c^2$.

2. 理性思辨

引导学生从定性研究到定量研究.

3. 思维碰撞

提过逐层深入的提问，为学生提供思考空间，碰撞思维火花.

引导学生体会寻找等量关系的过程中其实并不像解很多数学题那样答案总是可以按部就班求解而得，很多时候要开展创造性的思考，离不开假设、猜想，之后需要严谨证明.

4. 形成结论

引导学生体会数学语言的精练与准确.

（四）活动四：成果运用

提出如下问题，练习是否能够将得出的结果正确识别、运用.

1. 在$\triangle ABC$ 中，已知 $b=3$，$c=1$，$A=60°$，求 a.
2. 在$\triangle ABC$ 中，已知 $a=4$，$b=5$，$c=6$，求 A.
3. 在$\triangle ABC$ 中，已知 $b=\sqrt{3}$，$c=1$，$B=60°$，求 a.
4. 在$\triangle ABC$ 中，已知 $a=4$，$b=5$，$c=6$，判断$\triangle ABC$ 的形状.

（五）活动五：总结反思

群策群力、总结深化.

1. 通过以学习小组的方式对课堂所进行的探究过程进行精炼概述，指出思想方法上留下最深刻印象的地方.

2. 教师总结深化学科思想，再次点明学习过程中的思维方法.

5. 直角三角形到斜三角形的变化过程中，希望学生体会由已知联系未知的类比推理的方法，根据学生课堂反馈及时评价.

6. 在“利用几何画板展示动画效果，保持两直角边长不变，让 C 大小发生变化，然后继续提问”的过程中，根据学生行为表现，准确确立后续提问方式.

7. 引导学生从定性到定量开展分析时，及时评价学生对问题认识是否逐步加深.

8. 通过特例进行不严谨验证后，观察学生是否有严谨论证的想法，思路切入点是否准确.

9. 在学生遇到不会做的问题时，观察能否用已学会的知识来探索未知问题.

10. 在逐步细化构造的过程中，评价学生思维的严谨性.

11. 通过具体问题评价学生运用余弦定理解决三类问题的能力.

12. 从学生对推演过程的复述的准确性、完整度和对核心思想的理解深度评价学习有效性.

六、课堂实录(活动三:开展构建)

引导学生提出猜想.

学生:当$\angle C$是钝角时,$a^2+b^2<c^2$;当$\angle C$是锐角时,$a^2+b^2>c^2$.

教师:(引导学生从定性研究到定量研究)请同学们进一步思考,是否能用某种等量关系来描绘a^2+b^2和c^2间的关系呢?(留出时间让学生思考)这个关系看来与$\angle C$的大小有关.当$\angle C$是钝角时,要在a^2+b^2的后面加上一个与$\angle C$相关的表达式;当$\angle C$是锐角时,要在a^2+b^2的后面减去一个与$\angle C$相关的表达式,也就是说:

当$\angle C$为钝角时,$a^2+b^2+f(C)=c^2$;

当$\angle C$为锐角时,$a^2+b^2-f(C)=c^2$.

统一起来为$c^2=a^2+b^2-f(C)$,其中当$\angle C$为钝角时,$f(C)<0$;当$\angle C$为锐角时,$f(C)>0$,但问题是$f(C)$究竟是什么呢?来看两个特殊情况.

当$\angle C=0$时,$c=|a-b|$,可知$c^2=a^2+b^2-2ab$,思考$2ab$与$\angle C$的哪个三角比值有关?

当$\angle C=180°$时,$c=|a+b|=a+b$,可知$c^2=a^2+b^2+2ab=a^2+b^2-(-2ab)$,思考$-2ab$和$\angle C$的哪个三角比值有关?(引导学生体会寻找等量关系的过程中其实并不像解很多数学题那样答案总是可以按部就班求解而得,很多时候要开展创造性的思考,离不开假设、猜想,之后需要严谨证明)

学生1:符号的变化好像与$\angle C$的余弦值相关.(定性)

学生2:似乎$f(C)=2ab\cos C$?(定量,提出猜想)

教师:我们再试试看$\angle C=90°$时,该表达式是否依旧成立呢?(通过特例进行不严谨验证)

学生:当$\angle C=90°$时,$c^2=a^2+b^2-2ab\cdot 0$显然成立,我们可以这样猜想.

(板书:在$\triangle ABC$中,$c^2=a^2+b^2-2ab\cos C$)

教师:能够证明这个猜想吗?从结构上观察,我们想到了什么?(引导学生进行严谨论证,思路的切入点:结构特征,数形结合)

学生1:还是很像勾股定理.

教师:能直接类比勾股定理?(还是先从类似入手)

学生2:不能,因为$\angle C$可以是锐角或钝角.

教师:非常好!所以我们有必要对$\angle C$的大小进行分类,分为直角、锐角、钝角.我们已经知道$\angle C=90°$时猜想是成立的,那不是直角时该怎么办呢?(引导学生体会遇到不会做的问题时,能否用已学会的知识来探索未知问题,或许能得出未知领域的新结论)

学生:构造直角三角形.

教师:从$c^2=a^2+b^2-2ab\cos C$的结构上想想,可以构造怎样的直角三角形呢?(逐步细化构造的过程,启发思考)

学生:构造直角三角形斜边为c.

教师:怎么构造直角三角形斜边为 c?

学生:可以过点 A 或 B 作对边的高,不如过 B 作对边的垂线,垂足为点 D.

教师:垂足 D 会落在 AC 边上的哪个地方呢?(留出时间让学生思考)

学生 1:这可说不定,要看三角形的形状.

学生 2:还是要看 $\angle A$ 和 $\angle C$ 的大小来决定.

教师:很好! 这里我们假设 $\angle A$ 为锐角进行猜想的论证,其他情况大家可以课后继续探究.(提出还存在哪些需要探索的地方,强调思维的严谨时刻不能忘记)

学生:当 $\angle C$ 为锐角时,在 $\triangle ABD$ 中,

$$c^2=BD^2+AD^2=(a\sin C)^2+(b-a\cos C)^2=a^2+b^2-2ab\cos C.$$

教师:当 $\angle C$ 为钝角时,在 $\triangle ABD$ 中,

$$c^2=BD^2+AD^2=(a\sin\angle BCD)^2+(b+a\cos\angle BCD)^2$$
$$=(a\sin C)^2+(b-a\cos C)^2=a^2+b^2-2ab\cos C.$$

教师:能否用文字语言准确叙述上面的表达式呢?(引导学生体会数学语言的精练准确)

学生:在 $\triangle ABC$ 中,已知 a、b、$\angle C$,则 $c^2=a^2+b^2-2ab\cos C$.

教师:这是符号语言表达式,能转化为文字语言吗?

学生:在三角形中,一条边长的平方值等于另外两条边的平方和减去这两边与夹角余弦值的积的两倍.

教师:在 $\triangle ABC$ 中,如果已知 b、c、$\angle A$,求 a 呢? 如果已知 a、c、$\angle B$,求 b 呢?(引导学生进行初步的类比思考)

学生:$a^2=b^2+c^2-2bc\cos A$,$b^2=a^2+c^2-2ac\cos B$.

教师:这就是我们今天学习的余弦定理! 请同学们再仔细观察余弦定理中的三个公式,分析它们的结构特征? 怎样才能又快又准地记住?(依旧提醒学生观察数学表达式的结构特征)

学生:表达式左边都是一边的平方,右边都类似于另两边差的完全平方展开式,与完全平方展开式略微不同的地方在于还要多乘一个夹角的余弦值,这个角刚好是左边的边的对角.

教师:同学总结得很好,三个表达式中的轮换特征让我们体会到数学公式的内在美. 再进一步观察,余弦定理的每个表达式各涉及几个量? 遇到具体问题时我们又该如何选择使用?(从观察结构特征,分析运用的方法)

留时间给学生思考、讨论.

教师总结 1:已知两边一夹角求第三边,可直接使用余弦定理,进而根据三条边的值求出其他的角.

教师总结 2:已知三边求一角的过程可以得到余弦定理的推论:

$$\cos A=\frac{b^2+c^2-a^2}{2bc},\cos B=\frac{a^2+c^2-b^2}{2ac},\cos C=\frac{a^2+b^2-c^2}{2ab}.$$

教师总结 3:已知两边一对角,也能通过余弦定理解二次方程求第三边. 还可用什么方法求解?

学生:正弦定理.

教师:很好! 经过讨论,我们发现余弦定理主要能够解决上述三类问题.

七、教学设计说明

(一)教材分析

三角学的确立是以正、余弦定理为标志的,这是因为三角学是寻求边与角的关系来解决三角问题,而正、余弦定理正是把边与角建立起联系.

笔者在重新整理欧几里得的《几何原本》时发现:平面三角形的余弦定理在《几何原本》中都已被间接地提出来,这说明当时正、余弦定理的确立已经具备了条件,欧几里得和他的学生们提出"相似三角形的对应边长度之比相等",从而对只依赖于角的比值命名:

$$\sin A=\frac{A\ \text{角的垂边长度}}{\text{斜边长度}},$$

$$\cos A=\frac{A\ \text{角的底边长度}}{\text{斜边长度}}.$$

这个定义提供了边与角的关系,但平面三角形中余弦定理的确立是随着历法和航海的发展过程,在对球面三角形进行研究的过程中得出的副产品. 希腊的三角学是球面三角学,其中包括平面三角的基础内容,直到 1450 年以后,由于平面三角在测量中的重要性,它才受到重视. 从历史发展的顺序而言,球面三角的发展先于平面三角,正、余弦定理就是在这种历史条件下产生的,其数学思想方法和思路如下:

如图 2-20 所示,假设三角形三边长为 a、b、c,将斜三角形分割为两个直角三角形,再根据勾股定理可得:$p^2=a^2-d^2=c^2-(b-d)^2$.

由此得:$c^2=a^2+b^2-2bd$,所以 $\cos C=\frac{d}{a}$,则 $d=a\cos C$.

由此得:$\cos C=\frac{a^2+b^2-c^2}{2ab}$.

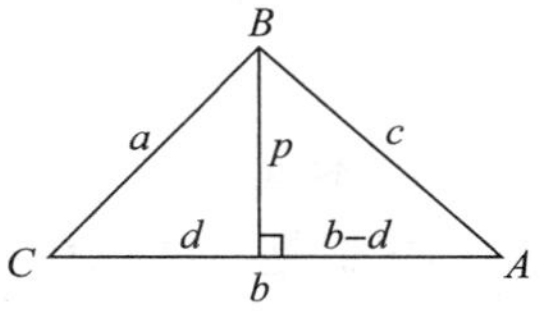

图 2-20

本课例研究结合了笔者的实践经验,希望探索将数学史与数学教育融合的较优化方式,实现将数学家发现数学的思维过程、思想方法、逻辑结构迁移到数学教育中,切实提升学生的思维能力、学科素养,同时让学生能形成数学是动态发展的和充满美感的印象.

本课例的设计上尝试在"将数学史与数学教育融合"的视角下重新对余弦定理的内容进行整合,探索符合学生认知规律且符合三角学历史发展规律的教学设计,让学生体会再创造的过程.

（二）学情分析

学生已具备的数学知识有：勾股定理、直角三角比、任意角、任意角三角比、和差倍半公式与三角恒等变换、正弦定理，并且高一年级的学生还具有一定程度的直观分析、归纳总结、运算求解、推理证明的能力.

在本课的学习过程中，笔者认为学生学习的困难主要存在以下三个方面：

1. 学生能直观感知在直角、锐角、钝角状态下边长受角度的影响，但还不能够从定量的角度准确刻画出余弦定理所表征的数量关系.

2. 学生总体的自主探究能力还不够强，所以虽有不错的学习基础和学习兴趣，但由于知识系统性不强且运算能力一般，使得学生自主探寻余弦定理证明方法的过程显得比较困难.

3. 学生还不擅长用准确的语言文字对余弦定理进行描述.

（三）教法与学法分析

在实际教学过程中，将数学史料融入教学的方式是多样的，对教师而言最简单的方法就是通过显性附加的方式将上述数学史料外加于教学内容，即在教材中阐述正、余弦定理时，联想上述史料，进而进行介绍. 这种设计可条理清晰地叙述某一方面的数学史料，让学生在阅读的过程中感受数学家严谨治学的态度和数学发展的曲折历程. 但经过长期的实践研究，笔者根据教学反馈的情况发现，通过这种显性附加的方式运用数学史料的优点是能够有效激发学生的学习兴趣，间接促进教学效果，而其缺点是造成教学时间不足，教学过程中进行讲解势必会占用大量课堂时间. 同样从学生的反馈意见来看，也呈现出对数学史料本身是感兴趣的，但对于教学过程中附加数学史料的做法不少同学持保留态度，持反对意见的主要原因依旧与升学压力有关，诸如时间的花费、课堂演练机会的不足等问题使得学生担心会影响教学效果（考试成绩）.

本课设计之初笔者同样认识到由于显性附加的方式只是在过去教学的基础上附加一些数学史料，没有注意数学史与学生认知过程的融合，同时会占用较多课堂时间. 从学生的意愿来看，如果数学史的应用只停留在说故事的层次，给他们带来的仅仅是兴趣的话，他们宁愿把时间花在多做几道题目上.

因而，在本课教学中笔者通过隐形融入的方式设计将数学史料、教材内容和学生的学习需要综合考虑，再来斟酌具体的课堂教学计划，使数学史融入学习过程中，特别是学生对数学概念、方法的认知过程中，希望能够将数学史中的思想方法和数学知识联系起来，使学生在学习中深刻体会其中的方法. 通过隐性融入的方式设计教学，数学史料就成了学生学习课本知识的必要组成部分，其效果除了增进学习兴趣、为数学课堂赋予文化内涵之外，也对学生的认知过程有直接的帮助.

八、课堂反思

荷兰著名数学教育家弗赖登塔尔曾经批评过那种过于注重逻辑严密、没有丝毫历史感的教材是“把火热的发明变成了冰冷的美丽”.笔者认为将数学史融入余弦定理的教学不仅可以让学生经历了火热的发明,也能带领学生体验冰冷的美丽,充分展示数学的文化价值,有助于学生形成良好的数学思维习惯.

但是将数学史有机地融于教学并非一件容易的事,本身给教师带来了不小的挑战,本节课也只是笔者的一种尝试.根据本课教学实践反馈情况,笔者认为今后还很有必要系统化地对中学数学中概念的发展历史进行专题研究.

中学数学相关概念的历史资料散落在无数文献档案之中,对中学教师而言用起来不方便.笔者认为,能够组织系统化地对中学数学中概念的发展历史进行专题研究是很有必要的.具体来说,就是要思考诸如以下几个方面的问题:数学家们遇到过什么困难?他们怎么解决?能给我们什么启示?方法和课本中一样吗?能举一反三吗?等等.通过让学生体会再创造的过程,使学生获得知识、提升素养.

九、专家点评

数学家们解题,通常不是以问题的解决为终点,而是通过问题的解决获得更大的收获.

就我国目前而言,“将数学史与数学教育融合”的教学模式虽然已受到更多重视,很多教育研究者提出“如果我们在教学中也能渗透这样的想法,那么学生一定也会在潜移默化中慢慢学会洞察本质、触类旁通,提升思维能力”,但是从实践效果看,数学史在数学教学中“地位很高,教学成效却不明显”的尴尬状况仍旧困扰着很多教师.很多教师甚至不假思索地认为“融入数学史”就是讲点数学文化小故事,铺设一些背景素材,既然如此,数学史的功能就只是提升学习兴趣了,那就可有可无了.

本节课教学设计中为更好地发挥数学史料作用,教师在实施的过程中并没有仅仅停留在讲故事的层面,更是注重通过数学史料的引入,帮助学生理解数学故事背后所包含的深刻意涵,凸显出数学的思想方法.

本课采用的“将数学史与数学教育融合”的教学模式就是借鉴历史、重构历史,相信只要老师们在教学中做有心人,那么学生一定也会在潜移默化中慢慢学会洞察本质、触类旁通,真正提升思维能力和科学素养.

数学与音乐
——函数 $y=A\sin(\omega x+\varphi)$ 的图像与性质(第一课时)

上海市民星中学　唐费颖

一、教学目标

(一) 知识与技能

在 $A>0,\omega>0$ 的情况下:分别研究 $y=A\sin x$、$y=\sin\omega x$、$y=A\sin\omega x$ 的图像和性质,发现并掌握它们与 $y=\sin x$ 的图像和性质之间的关系.

(二) 过程与方法

将数学与音乐结合起来,借助几何画板(V5.05)“声音”功能弹奏我校校歌引入,利用TI图形计算器作图,让学生研究所听到函数的性质,分析、总结出一般结论.

(三) 情感态度与价值观

1. 通过体验数学与音乐的关系,加深对数学文化特性的了解和数学本质的认识,树立正确的数学观.

2. 学习如何将一个复杂问题分解为若干简单问题的方法,同时结合具体函数图像的变化,领会由简单到复杂、特殊到一般的化归思想.

二、教学重点与难点

(一) 教学重点

A、ω 在图像变换中所起的作用.

(二) 教学难点

概括 ω 在图像变换中所起的作用.

三、教学方法与教学手段

(一) 教学方法

以学生为中心,问题为驱动,探究式教学.

(二)辅助教学手段

TI 图形计算器、几何画板(V5.05).

四、教学流程设计

数学实验：引起兴趣 ⇒ 实验探究：得出结论 ⇒ 再看实验：深化理解 ⇒ 课堂小结：归纳总结 ⇒ 作业布置：课后巩固

五、教学过程

环节	教学内容设计	师生双边互动	数字化数学活动
活动引入	音乐是用声音来表达人类的思想感情的艺术.声音的产生是由于物体的振动.数学家傅里叶(1768—1830)关于三角函数的研究告诉我们：人类的声音、小提琴的奏鸣、动物的叫声——都可以归结为一些简单声音的组合，而简单声音可以用三角函数表示，其表达式为 $y=A\sin\omega x$ $(A>0,\omega>0)$，由此说明三角函数存在于我们的周围，而在一般乐器的设计中真正起决定性作用的是三角函数，因此傅里叶的功劳与贝多芬同样伟大.	**学生**：利用几何画板，弹奏民星中学校歌. **教师**：揭示数学与音乐的关系，引出探究主题——探究函数 $y=A\sin(\omega x+\varphi)(A>0,\omega>0)$ 的图像和性质，本堂课主要探究 A、ω 并了解它们在音乐中的作用.	几何画板(V5.05)“声音”功能. 几何画板(V5.05)： 展示单音声波背后的三角函数. 中音： Do：$y=\sin 512\pi x$； Re：$y=\sin 575\pi x$； Mi：$y=\sin 645\pi x$； Fa：$y=\sin 683\pi x$； Sol：$y=\sin 767\pi x$； La：$y=\sin 861\pi x$； Si：$y=\sin 967\pi x$. 高音： Do：$y=\sin 1024\pi x$； Re：$y=\sin 1150\pi x$； Mi：$y=\sin 1290\pi x$； Fa：$y=\sin 1366\pi x$； Sol：$y=\sin 1534\pi x$； La：$y=\sin 1722\pi x$； Si：$y=\sin 1934\pi x$.
实验探究	1. 探究方法 从学生熟悉的函数 $y=\sin x$ 入手，分别研究 A、ω 对函数图像的影响. 在讨论参数的变化对图像的影响时，先固定其他参数，只变化一个参数，通过作图来进行研究.	**教师**：$y=A\sin(\omega x+\varphi)\xrightarrow[\varphi=0]{A=1,\omega=1}y=\sin x$. A 的作用(令 $\omega=1,\varphi=0$). ω 的作用(令 $A=1,\varphi=0$).	

续表

<table>
<tr><th>环节</th><th>教学内容设计</th><th>师生双边互动</th><th>数字化数学活动</th></tr>
<tr>
<td>实验探究</td>
<td>2. 探究内容
(1) A 的作用</td>
<td>学生:1. 利用 TI 图形计算器,作出 $y=\sin x$ 与 $y=A\sin x$ 的图像,观察 A 在区间 $\left[\frac{1}{2},2\right]$ 内变化时,函数的图像、性质的变化情况. $y=A\sin x$,A 在区间 $\left[\frac{1}{2},2\right]$ 内变化时,与函数 $y=\sin x$ 有相同的周期、相同的单调区间,相同的奇偶性,在相同的点上取得最大(小)值.但是它们的值域和最大(小)值不一样,$y=A\sin x$ 值域是$[-A,A]$,最大、最小值分别是 A、$-A$.
2. 利用五点法作图,在同一平面直角坐标系中,作出函数 $y=2\sin x$($x\in\mathbf{R}$)和 $y=\frac{1}{2}\sin x$($x\in\mathbf{R}$)的大致图像.
函数 $y=2\sin x$($x\in\mathbf{R}$)和 $y=\frac{1}{2}\sin x$($x\in\mathbf{R}$)的周期都是 2π,可以在区间$[0,2\pi]$上分别取 $x=0$、$\frac{\pi}{2}$、π、$\frac{3}{2}\pi$、2π 得到五个关键点来作图,见下表.
<table>
<tr><td>x</td><td>0</td><td>$\frac{\pi}{2}$</td><td>π</td><td>$\frac{3}{2}\pi$</td><td>2π</td></tr>
<tr><td>$\sin x$</td><td>0</td><td>1</td><td>0</td><td>-1</td><td>0</td></tr>
<tr><td>$2\sin x$</td><td>0</td><td>2</td><td>0</td><td>-2</td><td>0</td></tr>
<tr><td>$\frac{1}{2}\sin x$</td><td>0</td><td>$\frac{1}{2}$</td><td>0</td><td>$-\frac{1}{2}$</td><td>0</td></tr>
</table>
3. 总结 A 的大小对函数图像的影响:A 的大小决定了函数 $y=A\sin x$ 的值域,反映曲线 $y=A\sin x$ 波动幅度的大小. $y=\sin x$ 图像上每一点的纵坐标变为原来的 A 倍(当 $A>1$ 时,称为伸长;当 $0<A<1$ 时,称为缩短),且保持横坐标不变,就得到 $y=A\sin x$ 的图像. A 是振幅,A 所起的作用是将 $y=\sin x$ 的振幅由 1 变为 A.</td>
<td>利用 TI 图形计算器,作出 $y=\sin x$ 与 $y=A\sin x$ 的图像,观察 A 在区间 $\left[\frac{1}{2},2\right]$ 内变化时,函数的图像、性质的变化情况.
1. 【开机】
2. 按【5】(设置)—【5】(登录)—用户名称:学号—密码:123—确定.
3. 【1】(新建文档)—【2】(添加图形).
4. 【菜单】【3】(图形输入/编辑)—【1】(函数)—$f_1(x)=\sin x$—【enter】.
5. 【菜单】【1】(动作)—【B】(插入游标)—【enter】.
6. 将参数改为“a”—选中游标框—【ctrl】【菜单】【1】(设置)—值:0.5;最小值:0.5;最大值:2;步长:输入值 0.1;最小化;显示变量—确定.
7. 【菜单】【3】(图形输入/编辑)—【1】(函数)—$f_2(x)=a\cdot\sin x$—【enter】.
8. 随着 a 的取值的变化,观察图像形状的变化.
9. 【菜单】【6】(图像分析)—【3】(最大值)—【2】(最小值).
10. 选中游标框—【ctrl】【菜单】【3】(动画),观察最高</td>
</tr>
</table>

续表

环节	教学内容设计	师生双边互动	数字化数学活动
实验探究		4. 数学与音乐： 声波的振幅决定声音的强度，叫作音量. 振幅越大，声音越强，反之则越弱.	点、最低点的坐标变化—观察完毕后，选中游标框—ctrl 菜单 3 (停止动画). 比较以下三个函数图像表示的声波产生的声音： $y=\sin 512\pi x$； $y=2\sin 512\pi x$； $y=\frac{1}{2}\sin 512\pi x$.
	(2) ω 的作用	**学生：**1. 利用图形计算器，作出 $y=\sin\omega x$ 的图像，观察 ω 在区间 $\left[\frac{1}{2},2\right]$ 内变化时，函数的图像、性质的变化情况. $y=\sin\omega x$，ω 在区间 $\left[\frac{1}{2},2\right]$ 内变化时，与函数 $y=\sin x$ 有相同的奇偶性，相同的值域$[-1,1]$和相同的最大(小)值. 但是周期不同、单调区间不同、在不同的点上取得最大(小)值. 2. 分别求函数 $y=\sin 2x(x\in\mathbf{R})$ 和 $y=\sin\frac{x}{2}(x\in\mathbf{R})$ 的周期 T_1 和 T_2，利用五点法作图，在同一平面直角坐标系中，作函数 $y=\sin 2x(x\in[0,T_1])$ 和 $y=\sin\frac{x}{2}(x\in[0,T_2])$ 的大致图像. 函数 $y=\sin 2x$ 的周期 $T_1=\pi$，$y=\sin\frac{x}{2}$ 的周期 $T_2=4\pi$. 在区间$[0,\pi]$、$[0,4\pi]$上分别求出函数 $y=\sin 2x$ 和 $y=\sin\frac{x}{2}$ 图像上的五个关键点，见下表.	利用 TI 图形计算器，作出 $y=\sin\omega x$ 的图像，观察 ω 在区间 $\left[\frac{1}{2},2\right]$ 内变化时，函数的图像、性质的变化情况. TI 图形计算器作图参考步骤： 1. ctrl +page，增加一个页面，添加应用程序“图形”. 2. 菜单 3 (图形输入/编辑)—1 (函数)—$f_3(x)=\sin x\ (0\leqslant x\leqslant 2\pi)$—enter—$f_4(x)=\sin 2x\ (0\leqslant x\leqslant\pi)$—enter—$f_5(x)=\sin\frac{x}{2}(0\leqslant x\leqslant 4\pi)$—enter. 3. 菜单 4 (窗口/缩放)—1 (窗口设置)—x 最小值：-1；x 最大值：4π；y 最小值：-2；y 最大值：2；确定.

续表

<table>
<tr><th>环节</th><th>教学内容设计</th><th>师生双边互动</th><th>数字化数学活动</th></tr>
<tr><td>实验探究</td><td></td><td>
<table>
<tr><td>$2x$</td><td>0</td><td>$\frac{\pi}{2}$</td><td>π</td><td>$\frac{3}{2}\pi$</td><td>2π</td></tr>
<tr><td>x</td><td>0</td><td>$\frac{\pi}{4}$</td><td>$\frac{\pi}{2}$</td><td>$\frac{3\pi}{4}$</td><td>π</td></tr>
<tr><td>$y=\sin 2x$</td><td>0</td><td>1</td><td>0</td><td>-1</td><td>0</td></tr>
<tr><td>$\frac{1}{2}x$</td><td>0</td><td>$\frac{\pi}{2}$</td><td>π</td><td>$\frac{3}{2}\pi$</td><td>2π</td></tr>
<tr><td>x</td><td>0</td><td>π</td><td>2π</td><td>3π</td><td>4π</td></tr>
<tr><td>$y=\sin\frac{x}{2}$</td><td>0</td><td>1</td><td>0</td><td>-1</td><td>0</td></tr>
</table>
函数 $y=\sin 2x$ 的图像可以看作是把函数 $y=\sin x$ 的图像上所有点的横坐标缩短到原来的 $\frac{1}{2}$（纵坐标不变）而得到的；而函数 $y=\sin\frac{x}{2}$ 的图像可以看作是把函数 $y=\sin x$ 的图像上所有点的横坐标伸长到原来的 2 倍（纵坐标不变）而得到的.
3. 总结 ω 的大小对函数图像的影响：$y=\sin\omega x\,(\omega>0)$ 的周期是 $\frac{2\pi}{\omega}$，将 $y=\sin x$ 图像上每一点的横坐标变为原来的 $\frac{1}{\omega}$（当 $\omega>1$ 时，称为压缩；当 $0<\omega<1$ 时，称为拉长），且保持纵坐标不变，就得到 $y=\sin\omega x$ 的图像.
4. 数学与音乐：
1585 年，我国明代律学家和天文历学家朱载堉独立创造了新法密律（十二平均律）及其计算方法. 十二平均律的现代表述是：听觉心理规律显示，当两个乐音的振动频率比等于 2 时，人耳的感觉是相同的两音，只不过第一个音比第二个音高一个八度.
</td><td>比较以下两个函数图像表示的声波产生的声音：
中音：Do：$y=\sin 512\pi x$；
高音：Do：$y=\sin 1024\pi x$.</td></tr>
</table>

续表

环节	教学内容设计	师生双边互动	数字化数学活动
课堂小结	本堂课主要讨论 A、ω ($A>0$, $\omega>0$) 在函数 $y=A\sin(\omega x+\varphi)$ 的图像中所起的作用, A 影响函数值域的大小,与函数周期无关;而 ω 影响函数周期的大小,与函数值域无关.		
作业布置		教材 P100/1(1),(2). 练习册 6.3(A)1,2(1).	

六、教学设计说明

(一) 教学内容分析

本节课是上教版高中数学一年级第二学期第六章《三角函数》中"函数 $y=A\sin(\omega x+\varphi)$ 的图像与性质"第一课时. 本节课的主要内容是研究 A、ω 对函数 $y=A\sin(\omega x+\varphi)$ ($A>0$, $\omega>0$) 的图像、性质的影响. 这里我添加了高三数学拓展内容"数学与音乐",介绍了音乐与数学有关的术语,帮助学生认识数学知识的价值,用数学思想方法解释和处理音乐中的一些问题,激发学生学习数学的愿望.

(二) 学情分析

1. 学生已掌握 $y=\sin x$ 的图像与性质;在初中已经历过 $y=ax^2+bx+c$ ($a\neq 0$) 的研究过程.

2. 学生初次使用 TI 图形计算器研究函数图像与性质.

(三) 教法、学法分析

对大多数学生来说,函数是抽象的,看不见摸不着,我想改变学生的这种想法,更想改变他们对数学的看法,让他们体会到数学是有趣的、有用的,所以在教学设计时,将高一第二学期"函数 $y=A\sin(\omega x+\varphi)$ 的图像与性质"与高三拓展Ⅱ(文科、技艺)"数学与音乐"相结合,用三角函数模型 $y=A\sin\omega x$ 说明声音的要素,借助几何画板 V5.05"声音"功能弹奏我校校歌引入,并让学生直观听到音量、音调与曲线的振幅、频率有关. 在讨论 A、ω 在函数 $y=A\sin(\omega x+\varphi)$ 图像中所起的作用时,为了降低难度并充分体现 A、ω、φ 各自的作用,采用分别研究的方法,即在讨论 A 的作用时,令 $\omega=1$, $\varphi=0$;在讨论 ω 的作用时,令 $A=1$, $\varphi=0$. 在具体讨论时，先有选择性地举几个特殊的例子，让学生利用 TI 图形计算器画出它们的图像，通过对照使学生从感性上认识有关量的作用，再分析、总结出一般结论，最后再回到实例、进一步体会.

七、板书设计

数学与音乐——函数 $y=A\sin(\omega x+\varphi)$ 的图像与性质（第一课时）

数学家：傅里叶.

简单声音可表示为 $y=A\sin\omega x(A>0,\omega>0)$.

$y=A\sin(\omega x+\varphi)\xrightarrow[\varphi=0]{A=1,\omega=1}y=\sin x$.

1. A 的作用（令 $\omega=1,\varphi=0$）

2. ω 的作用（令 $A=1,\varphi=0$）

实验探究：

1. A 的作用

$y=\sin x\to y=A\sin x$，横坐标不变，纵坐标变为原来的 A 倍.

当 $A>1$ 时，伸长.

当 $0<A<1$ 时，缩短.

A 是振幅，A 所起的作用是将 $y=\sin x$ 的振幅由 1 变为 A.

数学与音乐：声波的振幅决定声音的强度，叫作音量；振幅越大，声音越强，反之则越弱.

2. ω 的作用

$y=\sin x\to y=\sin\omega x(\omega>0)$，纵坐标不变，横坐标变为原来的$\frac{1}{\omega}$.

当 $\omega>1$ 时，压缩.

当 $0<\omega<1$ 时，拉长.

周期是 $T=\frac{2\pi}{\omega}$.

数学与音乐：十二平均律的现代表述——当两个乐音的振动频率比等于 2 时，人耳的感觉是相同的.

八、课堂反思

“数学与音乐——函数 $y=A\sin(\omega x+\varphi)$ 的图像与性质”是在上海市杨浦区“创智课堂”建设项目背景下，在“创智课堂”高中试点学校之一——民星中学开展的一堂区级实践探索展示课.

以往使用信息技术时，大都是教师使用、学生观看，而本堂课是在每位学生均拥有一台 TI-Nspire CX-C CAS 中文彩屏图形计算器的一对一数字化学习环境下，学生进行函数作图及观察，是一种学习环境的创新.

待改进之处:本堂课以学生自主探究活动为主要内容,虽然 TI-Nspire™ 无线导航系统实时控制、展示了每位学生的作品,但在成果展示、分享结论环节还是老师讲得较多,可能是增加了图形计算器操作从而挤占了小组交流时间;另外,五点法作图没有在课堂内落实.

九、专家点评

(一)亮点之一:数学课程与信息技术的整合

张奠宙老师认为,数学教学使用信息技术大致可分为四个层次:第一个层次,举重若轻,做能够省时省力的事;第二个层次,心想事成,做过去想到做不到的事;第三个层次,推陈出新,做过去没有想到的事;第四个层次,众志成城,教师带领学生都来用信息技术做数学.

本课在研究 A、ω 的作用时,利用几何画板(V5.05)"声音"功能,让 Do:$y=\sin 512\pi x$、Re:$y=\sin 575\pi x$……发出声音,由学生弹奏出民星中学校歌,做过去没有想到的事,激起了学生内在的学习动机.

(二)亮点之二:数学课程与数学文化的有机结合

《普通数学课程标准》指出:数学是人类文化的重要组成部分.数学课程应帮助学生了解数学在人类文明发展中的作用,并在适当的内容中提出对数学文化的学习要求.

本堂课数学与文化结合的呈现方式自然、有趣,并利用多媒体技术,使之更直观.如,在揭示是函数在为我们唱歌时,就指出:"早在19世纪初,数学家傅里叶用表达式 $y=A\sin\omega x(A>0,\omega>0)$ 来表示简单声音"引出本堂课的研究主题"分别研究 A、ω 对函数 $y=A\sin(\omega x+\varphi)$ 图像、性质的影响并了解它们在音乐中的作用".在研究 ω 的影响后,辨听中音 Do:$y=\sin 512\pi x$、高音 Do:$y=\sin 1024\pi x$ 的差别,介绍我国明代律学家和天文历学家朱载堉独立创造的新法密律(十二平均律).

反正弦函数

上海市控江中学　张菁璐

一、教学目标

（一）知识与技能

1. 引导学生理解学习反正弦函数的必要性；理解正弦函数不存在反函数；理解反正弦函数的概念.

2. 掌握反正弦函数的性质，正确理解和使用反三角函数的记号表示一个角的弧度数.

3. 知道反正弦函数的图像，并能数形结合地掌握反正弦函数的性质.

（二）过程与方法

1. 经历数学探究活动的过程，体会问题驱动模式下数学概念的学习过程.

2. 实践反函数概念在三角函数中的具体应用.

（三）情感、态度、价值观

1. 通过反正弦函数概念的学习，培养学生的探索意识和数学素养.

2. 以数学的思维方式解决问题，领会数学的应用价值和科学价值.

二、教学重点和难点

“反正弦函数”是高中数学三角函数中一个重要的数学概念. 对反正弦函数概念的理解是教学的重点和难点. 对反正弦函数概念的学习和理解，可以促进学生对函数概念及反函数概念的理解. 展示反正弦函数概念的形成过程，可以帮助学生更有效地理解和掌握反函数的概念，加深学生对概念本质的理解，提高学生的数学素养.

三、教学方法与辅助技术

教学方法：以学生学习为本，以问题为驱动，引导学生主动探究反正弦函数概念.

辅助技术：多媒体 PPT 课件.

四、教学过程

引入：这学期我们已经学过了许多有关三角的知识，那么你是否了解三角学是如何产生的呢？

其实三角学产生于测量的需要，如在航海中、在天文观测中都要用到测量. 而在实际的测量过程中存在两个问题：一是已知一个角，求该角的三角比值. 我们前面已经学过的正弦函数研究的就是这类问题. 如 $x=\frac{\pi}{6}$ 代入正弦函数 $y=\sin x$ 关系式中，可得 $y=\frac{1}{2}$. 另一个问题是反过来已知角的三角比值，求角值. 如已知 $\sin x=\frac{1}{2}$，则 $x=?$. 我们看到满足这个式子的角有无穷多个. 但只要求出其中一个，其他的也就都能知道了，所以我们可以先求某一个，如 $\sin x=\frac{1}{2}$ 可取 $x\in\left(0,\frac{\pi}{2}\right)$ 时，$x=\frac{\pi}{6}$，再通过诱导公式求得其他各角. 但是对于诸如 $\sin x=\frac{1}{3}$，$x=?$；$\sin x=-\frac{1}{5}$，$x=?$ 之类的情况，现在我们就连一个角也没法表示出来，而这样的例子还有很多. 怎么办？这就是我们要研究的问题：已知角的正弦值，能否通过某种方法，把这个角反表示出来，并且进一步考虑当正弦值在区间 $[-1,1]$ 内变化时，相应的这个角怎么变？这就是探讨一个函数的反函数的问题.（这里配单位圆来帮助说明）

（一）反正弦函数的定义

请大家观察正弦函数 $f(x)=\sin x(x\in\mathbf{R})$ 的图像，并回答问题：

问题 1：正弦函数 $f(x)=\sin x(x\in\mathbf{R})$ 存在反函数吗？说明理由.

没有. 因为一个 y 对应了无数个 x，不满足一个函数存在反函数的条件：x 与 y 一一对应关系. 尽管正弦函数没有反函数，但是从刚才的例子中，我们得出只要求出其中一个满足式子的角，其他的也就都能知道了，所以我们可以考虑：

对于正弦函数 $f(x)=\sin x(x\in\mathbf{R})$ 能否在 $\mathbf{R}$ 上找出一个子区间 A，使得在 A 上定义的新函数 $f(x)=\sin x(x\in A)$，存在反函数？

如 $\left[-\frac{\pi}{2},\frac{\pi}{2}\right]$，$\left[\frac{\pi}{2},\frac{3\pi}{2}\right]$，$\left(0,\frac{\pi}{4}\right)$ 等.（一般学生都会直接回答第 1 个，可以多给出几个区间）满足上述条件的子区间有多少？有无数个. 在这么多子区间中，所以为了使每一个正弦值在区间 $[-1,1]$ 内的角都能用反正弦函数表示出来，必须选取满足值域在区间 $[-1,1]$ 的子区间.

怎样选取子区间 A，才能使函数 $f(x)=\sin x(x\in A)$ 存在反函数且值域为 $[-1,1]$？

在满足要求的子区间中选择 $\left[-\frac{\pi}{2},\frac{\pi}{2}\right]$. 该区间满足：

1. x 的值与 y 的值一一对应；（这一点以上各子区间都满足）
2. 正弦值能取得区间 $[-1,1]$ 上的一切值；
3. 在该区间上研究比较方便，这一点刚才在单位圆上也看到了.

构建出函数 $f(x)=\sin x$，$x\in\left[-\frac{\pi}{2},\frac{\pi}{2}\right]$，$y\in[-1,1]$.（板书）

问题2:反正弦函数是怎样定义的,为什么这样定义?

反正弦函数定义:函数 $f(x)=\sin x, x\in\left[-\frac{\pi}{2},\frac{\pi}{2}\right], y\in[-1,1]$的反函数称为反正弦函数.

怎么表示这个反正弦函数呢?

为此我们引入一个新的符号,记 $x=\arcsin y, y\in[-1,1], x\in\left[-\frac{\pi}{2},\frac{\pi}{2}\right]$.

习惯上,用 x 表示自变量,y 表示函数值.

反正弦函数表示为:$y=\arcsin x, x\in[-1,1], y\in\left[-\frac{\pi}{2},\frac{\pi}{2}\right]$.

根据反正弦函数的定义,说出 $\arcsin\frac{1}{2}$表示什么? $\arcsin\left(-\frac{\sqrt{3}}{2}\right)$表示什么?

$\arcsin\frac{1}{2}\left(\arcsin\left(-\frac{\sqrt{3}}{2}\right)\right)$表示正弦值为$\frac{1}{2}\left(-\frac{\sqrt{3}}{2}\right)$且在区间$\left[-\frac{\pi}{2},\frac{\pi}{2}\right]$内的角的值.而在区间$\left[-\frac{\pi}{2},\frac{\pi}{2}\right]$内只有$\frac{\pi}{6}\left(-\frac{\pi}{3}\right)$满足正弦值为$\frac{1}{2}\left(-\frac{\sqrt{3}}{2}\right)$,所以 $\arcsin\frac{1}{2}=\frac{\pi}{6}$, $\arcsin\left(-\frac{\sqrt{3}}{2}\right)=-\frac{\pi}{3}$.

由此,我们可得:其实 $\arcsin x$ 表示的是一个角的值,是怎样的一个角呢? 这是一个取值范围在区间$\left[-\frac{\pi}{2},\frac{\pi}{2}\right]$内的角,它的正弦值为 x.

所以,$\arcsin x\in\left[-\frac{\pi}{2},\frac{\pi}{2}\right]$,而在这个范围内,$\arcsin x$ 既然表示的是正弦值为 x 的角,那么这个角的正弦值就是 x,即 $\sin(\arcsin x)=x, x\in[-1,1]$.其中 arc 是“弧”的意思,$\sin x$ 是指正弦值为 x,合在一起表示“正弦值为 x 的弧所对的角的值”.

有了反正弦函数,我们就能解决前面提出的问题:$\sin x=\frac{1}{3}, x=?$.

我们可以得到当 $x\in\left(0,\frac{\pi}{2}\right)$时,则 $x=\arcsin\frac{1}{3}$.

那么若 $x\in\left(\frac{\pi}{2},\pi\right)$时,$x=?$. $x=\pi-\arcsin\frac{1}{3}$.

两种解法:①$\sin(\pi-x)=\sin x, \pi-x\in\left(0,\frac{\pi}{2}\right)$;(2)研究单位圆,发现是一对补角.

同理 $\sin x=-\frac{1}{5}, x=?$. 当 $x\in\left(-\frac{\pi}{2},0\right)$时,$x=-\arcsin\frac{1}{5}$,其他范围的角可用诱导公式得到.

结论:对于不在区间$\left[-\frac{\pi}{2},\frac{\pi}{2}\right]$内的角,只要转化到区间$\left[-\frac{\pi}{2},\frac{\pi}{2}\right]$内就能用反正弦函

数值表示.

(二)反正弦函数的性质与图像

我们已经得出了反正弦函数 $y=\arcsin x, x\in[-1,1]$,作为一个函数,我们要研究它的图像和性质.

1. 函数图像

问题 3:怎样作出反正弦函数的图像?

根据原函数与反函数的图像关于直线 $y=x$ 对称得到.

演示图像.数形结合直观地了解反正弦函数的性质.

2. 函数性质

问题 4:反正弦函数 $y=\arcsin x, x\in[-1,1]$,作为一个函数,它有哪些性质?这些性质你是怎样得到的?说明理由.

(1) 定义域:$[-1,1]$;(2)值域:$\left[-\frac{\pi}{2},\frac{\pi}{2}\right]$;

(3) 单调性:$\arcsin x$ 在区间$[-1,1]$上是增函数;

(4) 奇偶性:$\arcsin x$ 在区间$[-1,1]$上是奇函数;

(5) 最值:当 $x=-1$ 时,$y_{\min}=-\frac{\pi}{2}$;当 $x=1$ 时,$y_{\max}=\frac{\pi}{2}$.

作为原函数 $f(x)=\sin x, x\in\left[-\frac{\pi}{2},\frac{\pi}{2}\right], y\in[-1,1]$的反函数,其定义域和值域分别由原函数的值域和定义域确定.它的性质与原函数相同.

你能用定义证明反正弦函数的单调性与奇偶性吗?

(1) 奇偶性

证明:$\because x\in[-1,1]\therefore -x\in[-1,1]$.

$\therefore \arcsin(-x), -\arcsin x\in\left[-\frac{\pi}{2},\frac{\pi}{2}\right]$.

$\therefore \sin[\arcsin(-x)]=-x, \sin(-\arcsin x)=-\sin(\arcsin x)=-x$.

$\therefore \sin(-\arcsin x)=\sin[\arcsin(-x)]=-x$,且正弦函数在区间$\left[-\frac{\pi}{2},\frac{\pi}{2}\right]$上单调递增(即一一对应).

$\therefore \arcsin(-x)=-\arcsin x, x\in[-1,1]$

$\therefore y=\arcsin x$ 是奇函数.

(2) 单调性

证明:对任意 x_1、$x_2\in[-1,1]$,且 $x_1<x_2$.

假设 $\arcsin x_1\geqslant\arcsin x_2$,

$\because y=\sin x$ 在区间 $\left[-\frac{\pi}{2},\frac{\pi}{2}\right]$ 上单调递增，且 $\arcsin x_1, \arcsin x_2 \in \left[-\frac{\pi}{2},\frac{\pi}{2}\right]$，

$\therefore \sin(\arcsin x_1) \geqslant \sin(\arcsin x_2)$，即 $x_1 \geqslant x_2$，与题设矛盾.

$\therefore \arcsin x_1 < \arcsin x_2$，反正弦函数 $y=\arcsin x$ 在区间 $[-1,1]$ 上是增函数.

（三）反正弦函数的应用

例 1　求函数 $y=\pi-\arcsin x$，$x\in[0,1]$ 的反函数.

解：$\sin y=\sin(\pi-\arcsin x)=\sin(\arcsin x)=x$，得 $y=\sin x$，$x\in\left[\frac{\pi}{2},\pi\right]$.

例 2　求函数 $y=2+\sin x$，$x\in\left(\frac{\pi}{2},\frac{3\pi}{2}\right)$ 的反函数.

解：$\because x\in\left(\frac{\pi}{2},\frac{3\pi}{2}\right)$，$\therefore -x\in\left(-\frac{3\pi}{2},-\frac{\pi}{2}\right)$，$\pi-x\in\left(-\frac{\pi}{2},\frac{\pi}{2}\right)$.

又 $y=2+\sin x=2+\sin(\pi-x)$，$\sin(\pi-x)=y-2$，$\pi-x=\arcsin(y-2)$，

$\therefore x=\pi-\arcsin(y-2)$. $\therefore y=\pi-\arcsin(x-2)$，$x\in(1,3)$.

小结：这节课，我们学习了反正弦函数及其图像与性质，了解了符号 arcsin 的含义，并应用反正弦解决了实际问题.

五、教学设计说明

怎样的问题链才能揭示“反正弦函数的本质”是我们在进行教学设计时主要关注的问题.

在教学设计时，我们主要考虑两个核心问题：

一是为什么要学习反正弦函数，这是因为三角中若已知角的正弦值，我们希望能通过某种方法，把这个角反表示出来，并且进一步考虑当正弦值在区间 $[-1,1]$ 内变化时，相应的这个角怎么变？这就是探讨一个函数的反函数的问题.

二是如何展示反正弦函数概念的形成过程？利用反函数的概念判断正弦函数是否存在反函数，在什么条件下一个函数存在反函数，利用函数与反函数的关系，探究反正弦函数具有什么性质. 基于这样的理解和认识，我们设计了上述问题 1—4 的问题链.

通过对问题 2 的探究，引出反正弦函数的定义；问题 3 和问题 4 的目的是从函数的角度进一步理解与认识反正弦函数的概念.

六、教学反思

本节课是以问题链为线索，引导学生由浅入深地逐步理解和掌握反正弦函数的概念. 因为问题链如何设计，如何展开是我需要着重研究和反思的课题. 因此，我谈几点自己的反思和体会.

（一）问题的设计与展开要注意揭示数学概念的本质

这部分内容在前面教学设计中已经有详细说明.

（二） 问题的设计与展开要考虑学生的认知基础

在问题的设计与展开过程中，要充分考虑学生现有的认知基础，要思考所学知识所需要的知识基础，要弄清楚所学的内容，它的生长点在哪里？这个生长点是否已经植入学生的大脑中？“反正弦函数”这节课的生长点就是“反函数的概念”，有了“反函数”这颗“种子”，反正弦函数才会在学生的大脑中生根发芽，也就是我们常常说的“应该从学生已有的知识与已有的方法中逐步引出新的知识与新的方法”. 所以在问题 1 出现之前，我们首先复习反函数的概念：提出“一个函数存在反函数的条件是什么”的问题，此后的一系列问题都建立在反函数概念的基础上. 从一定意义上讲，这些问题的解决也促进了学生对反函数概念的理解.

（三）问题的设计要注意符合学生的认知习惯

对学生来讲，抽象的、概括性的问题，大都会引起学生思维的障碍. 所以在对问题的设计和展开过程中，要充分考虑学生的认知习惯和认知风格，合理分解问题，要注意由简单到复杂，由具体到抽象.

（四）问题的设计与展开要善于激发和利用学生的认知冲突

对于新概念的学习，要多问几个为什么，尤其要引导学生多问“为什么”，因为这样做不仅可以帮助学生深刻理解概念，也能帮助学生形成良好的思维习惯. 在教学过程中，在解决“为什么”这类问题时，要善于制造和激发学生的认知冲突，在探究冲突中达到对知识的理解和掌握.

在认识“$\arcsin x$ 的意义”时，我提出：“$\arcsin x$ 表示什么？”一个学生回答：“$\arcsin x$ 表示一个角，它的正弦值是 x. ”此时这个回答可能反映了大多数学生对符号 $\arcsin x$ 的理解，而这个理解是不完整的. 我认为在这里花点时间将概念理清是值得的. 于是，我制造了这样的认知冲突：正弦值是 x 的角都能用 $\arcsin x$ 来表示吗？

学生甲：“这里的 x、y 是一一对应的，所以 $\arcsin x$ 只能表示一个角. 如前面提到的 $\arcsin\dfrac{1}{2}$只能是$\dfrac{\pi}{6}$.

学生乙：$\arcsin x$ 表示的是一个取值范围在区间 $\left[-\dfrac{\pi}{2},\dfrac{\pi}{2}\right]$ 内的角，它的正弦值为 x.

由此，我们可以归纳出 $\arcsin x$ 所表示的意义.

认识了 $\arcsin x$ 的意义后，自然又产生了这样的问题：将反正弦函数定义在区间

$\left[-\frac{\pi}{2},\frac{\pi}{2}\right]$上研究方便在哪里？为此我又制造了这样的认知冲突：学习了反正弦函数后，我们能解决前面提出的问题：$\sin x=\frac{1}{3}$，$x=?$，$x\in(0,\pi)$吗？学生经过讨论，得出应分两种情况，当$x\in\left(0,\frac{\pi}{2}\right)$时，则$x=\arcsin\frac{1}{3}$；当$x\in\left(\frac{\pi}{2},\pi\right)$时，不能用$\arcsin\frac{1}{3}$表示. 怎么办？观察后发现它们是一对补角，所以由$x+\arcsin\frac{1}{3}=\pi$得$x=\pi-\arcsin\frac{1}{3}$. 接着又有学生发现可以把角$x$化为$\left[-\frac{\pi}{2},\frac{\pi}{2}\right]$内的角$\pi-x=\arcsin\frac{1}{3}$，再用诱导公式$\sin(\pi-x)=\sin x$，$\pi-x\in\left(0,\frac{\pi}{2}\right)$来求解. 由此得出结论：对于不在区间$\left[-\frac{\pi}{2},\frac{\pi}{2}\right]$内的角，只要转化到区间$\left[-\frac{\pi}{2},\frac{\pi}{2}\right]$内就能用反正弦函数值表示，而诱导公式能将一个任意角三角比化为锐角三角比. 这样设计使学生在不断的和原有认知的冲突中，找到解决问题的方法，同时也理解了为什么把反正弦函数定义在区间$\left[-\frac{\pi}{2},\frac{\pi}{2}\right]$上研究比较方便.

（五）问题的设计与展开要注意提高课堂教学的效率

首先要明确重点与难点，应该把主要时间与精力花在难点的突破与重点的理解上. 比如将原本在课堂上反函数的复习环节改为放在课前预习阶段完成.

其次要激发学生的兴趣，学生主动投入了，我们的课堂才会更有效率. 前面所述的制造和利用学生的认知冲突就是一种很好的激发兴趣的方法. 另外，适当介绍一些数学知识的来由，也能激发学生探索的热情.

七、专家点评

在“问题驱动”数学概念教学中，教师需要预设一系列导致概念发生的过程，反映数学概念本质的问题来驱动学生思考，使学生在解决问题过程中获得概念的不断抽象形式，从而把握概念的实质内涵. 因此“问题”是核心. 如何设计问题，如何展开问题，如何以问题（或问题链）为中心开展数学知识与数学方法的学习？这是问题驱动教学成败的关键.

这节课所设计的一系列问题链既体现了教学的核心内容，揭示了反正弦函数的本质；同时也充分考虑了学生在学习本节课时的知识储备和心理特点. 根据这个年龄段学生的好奇心较强的特点，设置一些情境问题，把学生主动探究的精神激发出来，有利于后继问题的探究.

教师在实施教学时，能善于应变，灵活掌握，对于学生自然生成的问题，有取舍. 节省下来时间用于探索关键问题，这样整个课堂教学的效率就比较高，教学节奏也更为紧凑.

高二年级
上学期

等比数列的前 n 项和(第一课时)

上海市行知中学　吴艳军

一、教学目标

(一)知识与技能

1. 引导学生发现等比数列前 n 项和,体会等比数列前 n 项和的证明方法.
2. 等比数列的前 n 项和公式灵活应用.
3. 当 $q=1$ 或 $q\neq1$ 时,等比数列公式的选择.

(二)过程与方法

1. 经历数学探究活动的过程,体会数学的简约、严谨之美.
2. 实践由具体到一般的归纳论证过程.

(三)情感、态度与价值观

1. 通过等比数列前 n 项和的证明方法,培养学生的探索精神和创新意识.
2. 以数学的思维方式解决问题,领会数学的应用价值和科学价值.

二、教学重点与难点

(一)教学重点

1. 等比数列的前 n 项和的证明方法.
2. 知道 n、S_n、q 的任意两个值求得第三个变量的值.
3. 能将实际问题转化为数学问题,并利用等比数列前 n 项解决问题.

(二)教学难点

1. 发现并证明等比数列的前 n 项和.
2. 知道 n、S_n、q 的任意两个值求得第三个变量的值.

三、教学方法与教学手段

(一)教学方法

以学生为中心、问题为驱动,引导探究,启发式教学.

（二）辅助教学手段

多媒体辅助教学.

四、教学流程设计

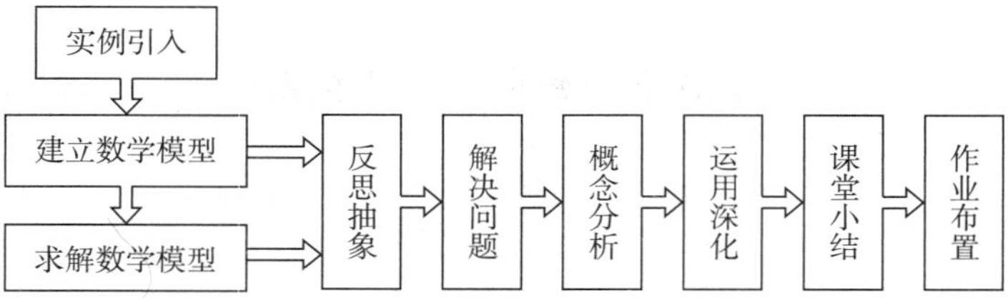

五、教学过程

（一）数学探究、引入新知

教师：上课前，先给同学们讲一个关于印度国王西拉谟与国际象棋发明家的故事. 相传国王要奖励国际象棋发明者，问他有什么要求，发明者说："请在棋盘上的 64 格中的第 1 格放入 1 粒麦粒，第 2 格放入 2 粒麦粒，第 3 格放入 4 粒麦粒，第 4 格放入 8 粒麦粒，依此类推，每一个格子放的麦粒数都是前一个格子里放的麦粒数的 2 倍，直到放完 64 个格子为止."国王立即答应了.

问国王将会给发明者多少粒麦粒？

说明：以小故事切入，具有趣味性，利用了学生的好奇心，也有利于知识的迁移，明确知识的现实应用.

1. 建立数学模型

求麦粒的数目，实际上是什么数学问题呢？

学生：实际是计算 $1+2+2^2+\cdots+2^{63}(=S_{64})$的值，即求以 1 为首项、以 2 为公比的等比数列的前 64 项的和.

2. 求解数学模型

观察上式的特点，启发学生找到解决问题的方法.

方法与等差数列类比.

在推导等差数列的前 n 项和时，充分利用了公差，即 $a_2=a_1+d$，$a_3=a_1+2d$，$a_4=a_1+3d$，…，$a_n=a_1+(n-1)d$；另外又可以写为 $a_{n-1}=a_n-d$，$a_{n-2}=a_n-2d$，…，$a_1=a_n-(n-1)d$，这才有了逆序相加法.

那么，对于等比数列是否也可以充分利用公比呢？

（学生自主探究，可以相互交流）

类比：每一项乘以 2 后都得到它的后一项.

$S_{64}=1+2+4+8+\cdots+2^{63}$，$2S_{64}=2+4+8+\cdots+2^{64}$.

上述两式右边有 62 项相同，相减，得 $S_{64}=2^{64}-1$.

据查每千克小麦约 10 万粒，S_{64} 约 1.84×10^{11} 吨. 2004 年世界粮食总产量为 2.25×10^{9} 吨，因此 S_{64} 相当于 2004 年世界粮食总产量的 82 倍.

课堂说明：解决问题的关键是意识到 $1+2+4+\cdots+2^{63}$ 的模型就是前 63 个格子里麦粒数目的和，即等比数列前 64 项的和.

3. 反思抽象

以上解决了一个特殊等比数列前几项的求和，那么对于一般的等比数列，我们可以提出什么问题呢？并加以解决.

说明：问题由学生提出，训练学生发现问题、提出问题的能力.

一般地，设等比数列$\{a_n\}$的公比为 q，则

$S_n=a_1+a_2+a_3+\cdots+a_n=a_1+a_1q+a_1q^2+\cdots+a_1q^{n-1}$.

4. 解决问题

从特殊问题推广到一般问题，是否可以继续使用解决特殊问题的方法呢？试一试.

说明：板书时，可以利用前面的特殊化例子，将 2 改为 q 即可，一方面可以节约时间和板书空间，另一方面让学生体会特殊性与一般性的关系.

$S_n=a_1+a_1q+a_1q^2+\cdots+a_1q^{n-1}$，　　①

$qS_n=qa_1+a_1q^2+a_1q^3+\cdots+a_1q^{n-1}+a_1q^n$.　　②

①－②，得 $S_n-qS_n=a_1-a_1q^n$，即$(1-q)S_n=a_1(1-q^n)$.

当 $q\neq1$ 时，$S_n=\dfrac{a_1(1-q^n)}{1-q}$；

当 $q=1$ 时，$a_1=a_2=\cdots=a_n$，则 $S_n=na_1$.

这个过程完全是特殊化问题的翻版，可以让学生直接回答，进一步理解公式的推导方法和过程.

(二) 概念分析

(1) 对问题结构的观察分析，不同的视角获得不同的解题方法，要勤思考.

(2) 上述“解决问题”中的方法称为错位相减法. 这是一种重要的解题方法，不仅仅在解决数列问题时有重要应用，而且在类似问题(如：函数)中也将发挥它的作用. 我们既重视公式的应用，也要重视公式的推导方法.(重结论也重过程)

(3) 使用等比数列的前 n 项和公式，必须注意公比是否等于 1，$q=1$ 与 $q\neq1$ 的公式形式是不一样的.

(4) 当 $q\neq1$ 时，求和公式将根据已知条件有不同的选择.

$S_n=\dfrac{a_1(1-q^n)}{1-q}$，$S_n=\dfrac{a_1-qa_n}{1-q}$.

(5) 求和公式中有 5 个量 a_1、q、n、a_n、S_n，结合等比数列的通项公式，分析得到：若已知其中的 3 个量，则可以求得其他的 2 个量，即所谓的“知三求二”.

(三) 变式训练，知识强化

例 1 求等比数列 $\frac{1}{2}$，$\frac{1}{4}$，$\frac{1}{8}$，…的前 8 项和.

解：$\because q=\frac{1}{2}$，$\therefore S_8=\dfrac{\frac{1}{2}\left[1-\left(\frac{1}{2}\right)^8\right]}{1-\frac{1}{2}}=\frac{255}{256}$.

练习 1：求等比数列 1，2，4…从第 5 项到第 10 项的和.

解：$S=S_{10}-S_4=\frac{1-2^{10}}{1-2}-\frac{1-2^4}{1-2}=1\ 008$.

练习 2：一条信息，若一人得知后用一小时将信息传给两个人，这两个人又用一小时各传给未知此信息的另外两人，如此继续下去，一天时间可传遍多少人？

解：$1+2+2^2+\cdots+2^{23}=\frac{1-2^{24}}{1-2}=2^{24}-1$.

答：一天时间可以传给 $2^{24}-1$ 人.

练习 3：在等比数列中，$a_1+a_n=66$，$a_2a_{n-1}=128$，$S_n=126$，求 q 与 n.

解：$\because a_1+a_n=66$，$a_2a_{n-1}=128$，$\therefore a_1a_n=128$.

$\therefore a_1=2$，$a_n=64$ 或 $a_1=64$，$a_n=2$.

又 $S_n=126$.

$\therefore \begin{cases}2\cdot\frac{1-q^n}{1-q}=126,\\ 2q^{n-1}=64,\end{cases}$ 或 $\begin{cases}64\cdot\frac{1-q^n}{1-q}=126,\\ 64q^{n-1}=2.\end{cases}$

解得 $\begin{cases}q=2,\\ n=6,\end{cases}$ 或 $\begin{cases}q=\frac{1}{2},\\ n=6.\end{cases}$

例 2 求和：$\frac{1}{y}+\frac{1}{y^2}+\cdots+\frac{1}{y^n}(y\neq0,y\neq1)$.

解：$S_n=\frac{1}{y}+\frac{1}{y^2}+\cdots+\frac{1}{y^n}=\frac{1}{y}\cdot\dfrac{1-\frac{1}{y^n}}{1-\frac{1}{y}}=\frac{1-y^n}{(1-y)y^n}$.

变式 1 求和：$\frac{1}{y}+\frac{1}{y^2}+\cdots+\frac{1}{y^n}(y\neq0)$.

解：需要分类讨论.

当 $y\neq 0, y\neq 1$ 时,$S_n=\frac{1}{y}+\frac{1}{y^2}+\cdots+\frac{1}{y^n}=\frac{1}{y}\cdot\frac{1-\frac{1}{y^n}}{1-\frac{1}{y}}=\frac{1-y^n}{(1-y)y^n}$;

当 $y=1$ 时,$S_n=n$.

变式 2 求和:$\left(x+\frac{1}{y}\right)+\left(x^2+\frac{1}{y^2}\right)+\cdots+\left(x^n+\frac{1}{y^n}\right)(x\neq 0, y\neq 0)$.

提示:采用分组法求和,需要对 x、y 进行分类讨论,类似于变式 1.

说明:采用变式教学题组,深化学生对公式的认识和理解,通过直接套用公式—变式运用公式—研究公式特点这三个层次的问题解决,促进学生新的数学认知结构的形成. 通过以上形式,让全体学生都参与教学,培养学生的参与意识和竞争意识.

(四)课堂小结

先由学生进行小结,再由教师进行小结. 本节课从一个实例出发,探索了等比数列的前 n 项和公式. 错位相减法是我们的重要收获. 不仅要重视探索得到的结论,更应重视探究的过程,重视思维方法(还有两种推导方法). 应用求和公式时一定要首先判断等比数列的公比是否等于 1,再选择公式. 本节课渗透的数学思想方法有方程思想、等价转化.

课后思考:推导等比数列前 n 项和的公式还有其他方法吗?

六、作业布置

1. 必做:练习册 7.3 节 A 组:10,11,12.

选做:思考题 1. 求和:$x+2x^2+3x^3+\cdots+nx^n$;

2. 远望巍巍塔七层,红光点点倍加增,共灯三百八十一,请问尖头几盏灯?

七、教学建议与说明

1. 根据学生认知心理特点,采用从特殊到一般的方式推进教学.

2. 具体实例是浅层次要求,使学生有概括印象,从而推广到一般情形. 让学生自己推广,提出问题,培养学生思维能力.

3. 重点是公式的推导,这是培养学生思维深刻性、灵活性、严密性的良好素材,要充分利用这一时机.

4. 公式推导中,以启发性强的设问层层推进,让学生尝试探索,提供学生自主学习的时间和空间,创设宽松的、开放式的环境,可以小组讨论等,点燃学生思维火花,培养学生的创新意识和胆量.

八、教学反思

现实课堂教学中必然会有教师备课中预想不到的问题出现,恰如其分地处理能反映教师的机智，更表现了尊重学生、以学生发展为本的理念. 比如，在求解 $S_{64}=1+2+4+\cdots+2^{63}$ 时，有学生注意到了数字的特殊性，灵活解决，如 $1+S_{64}=1+1+2+4+\cdots+2^{63}=2+2+4+\cdots+2^{62}=\cdots=4+4+8+\cdots+2^{63}=\cdots=2^{64}$，则 $S_{64}=2^{64}-1$. 简单明了. 若将公比 2 改为 3，则该方法就不能发挥作用，真正体现了具体问题具体分析，解决特殊性的方法不见得适用于一般性. 抓住时机进一步理解特殊与一般的关系. 由等比数列的定义，运用比例的性质探索求和的方法学生不容易想到，需要教师启发引导，“回到定义去!”并及时进行数学文化渗透：这是两千多年前欧几里得的《几何原本》中提到的方法. 解决问题的方法多样化，但都紧紧围绕等比数列的定义，所谓“一题多解，多解归一”，强调解决问题的突破点和实质，并强调错位相减法的重要性：在解决特殊数列求和中的价值体现.

九、专家点评

本课是等比数列前 n 项和第一课时，在引入阶段，从已有的知识出发，通过类比等差数列前 n 项和的推导过程得出等比数列前 n 项和公式，符合逐次递进的思想，增强了学生的数学思考能力.

例题设置难易得当，讲解深入浅出，呈螺旋式层层递进，符合学生的思维习惯和学习过程，并且对公式的应用条件进行分类讨论，加深对数学概念，以及解题严谨性的理解.

可以看出教师的讲解脉络清晰，详略得当，对重点的把握和难点的突破处理得流畅. 师生互动好、教师有激情，学生积极性调动得较充分，课堂氛围和谐.

数列的最值初步研究

上海市市东中学　浦静滢

一、教学目标

1. 通过对一些具体数列(通项公式明确)的最值问题的解答,掌握一些求数列最值的方法,类比函数最值,理解数列最值的含义.

2. 通过对等差数列前 n 项和的最值研究,经历从函数视角出发研究数列最值的过程,体会"从特殊到一般"以及"转化"的思维策略,提高将所学知识加以融会贯通的能力.

3. 通过利用函数思想研究数列的最值,明确两者之间的内在联系,知道数学内容中普遍存在着相互联系、相互转化的规律,体会温故而知新的道理,建立利用已有知识指导解决新问题的思想观念.

二、教学重点与难点

(一)教学重点

运用函数思想研究数列最值问题.

(二)教学难点

数列最值问题研究中的类比和推广.

三、教学方法

以学生为中心,问题变式为驱动,运用转化的思维策略引导探究、启发式教学.

四、教学流程

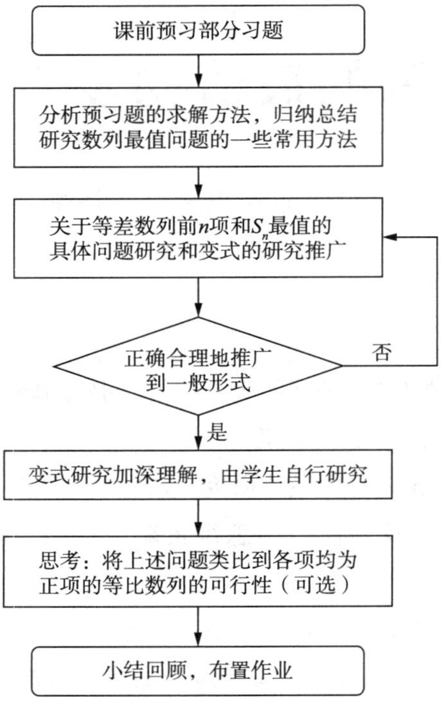

五、教学过程

（一）预习演练

1. 求下列数列$\{a_n\}$的最值

(1) 已知 $a_n=-n^2+7n(n\in\mathbf{N}^*)$，求 a_n 的最大值.

解：$a_n|_{max}=a_3=a_4=12$.

(2) 已知 $a_n=n+\frac{156}{n}(n\in\mathbf{N}^*)$，求 a_n 的最小值.

解：$a_n|_{min}=a_{12}=a_{13}=25$.

(3) 已知 $a_n=\sin\frac{n\pi}{2}(n\in\mathbf{N}^*)$，求 a_n 的最大值和最小值.

解：$a_n|_{max}=a_{4k+1}=1$，$a_n|_{min}=a_{4k+3}=-1(k\in\mathbf{N})$.

2. 求下列数列$\{a_n\}$的最值

(1) 已知 $a_n=n^3-25n+24(n\in\mathbf{N}^*)$，求 a_n 的最小值.

解：$a_n|_{min}=a_3=-24$.

(2) 已知 $a_n=(n+1)\left(\frac{9}{10}\right)^n(n\in\mathbf{N}^*)$，求 a_n 的最大值.

解：$a_n|_{max}=a_8=a_9=\frac{9^9}{10^8}$.

3. 问题反思

(1) 类比函数的最值，如何定义数列的最值？

(2) 如何理解数列与函数的相互关系？

(3) 求数列最值有哪些常见方法？

4. 归纳小结

(1) 已知数列$\{a_n\}$，对于任意的$n\in\mathbf{N}^*$，存在$m\in\mathbf{N}^*$，有$a_n\leqslant a_m(a_n\geqslant a_m)$，则称$a_m$为数列$\{a_n\}$的最大(小)值.

(2) 数列可以看作是定义域为正整数集(或其子集)的函数.

(3) 研究数列最值的一些常用方法：

① 运用常见函数的特点(注意$n\in\mathbf{N}^*$对问题的影响)；

② 运用数列单调性的定义.

(二) 问题探究

1. 问题引入

在预习演练中，每个数列的通项公式皆已明确，可从函数解析式着手加以解决，若通项公式不明时又当如何解决呢？看下面问题：

例 设等差数列$\{a_n\}$的前n项和为S_n，已知$a_1<0$，$S_8=S_{13}$，则当n取何值时，S_n最小？

题意解读：(1)$a_1<0$对S_n的最值有何影响？(2)$S_8=S_{13}$有何意义？(3)等差数列的前n项和S_n有何特征？

参考解答：具体讲解视学生实际表现情况而定.

解法一：由$S_{13}-S_8=a_9+a_{10}+a_{11}+a_{12}+a_{13}=5a_{11}=0$，

可知当$1\leqslant n\leqslant 10$时，$a_n<0$；当$n=11$时，$a_n=0$；当$n\geqslant 12$时，$a_n>0$. $(n\in\mathbf{N}^*)$

所以当$2\leqslant n\leqslant 10$时，$S_n<S_{n-1}$；当$n=11$时，$S_n=S_{n-1}$；当$n\geqslant 12$时，$S_n>S_{n-1}$. $(n\in\mathbf{N}^*)$

由数列$\{S_n\}$的单调性知：当$n=10$或11时，S_n最小.

解法二：$S_n=\frac{d}{2}n^2+\left(a_1-\frac{d}{2}\right)n\ (d>0,n\in\mathbf{N}^*)$，其对应的二次函数对称轴为$n=10\frac{1}{2}$.

因为$n\in\mathbf{N}^*$，所以当$n=10$或11时，S_n最小.

2. 问题变式1

(1) 如果将$a_1<0$改为$a_1>0$，其他条件不变，会对问题产生怎样的影响？

(2) 在$a_1<0$的情形下，如果将$S_8=S_{13}$推广到一般情况：$S_p=S_q(p、q\in\mathbf{N}^*,p<q)$，其他条件不变，如何求数列的最值？

分析：(1) 研究 S_n 的最大值.(可根据问题引入中的题意解读三个步骤进行分析)

(2) $S_n=\frac{d}{2}n^2+\left(a_1-\frac{d}{2}\right)n(d>0,n\in\mathbf{N}^*)$，其对应二次函数的对称轴为 $n=\frac{p+q}{2}$.

因为 $n\in\mathbf{N}^*$，p、$q\in\mathbf{N}^*$，$p<q$，

所以若 p、q 同奇同偶，则当 $n=\frac{p+q}{2}$ 时，S_n 最小；

若 p、q 一奇一偶，则当 $n=\frac{p+q-1}{2}$ 和 $n=\frac{p+q+1}{2}$ 时，S_n 最小.

(以上为参考分析，具体情况根据学生的回答进行调整)

3. 问题变式 2

设等差数列$\{a_n\}$的前 n 项和为 S_n，已知 $a_1>0$，$S_k>0$，$S_{k+1}<0(k\in\mathbf{N}^*)$，则当 n 取何值时，S_n 最大？

分析①：$a_1>0$，公差 $d<0$.

因为 $S_n=\frac{(a_1+a_n)\times n}{2}$，所以由 $S_k>0$ 得 $a_1+a_k>0$，由 $S_{k+1}<0$ 得 $a_1+a_{k+1}<0$.

当 k 为奇数时，

$a_1+a_k=2a_{\frac{k+1}{2}}>0$ 得 $a_{\frac{k+1}{2}}>0$；$a_1+a_{k+1}=a_{\frac{k+1}{2}}+a_{\frac{k+3}{2}}<0$ 得 $a_{\frac{k+3}{2}}<0$.

由 $a_1>0$，$d<0$ 可知，当 $1\leqslant n\leqslant\frac{k+1}{2}$ 时，$a_n>0$；当 $n\geqslant\frac{k+3}{2}$ 时，$a_n<0$.

所以当 $n=\frac{k+1}{2}$ 时，S_n 最大.

当 k 为偶数时，

$a_1+a_k=a_{\frac{k}{2}}+a_{\frac{k+2}{2}}>0$，$a_1+a_{k+1}=2a_{\frac{k+2}{2}}<0$，得 $a_{\frac{k+2}{2}}<0$，所以 $a_{\frac{k}{2}}>0$.

由 $a_1>0$，$d<0$ 可知，当 $1\leqslant n\leqslant\frac{k}{2}$ 时，$a_n>0$；当 $n\geqslant\frac{k+2}{2}$ 时，$a_n<0$.

所以当 $n=\frac{k}{2}$ 时，S_n 最大.

分析②：设 S_n 对应的二次函数 $y=f(x)$ 的零点为 $x=x_0$，则 $x_0\in(k,k+1)$.

$y=f(x)$ 的对称轴为 $x=\frac{x_0}{2}$，其中 $\frac{x_0}{2}\in\left(\frac{k}{2},\frac{k+1}{2}\right)$.

当 k 为奇数时，$\frac{k+1}{2}\in\mathbf{N}^*$，所以当 $n=\frac{k+1}{2}$ 时，S_n 最大.

当 k 为偶数时，$\frac{k}{2}\in\mathbf{N}^*$，所以当 $n=\frac{k}{2}$ 时，S_n 最大.

思考：通过对等差数列的前 n 项和 S_n 的最值问题的探究，能否将该问题类比到各项均为正数的等比数列中，写出一个正确的命题，并加以证明.

研究流程：(根据学生讨论后提出的具体内容进行分析和研究)

① 学生小组讨论;

② 以小组为单位提出命题,并给出相应证明;

③ 其他同学进行评价,如发现错误则进行修正.

(三)小结回顾

1. 数列是定义域为正整数集(或其子集)的函数,所以研究数列的最值问题,常常从函数的思想和观点出发,借助函数的图像和性质来进行研究.

2. 类比思想是研究等差数列和等比数列的常用方法,在研究数列最值的问题上也可运用此类思想方法.

3. 数学中普遍存在相互联系和相互转化的规律,了解这些规律可以帮助我们将所学的数学知识进行归纳,使之系统化,加深对数学知识的理解和认知.

(四)课后作业

1. 等差数列$\{a_n\}$中,$a_1>0$,$a_{18}+a_{19}=0$,则$\{a_n\}$的前n项和S_n中最大的是( ).

(A) S_8 (B) S_9 (C) S_{18} (D) S_{17}

2. 等差数列$\{a_n\}$中,S_n是它的前n项和,满足$S_6<S_7$且$S_7>S_8$,给出下列命题:

(1) 数列$\{a_n\}$中前7项是递增的,从第8项开始递减;(2) S_9一定小于S_6;(3) a_1是最大项;(4) S_7不一定是S_n的最大值.其中正确的命题的序号是__________.

3. 数列$\{a_n\}$中,$a_n=n+\dfrac{20}{n}$,则当$n=$__________时,a_n取最小值.

4. 数列$\{a_n\}$中,$a_n=\dfrac{4n-39}{2n-15}$,则数列$\{a_n\}$中有没有最小项或最大项?若有,是第几项?

5. 已知$f(x)=\log_a x(a>0,a\neq1)$,且$2,f(a_1),f(a_2),\cdots,f(a_n),2n+4(n\in\mathbf{N}^*)$组成等差数列.

(1) 求数列$\{a_m\}(1\leqslant m\leqslant n,m、n\in\mathbf{N}^*)$的通项公式$a_m$;

(2) 令$C_m=a_m\log_a a_m$,是否存在实数a,使得数列$\{C_m\}$中任一项恒小于它后面的项?若存在,求出a的范围;若不存在,说明理由.

六、教学设计说明

(一)教学内容分析

本节课是上教版高中数学二年级第一学期第七章《数列与数学归纳法》第一部分“数列”的复习课.主要内容是研究等差数列的最值以及等比数列最值的类比推广.本堂课属于拓展课.从知识体系上看,是经历从函数视角出发研究数列最值的过程,明确函数和数列在知识体系上的内在联系.体会“从特殊到一般”以及“转化”的思维策略,知道数学中普遍存在相互联系、相互转化的规律，体会温故而知新的道理，建立利用已有知识指导解决新问题的思想观念.

（二）学情分析

高二学生已经经历过“函数”的学习，对于函数的最值有比较全面的了解. 在学习数列知识之后，对于等差数列和等比数列的知识相对比较熟悉，但是函数和数列之间存在的内在联系是学生比较容易忽略的. 在如何将两者的知识体系和研究方法进行转化和贯通上，还存在可以进一步引导的空间.

（三）教法与学法分析

本节课选用了“从一般到特殊”以及“变式”教学的模式，这是基于以学生为主体，希望学生在课堂中通过观察、发现和探究的方式得到正确结论. “从一般到特殊”的方式使得学生在研究这部分内容的时候，将一个比较抽象难懂的问题进行合理分层，在特殊问题研究的基础上，将研究方法推广到一般问题. 在“变式”教学的过程当中，以已经解决的问题为基础，改变某些条件从而产生新的问题，并且关注这些改变的条件对于问题的影响来解决新问题. 在变式过程中，不仅让学生观察和探究了新问题，也增强了他们发现问题和提出问题的能力.

七、板书设计

数列的最值初步研究

（一）预习演练
……
（二）问题探究
1. 问题引入：……
解法一：……
解法二：……

2. 问题变式 1：……
分析：(1)……(2)……
3. 问题变式 2：……
分析①：……
分析②：……

思考：（学生分析内容）
……

八、课堂反思

本节课是“数列”学习之后的复习拓展课. 课堂教学设计以发现问题作为线索，以“从一般到特殊”“问题变式”等方法作为推进方法，符合学生的思维特点. 在巩固数列知识的同时，让学生了解函数知识和数列知识之间的内在联系，并在数学问题的研究方法上进行类比和推广.

反思本节课，完成了教学任务，学生在问题发现和问题探究中也比较投入，小组讨论和互动比较充分.本节课的容量较大,对于学生思维的要求层层递进,对于学习能力中等以上的学生开展比较顺利,个别学习能力相对较弱的学生在本节课的推进过程中,对于比较抽象的问题在掌握上还有一定的困难.如何在课堂中开展更加合理的分层教学,提出不同层次的目标来符合不同能力学生的需求,是教师可以在今后课堂中进一步思考和尝试的.

九、专家点评

本节课是“数列”学习之后的复习拓展课.该内容的教学将数列知识与高一所学的函数知识进行联系,通过函数最值的研究和数列最值的研究方法类比推广作为教学内容,在复习巩固的同时,使学生意识到数学知识的内在联系,进而产生将数学知识系统化的认知.

在教学开展的过程中,注意从特例出发,并将研究方法和结果一般化,为学生研究一类问题提供了具有可操作性的思路和方法.

关注“问题变式”的教学,通过改变问题中的条件来引发学生新的思考.在“问题变式”的研究中,关注条件改变对问题本质产生的影响,引导学生从问题的本质改变来进行思考和分析,进而对问题解决的方法进行调整.以学生比较熟悉的等差数列的最值问题作为研究的主要对象,并在此基础上将问题推广到等比数列的最值研究,在“问题变式”研究的基础上鼓励学生自己将问题进行推广,使其经历“发现问题—分析问题—解决问题”的过程,使学生从一开始在教师引导下进行学习发展成为自主学习和小组互动学习.

向量的数量积(第一课时)

上海市少云中学　张　谊

一、设计说明

向量作为一种运算工具，其知识体系是从实际的物理问题中抽象出来的，它在解决几何问题中的三点共线、垂直、求夹角和线段长度、确定定比分点坐标以及平移等问题中具有易理解和易操作的特点.

对于平面向量的数量积的学习来说，要让学生从生活实例或是其他已有知识来认识平面向量的数量积，更重要的是让学生从数与形两个方面来理解平面向量的数量积的意义，通过思考，运用数形结合、一般到特殊的数学思想方法来掌握数量积的本质，并不是机械地记忆公式、死套公式和法则，做到了“知其然”，还“知其所以然”. 经过与原有知识的结合，同化数量积的概念，提高逻辑推理能力.

二、教学目标

(一) 知识与技能

1. 使学生了解向量的数量积的抽象根源.
2. 使学生理解向量的数量积的概念：两个非零向量的夹角、定义、本质以及几何意义.
3. 使学生了解向量的数量积的运算律.
4. 掌握向量的数量积的主要变化式.

(二) 过程与方法

1. 从物理中的物体受力做功，提出向量的夹角和数量积的概念，然后给出两个非零向量的夹角和数量积的一般概念，并强调它的本质；接着给出两个向量的数量积的几何意义，提出一个向量在另一个向量方向上的投影的概念.

2. 给出向量的数量积的运算律，并通过例题具体地显示出来.

3. 由数量积的定义式，变化出一些特例.

(三) 情感、态度与价值观

激发学习数学的兴趣. 鼓励学生自己探索，有意识地灌输学生的一些基本的数学思想方法.

三、教学重点

平面向量数量积的概念.

四、教学难点

平面向量数量积的运算律.

五、教学设计

(一) 创设问题情境，引出新知

情境 1:我们学习了向量的哪些运算? 这些运算结果是什么?

设计意图:让学生回忆上一课时所学过的运算,得到这些运算的结果依旧是向量.

情境 2:一个物体在力 $\vec{F}$ 作用下发生了位移 $\vec{S}$,那么该力对物体做的功是多少? $W=|\vec{F}||\vec{S}|\cos\theta$.

设计意图:从物理学科中引用功的概念,得到力与位移的大小及其夹角余弦的乘积是一个数量,从而出现了向量的一种新的运算,这种运算的结果是数而不是向量,从学生已有的知识引入,易于学生接受.

(二)新知引入

1. 向量的夹角(预备知识)

对于两个非零向量 $\vec{a}$ 与 $\vec{b}$,如果以 O 为起点,作 $\overrightarrow{OA}=\vec{a}$,$\overrightarrow{OB}=\vec{b}$,那么射线 OA、OB 的夹角 θ 叫作向量 $\vec{a}$ 与向量 $\vec{b}$ 的夹角,θ 的取值范围是 $0\leqslant\theta\leqslant\pi$.

特别地,当 $\theta=0$ 时,表示向量 $\vec{a}$ 与向量 $\vec{b}$ 方向相同;当 $\theta=\pi$ 时,表示向量 $\vec{a}$ 与向量 $\vec{b}$ 方向相反.

强调:要使学生明确把向量的始点或终点重合是求向量夹角的前提,并理解向量夹角的范围.

2. $\vec{a}$ 与 $\vec{b}$ 的数量积(内积的定义)

$\vec{a}\cdot\vec{b}=$__________. 特例:$\vec{a}\cdot\vec{0}=$__________;$\vec{a}\cdot\vec{a}=$__________. 求 $\vec{a}$ 与 $\vec{b}$ 的夹角:$\cos\theta=$__________.

3. 平面向量数量积符合的运算律

$\vec{a}\cdot\vec{b}=$__________,$(k\vec{a})\cdot\vec{b}=$__________,$(\vec{a}+\vec{b})\cdot\vec{c}=$__________,$(\vec{a}+\vec{b})^2=$__________,$\vec{a}^2\cdot\vec{b}^2=$__________.

设计意图:和实数的运算律作对比,让学生直观地发现两者之间的相同和不同之处,尤其说明数量积不满足交换律的原因.

例题解析:(1) 讨论是否对任意向量 $\vec{a}$、$\vec{b}$,都有 $(\vec{a}+\vec{b})^2=\vec{a}^2+2\vec{a}\cdot\vec{b}+\vec{b}^2$.

(2) 讨论是否对任意向量 $\vec{a}$、$\vec{b}$,都有 $(\vec{a}-\vec{b})\cdot(\vec{a}+\vec{b})=\vec{a}^2-\vec{b}^2$.

设计意图:更进一步理解运算律的应用.

4. $\vec{a}\cdot\vec{b}$ 的几何意义

5. 向量 $\vec{b}$ 在向量 $\vec{a}$ 的方向上的投影

(1) $0\leqslant\theta<90°$;(2) $\theta=90°$;(3) $90°<\theta\leqslant 180°$.

向量 $\vec{b}$ 在向量 $\vec{a}$ 方向上的投影的表达式为____________________.

特别地:当 $\vec{a}$ 与 $\vec{b}$ 同向时,$\vec{a}\cdot\vec{b}=$____________________;

当 $\vec{a}$ 与 $\vec{b}$ 反向时,$\vec{a}\cdot\vec{b}=$____________________.

设计意图:这里就是希望学生能对向量的数量积从几何的角度有一定的认识,对"一个向量在另一个向量上的投影"这一解释,学生的理解需要一个过程,可以借助功的概念,再次强化.

强调:$\vec{a}^2=|\vec{a}|^2$.

6. $\vec{b}\perp\vec{a}\Leftrightarrow$__________.

设计意图:可以让学生讨论得出结论,并有完整的、充要性的证明.

例题解析:已知 $|\vec{a}|=3$,$|\vec{b}|=6$,当(1)$\vec{a}/\!/\vec{b}$,(2)$\vec{a}\perp\vec{b}$,(3)$\vec{a}$ 与 $\vec{b}$ 的夹角为 $60°$ 时,分别求 $\vec{a}\cdot\vec{b}$ 的值.

设计意图:强化学生对数量积的应用能力.

(三)新知强化

围绕向量的数量积的定义,可开发出解决几何问题中有用的知识:垂直的判断、夹角的计算和线段长度的计算,所以可用题目来对当堂知识进行强化.

1. 直接运算

已知 $|\vec{a}|=3$,$|\vec{b}|=4$,$\vec{a}$ 与 $\vec{b}$ 的夹角为 $60°$,求:

(1) $\vec{a}\cdot\vec{b}$ 与 $(\vec{a}+\vec{b})\cdot(\vec{a}-2\vec{b})$;

(2) 向量 $\vec{b}$ 在向量 $\vec{a}$ 的方向上的投影.

2. 夹角问题

(1) $|\vec{a}|=12$,$|\vec{b}|=9$,$\vec{a}\cdot\vec{b}=-54\sqrt{2}$,求 $\vec{a}$ 与 $\vec{b}$ 的夹角;

(2) $|\vec{a}|=3$,$|\vec{b}|=4$,$\vec{a}$ 与 $\vec{b}$ 的夹角为 $120°$,求 $|2\vec{a}+3\vec{b}|$;

(3) $|\vec{a}|=|\vec{b}|=1$,$\vec{a}\cdot\vec{b}=0$,且 $\vec{a}+\vec{b}$ 与 $k\vec{a}-\vec{b}$ 垂直,求实数 k 的值.

(四)新知反馈(小组合作)

1. 四边形 $ABCD$ 中,$\overrightarrow{AB}\cdot\overrightarrow{BC}=0$,$\overrightarrow{AB}=\overrightarrow{DC}$,则四边形 $ABCD$ 是__________形.

2. $|\vec{a}|=3$,$|\vec{b}|=4$,$\vec{a}$ 与 $\vec{b}$ 的夹角为 $60°$,则 $|\vec{a}+\vec{b}|=$__________.

3. $|\vec{a}|=\sqrt{2}$,$|\vec{b}|=3$,$\vec{a}$ 与 $\vec{b}$ 的夹角为 $45°$,求使得 $\vec{a}+k\vec{b}$ 与 $k\vec{a}+\vec{b}$ 的夹角为锐角的 k 的取值范围.

(五)课堂小结(小组展示)

学生自己总结出本节课的知识点,可以帮助学生消化本节课,并能培养学生归纳总结的能力、数学语言表达能力和自我整理的学习习惯.

1. 本节课主要学习了向量的数量积及其几何意义.

2. 类比功,得到了向量的重要性质.

3. 类比实数运算律,得到了向量数量积的运算律,并发现向量数量积与实数运算律的区别.

六、课后巩固

1. 平面两向量夹角的范围为________;$\vec{a}$ 与 $\vec{b}$ 的夹角为 θ,$|\vec{b}|\cos\theta$ 叫作 $\vec{b}$ 在向量 $\vec{a}$ 的方向上的________,它是一个________(填“向量”或“标量”).

2. $|\vec{a}|=2$,$|\vec{b}|=4$,$\vec{a}$ 与 $\vec{b}$ 的夹角为 $120°$,则 $\vec{a}\cdot\vec{b}=$________,$|\vec{a}+\vec{b}|=$________.

3. 向量 $\vec{b}$ 在向量 $\vec{a}$ 的方向上的投影为 $-\dfrac{\sqrt{2}}{2}$,$|\vec{a}|=12$,则 $\vec{a}\cdot\vec{b}=$________.

4. $\vec{a}=\vec{b}$ 是 $\vec{a}^2=\vec{b}^2$ 的________条件.

5. 下列式子中,正确的是________.

(A) 若 $\vec{a}\perp(\vec{b}-\vec{c})$,则 $\vec{a}\cdot\vec{b}=\vec{a}\cdot\vec{c}$　　(B) 若 $\vec{a}\cdot\vec{b}=\vec{a}\cdot\vec{c}$,则 $\vec{b}=\vec{c}$

(C) $|\vec{a}\cdot\vec{b}|=|\vec{a}||\vec{b}|$　　(D) $(\vec{a}\cdot\vec{b})^2=\vec{a}^2\vec{b}^2$

6. $|\vec{a}|=2$,$|\vec{b}|=\sqrt{2}$,$\vec{a}$ 与 $\vec{b}$ 的夹角为 $135°$,求 $|2\vec{a}+\vec{b}|+|\vec{a}-2\vec{b}|$.

7. $|\vec{a}|=4$,$|\vec{b}|=3$,$(2\vec{a}+\vec{b})\cdot(2\vec{a}-3\vec{b})=61$,求 $\vec{a}$ 与 $\vec{b}$ 的夹角.

六、课后反思

平面向量不仅与解析几何、三角函数联系紧密,而且在物理等学科中应用也十分广泛.

1. 教师应该如何准确地提出问题

本课时从学生熟知的功的概念出发,引出了平面向量数量积的概念,使学生领悟到数学来源于实践,又反过来作用于实践,以及反映在数学中的辩证关系,同时也适当降低了学生理解和掌握平面向量数量积这一概念的难度.

在教学中，我提出问题“对于平面向量的数量积的定义的认识，你认为应注意哪些问题?”这个问题问得不够具体，学生不知道该如何回答. 其实这个问题，我也曾考虑过该如何问，只是没有找到更合适的提问方法，能力有待加强.

2. 教师如何把握“收”与“放”的问题

何时放手让学生思考，何时教师引导学生，何时教师讲授，这是个值得思考的问题. 在教学中，学生小组间的讨论，教师还是参与过多，没敢放手太多. 对于运算律的探究，还应注重主次之分，不必面面俱到.

在教学过程中，我设计了即时练习和巩固练习两部分内容，即时练习是为了配合新知，教师带着学生一起思考完成，而巩固练习是通过小组合作讨论，让学生对当堂新知有一个及时的反馈巩固，进一步强调本课时的重点.

3. 教师要点拨到位

在学生出现问题后，教师要及时点评并加以总结，要重视思维的提升，提高学生的数学能力和素质.

本节课的教学难点是通过分析平面向量数量积的定义后，还要体会它的几何意义，从而使学生从代数和几何两方面对数量积的“质变”特征有充分的认识和理解. 数量积的运算律是通过和实数运算律相类比得到的，但还是需要有严谨的证明过程，使学生意识到数学的严密性.

七、专家点评

向量的数量积是向量章节中的一个重难点内容，数形关系结合紧密，理解应用的要求高，与解析几何、三角函数联系紧密，是高中阶段学习的难点之一. 本课在设计方面教师从物理中的做功出发，引出了平面向量数量积的概念，遵循了教材的逻辑，让学生便于理解. 教学过程中，教师课堂节奏把握较好，课堂气氛活跃，学生积极参与，学习效率较高.

向量的应用(第一课时)

上海市行知中学　宋园园

一、教学目标

(一)知识与技能

1. 知道向量作为工具在数学、生活中都有广泛的应用.

2. 运用向量的有关知识(向量加减法与向量数量积的运算法则等)解决平面几何中的相关问题以及简单的物理问题.

3. 引导学生自主探究向量在其他知识领域,如不等式、三角函数中的应用.

4. 渗透数形结合的思想,提高发现问题、分析问题、解决问题的能力.

(二)过程与方法

1. 经历数学探究活动的过程,体会数学的简约、严谨之美.

2. 实践由具体到一般的数学实现过程.

(三)情感、态度与价值观

1. 通过正弦定理的推导和证明,培养学生的探索精神和创新意识.

2. 以数学的思维方式解决问题,领会数学的应用价值和科学价值.

二、教学重点与难点

(一)教学重点

1. 引导学生自觉使用向量解决实际问题.

2. 初步掌握应用向量解决平面几何问题和物理问题的基本方法.

3. 通过用向量解决问题的过程,体会向量是一种处理问题的有力工具,并且发展学生的运算能力和解决实际问题的能力.

(二)教学难点

数形结合方法的渗透,思维能力的提高.

三、教学方法与教学手段

（一）教学方法

在“四动策略”的前提下，师生共同探究讨论，突出“学与导”.

（二）辅助教学手段

多媒体辅助教学.

四、教学流程

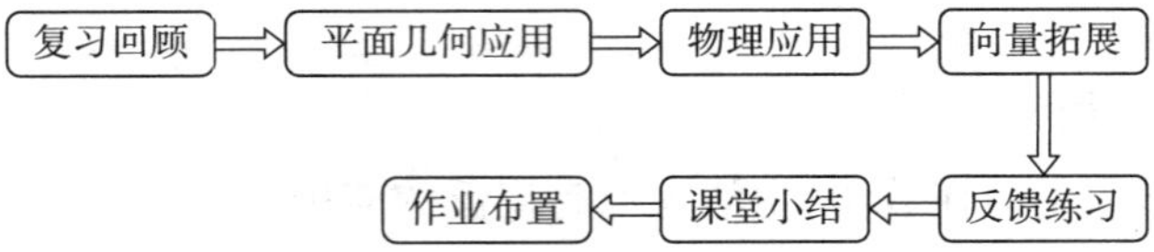

五、教学过程

（一）复习与回顾

教师：(1)两个非零向量平行的充要条件是什么？(2)两个非零向量垂直的充要条件是什么？

学生：(逐一作答)

说明：教师可引导学生多写一些两个向量平行、垂直的表达形式.

（二）学习新课

教师：向量的应用非常广泛，下面看向量应用之一：在平面几何中的应用.

用向量解决平面几何问题的“三部曲”：

(1) 建立平面几何与向量的联系，用向量表示问题中涉及的几何元素，将平面几何问题转化为向量问题.

(2) 通过向量运算，研究几何元素之间的关系，如平行、垂直等问题.

(3) 把运算结果“翻译”成几何关系.

【研一题】

例 1　如图 3-1 所示，在$\triangle ABC$中，已知$CH\perp AB$，$BH\perp AC$，求证：$AH\perp BC$.

说明：两种方法进行比较，开拓学生的解题思维，提高解题能力.

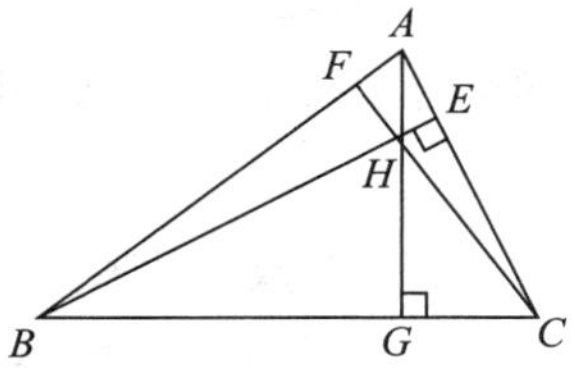

图 3-1

解法一：$\because BH\perp AC$，$CH\perp AB$，

$\therefore \overrightarrow{BH}\cdot\overrightarrow{CA}=0$，$\overrightarrow{CH}\cdot\overrightarrow{AB}=0$.

即$\overrightarrow{BH}\cdot(\overrightarrow{CH}+\overrightarrow{HA})=0$，$\overrightarrow{CH}\cdot(\overrightarrow{AH}+\overrightarrow{HB})=0$.

$\therefore \overrightarrow{BH}\cdot\overrightarrow{CH}+\overrightarrow{BH}\cdot\overrightarrow{HA}=0$，$\overrightarrow{CH}\cdot\overrightarrow{AH}+\overrightarrow{CH}\cdot\overrightarrow{HB}=0$.

两式相加,得$\overrightarrow{CH}\cdot(\overrightarrow{BH}+\overrightarrow{HB})+\overrightarrow{BH}\cdot\overrightarrow{HA}+\overrightarrow{CH}\cdot\overrightarrow{AH}=0$,$\therefore\overrightarrow{BH}\cdot\overrightarrow{HA}+\overrightarrow{CH}\cdot\overrightarrow{AH}=0$,

即$\overrightarrow{AH}\cdot\overrightarrow{CB}=0$,$\therefore AH\perp BC$.

解法二:以点B为坐标原点,BC方向为x轴正方向,垂直于BC方向为y轴正方向建立平面直角坐标系,则$B(0,0)$.设$C(c,0)$,$A(m,n)$,$H(p,q)$.

$\because\overrightarrow{CH}=(p-c,q)$,$\overrightarrow{BH}=(p,q)$,$\overrightarrow{BC}=(c,0)$,$\overrightarrow{BA}=(m,n)$,$\overrightarrow{CA}=(m-c,n)$,

又$\overrightarrow{CH}\perp\overrightarrow{BA}=0$,$\overrightarrow{BH}\perp\overrightarrow{CA}=0$,

$\therefore m(p-c)+nq=0$,$p(m-c)+qn=0$.

两式相减,得$mc-pc=0$.

又$\overrightarrow{AH}\cdot\overrightarrow{BC}=(p-m,q-n)\cdot(c,0)=pc-mc=0$.

$\therefore AH\perp BC$.

【悟一法】

教师:利用向量证明几何问题有两种途径,请同学们总结.

学生:(1) 基向量法:通常先选取一组合适的基,然后将问题中出现的向量用基表示,再利用向量的运算研究几何关系,最后把运算结果还原为几何关系.

(2) 坐标法:利用平面向量的坐标表示,可以将平面几何中垂直、平行等问题很容易地转化为向量坐标运算的问题,运用此种方法必须建立适当的坐标系,实现向量的坐标化.

【通一类】

练习1:如图3-2所示,P、Q分别是梯形$ABCD$的对角线AC与BD的中点,试用向量证明:$PQ//AB$.

练习2:求证:平行四边形两条对角线平方和等于四边平方和.(课后)

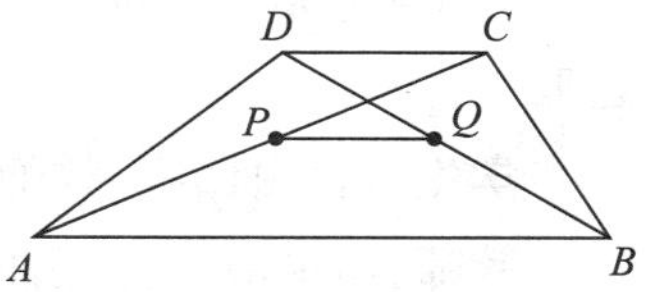

图3-2

教师:下面再看向量的应用之二:向量在物理中的应用.

(1) 物理问题中常见的向量有力、速度、位移等.

(2) 向量的加减法运算体现在一些物理量的合成和分解中.

(3) 动量是向量的数乘运算,功是力与位移的数量积.

【研一题】

例2 在水流速度为$4\sqrt{3}$千米/时的河水中,一艘船以12千米/时的实际航行速度垂直于对岸行驶,求这艘船航行速度的大小和方向.

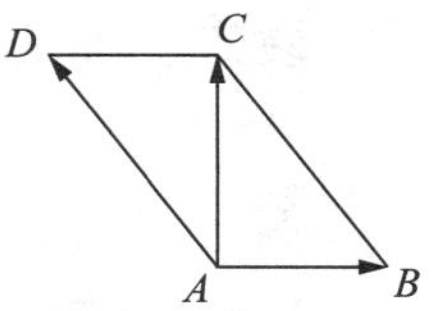

图3-3

解:如图3-3所示,设$\overrightarrow{AB}$为水流速度,$\overrightarrow{AC}$为船垂直于对岸行驶速度,以$\overrightarrow{AB}$为一边,$\overrightarrow{AC}$为一对角线作平行四边形$ABCD$,则$\overrightarrow{AD}$为船的航行速度.

$\because |\overrightarrow{AB}|=4\sqrt{3}$，$|\overrightarrow{AC}|=12$，$\angle CAB=90°$，

$\therefore |\overrightarrow{AD}|=8\sqrt{3}$，$\tan\angle CAD=\dfrac{\sqrt{3}}{3}$，$\therefore \angle CAD=30°$，$\angle BAD=120°$.

答：船的航行速度为 $8\sqrt{3}$ 千米/时，方向与水流夹角为 $120°$.

【悟一法】

教师：请同学们总结向量在解决物理问题时的基本方法.

学生：(1) 向量在物理中的应用，实际上是把物理问题转化为向量问题，然后通过向量运算解决向量问题，最后再用所获得的结果解释物理现象.

(2) 在用向量方法解决物理问题时，应作出相应图形，以帮助建立数学模型，分析解题思路.

(3) 在解题过程中要注意两方面的问题：一方面是如何把物理问题转化成数学问题，也就是将物理量之间的关系抽象成数学模型；另一方面是如何利用建立起来的数学模型解释和回答相关的物理现象.

【通一类】

练习 3：三个力 $\vec{f}_1$、$\vec{f}_2$、$\vec{f}_3$ 同时作用于 O 点且处于平衡状态，已知 $\vec{f}_1$ 与 $\vec{f}_3$ 的夹角为 $120°$，又 $|\vec{f}_1|=|\vec{f}_2|=20\text{N}$，则 $|\vec{f}_3|=$__________.

（三）向量应用的拓展（开放性思考，共同探索）

教师：向量融数形于一体，具有代数形式和几何形式的双重身份，那么除上述在平面几何和物理学中的基本应用外，你能说说向量作为工具还可以解决哪些方面的问题吗？

学生：(自由回答，教师做补充完善)

教师：向量应用之三：向量与不等式的交汇(课本中例 3).

例 3 已知 x_1、x_2、y_1、$y_2\in\mathbf{R}$，求证：$x_1x_2+y_1y_2\leqslant\sqrt{(x_1^2+y_1^2)(x_2^2+y_2^2)}$，当且仅当 $x_1y_2=x_2y_1$ 时等号成立.

证明：设 $\vec{a}=(x_1,y_1)$，$\vec{b}=(x_2,y_2)$，$\vec{a}\cdot\vec{b}=|\vec{a}||\vec{b}|\cos\alpha\leqslant|\vec{a}||\vec{b}|$.

即 $x_1x_2+y_1y_2\leqslant\sqrt{(x_1^2+y_1^2)(x_2^2+y_2^2)}$，当且仅当 $x_1y_2=x_2y_1$ 时等号成立.

教师：向量应用之四：向量与三角函数的交汇(课本中例 4).

例 4 求证：$\cos(\alpha-\beta)=\cos\alpha\cos\beta+\sin\alpha\sin\beta$.

证明：设 $\vec{a}=(\cos\alpha,\sin\alpha)$，$\vec{b}=(\cos\beta,\sin\beta)$，$\vec{a}$、$\vec{b}$ 与 x 轴的夹角分别为 α、β.

则 $\vec{a}\cdot\vec{b}=|\vec{a}||\vec{b}|\cos(\alpha-\beta)$ 即 $\vec{a}\cdot\vec{b}=\cos(\alpha-\beta)$.

所以 $\cos(\alpha-\beta)=\cos\alpha\cos\beta+\sin\alpha\sin\beta$.

(四)课堂小结

1. 向量在平面几何中的应用

(1) 建立平面几何与向量的联系.

(2) 通过向量运算,研究几何元素之间的关系.

(3) 把运算结果“翻译”成几何关系.

2. 向量在物理中的应用

(1) 问题的转化,即把物理问题转化为数学问题.

(2) 模型的建立,即建立以向量为主题的数学模型,解决问题.

(3) 问题的解答,即回到问题的初始状态,解释相关的物理现象.

(五)作业布置

练习册.

六、教学设计说明

(一)教学内容分析

向量作为工具在数学、物理以及实际生活中都有着广泛的应用.本节课是向量的综合应用,结合向量知识证明平面几何中的平行、垂直问题以及平面向量在物理学中的应用并探索向量在其他知识方面的应用.如何结合向量知识去解决有关问题,是本节课的难点.突破难点的关键是如何启发学生发现问题和提出问题,学会分析问题和创造性地解决问题.

(二)学情分析

学生的逻辑思维在高二上学期的时候比在高一的时候更为严密,相对来说处理数学问题也比较成熟.向量的应用恰好是一个很合适的知识点,能够充分发挥学生的思维,方法比较灵活,处理手段既可以用几何法也可以用基向量法,能充分发挥学生思维积极性.

(三)教法与学法分析

本节课相对来说难度偏高一点,对学生要求较高,采用较为活泼的授课方式:讨论交流.鼓励学生采用多种方法解题,总体来说学生的综合能力得到了很大的训练和提高.

七、板书设计

向量的应用(第一课时)	
一、向量平行垂直的条件	三、例题讲解
二、向量基本方法	四、学生展示

八、课堂反思

本节课的知识内容比较多，复习回顾所占用的时间不是十分合理，另外在总结方法的时候过于仓促，向量在物理中的应用还涉及物理概念，有一些物理名词的解释可能不够精准. 内容的难度相对来说偏大，题目的选择可能还需要更加细致一点.

九、专家点评

向量知识在中学教学中有着非常重要的地位和教育价值，它的工具性特点在数学的许多分支中都有体现，如复数、三角函数、解析几何等，甚至可以延伸至学科外. 本节课主要通过探究向量在平面几何和物理学中的应用，让学生体会数形结合、类比化归、构建模型等重要数学思想，进一步拓宽学生研究和解决数学问题的思想通道，也为激发和培养学生的探索精神和创造意识提供更广泛的途径. 同时通过本节课引导学生去探索向量在其他方面的应用，走一条“由浅入深、类比深化”的道路，从基础导向综合. 整体来说，教师在处理的时候还是游刃有余，语言概括也很精练，确实是一节好课，值得研究.

用平面向量分解定理探究一类几何问题

同济大学第一附属中学　王蕙萱

一、教学目标

（一）知识与技能

1. 通过探究在 A、B、P 三点共线时，分解式$\overrightarrow{OP}=x\overrightarrow{OA}+y\overrightarrow{OB}$ 中 x 与 y 所满足的关系式，加深学生对向量分解定理的理解.

2. 培养用向量解决数学问题的认识.

3. 本节课的几个探究，其本质是一个命题的四种形式. 旨在引导学生勤思考、善提问，培养思维的逻辑性、缜密性.

（二）过程与方法

作为拓展课，采用问题驱动学生探究，引导学生自主探究与合作交流相结合的教学方式.

（三）情感、态度与价值观

通过探究引导学生经历观察发现、类比归纳、抽象概括等一系列的学习活动，体验从简单到复杂、从特殊到一般的研究过程，感悟分类讨论、归纳、转化、数形结合等数学思想方法，培养学生进行自主探究的能力以及合作交流的意识.

二、教学重点与难点

（一）教学重点

1. 向量表示三点共线的充要条件的证明.

2. 应用向量解决数学问题的意识.

（二）教学难点

1. 三点共线的充要条件的证明.

2. 由于本节课要得到的结论较抽象，对向量知识储备较少的学生来说，本节课整体有难度.

三、教学方法与教学手段

（一）教学方法

以学生为中心，问题为驱动，引导探究，合作探究.

（二）辅助教学手段

运用几何画板制作多媒体课件，借助现代信息技术手段，形象直观地再现了向量分解过程中的一般情形和特殊情况.

四、教学流程设计

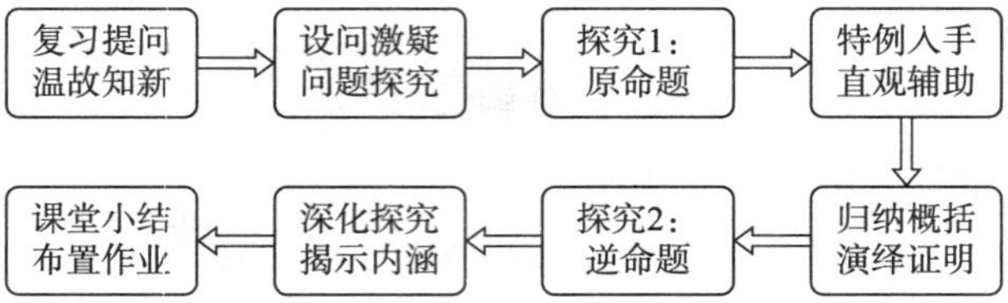

五、教学过程

（一）复习提问、温故知新

教师：前两节课，我们学习了向量的线性运算以及向量的分解定理，我们先回顾两个问题.

1. 向量共线定理以及三点 M、N、P 共线的一个充要条件：两个非零向量 $\vec{a}$ 与 $\vec{b}$ 平行的充要条件是存在唯一的 λ，使得 $\vec{a}=\lambda\vec{b}$. 由此，我们知道：三点 M、N、P 共线的一个充要条件为存在唯一非零的实数 λ，使 $\overrightarrow{MP}=\lambda\overrightarrow{PN}$，其中 $|\lambda|=\frac{|MP|}{|PN|}$.

2. 平面向量的分解定理

如果 $\vec{e}_1$、$\vec{e}_2$ 是同一平面内的两个不平行向量，那么对于这一平面内的任意向量 $\vec{a}$，有且只有一对实数 λ_1、λ_2，使 $\vec{a}=\lambda_1\vec{e}_1+\lambda_2\vec{e}_2$.

我们把不平行的向量 $\vec{e}_1$、$\vec{e}_2$ 叫作这一平面内所有向量的一组基.

注意：(1)基向量不共线；(2)任一向量 $\vec{a}$ 可按这个平面内的两个不平行向量进行分解；(3)基向量给定，分解式唯一，即 λ_1、λ_2 是被 $\vec{a}$，$\vec{e}_1$、$\vec{e}_2$ 唯一确定的数.

教师：在此基础上，开始今天的探究：

如图 3－4 所示，设 O 是直线 AB 外任意一点，得到一组不平行的向量 $\overrightarrow{OA}$、$\overrightarrow{OB}$. 我们选择这组不平行的两个向量 $\overrightarrow{OA}$、$\overrightarrow{OB}$ 为

说明：

1. 本节课是拓展课，有一定思维量，有必要先复习相关知识作为铺垫. 适当的问题也能让学生将注意力转移到课堂上来. 学生回答，教师完善并板书.

基，根据平面向量分解定理，对于同一平面内任意一点 P，都存在唯一的 x、y 使得$\overrightarrow{OP}=x\overrightarrow{OA}+y\overrightarrow{OB}$. 那么这样表示出来后，$x$、$y$ 之间有什么关系吗？这就是本节课要探究的问题.

首先，根据点与直线的位置关系，我们把问题分为两大类：

① 点 P 在直线 AB 上（三点共线）；

② 点 P 不在直线 AB 上（三点不共线）.

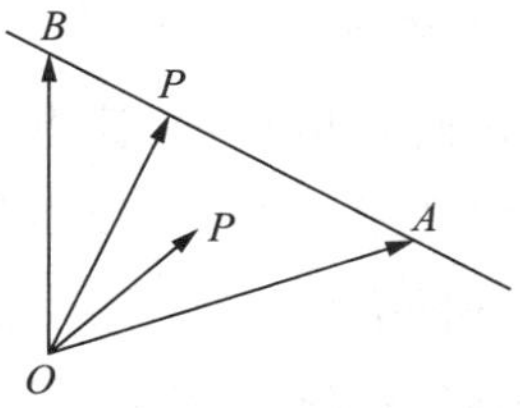

图 3-4

（二）设问激疑、问题探究

教师：我们先探究点 P 在直线 AB 上时，有什么结论.

探究 1：设 O 是直线 AB 外任意一点. 若 P 是直线 AB 上任意一点，则有且只有一对实数 x、y，使$\overrightarrow{OP}=x\overrightarrow{OA}+y\overrightarrow{OB}$，其中 x 与 y 满足的关系式是什么？

2. 探究 1，直接给出要探究的一般性的结论而不是特例，目的是培养学生研究问题的常用思路：遇到抽象的问题，不要畏难，可以先分解、化繁为简，化抽象为具体，从特例入手，感悟由特殊到一般的研究方法.

教师：对于这样一个比较抽象的具有一般性的问题，若一时没方向，无从下手. 一般常采取由"特殊到一般"的方法进行研究.

第一步：特例 1，先取点 P 在线段 AB 的$\frac{1}{2}$，$\frac{2}{3}$处，用向量表示$\overrightarrow{AP}=\frac{2}{3}\overrightarrow{AB}$（或者 $\overrightarrow{AP}=2\overrightarrow{PB}$），以不共线的向量$\overrightarrow{OA}$、$\overrightarrow{OB}$ 为基，求向量$\overrightarrow{OP}$ 的分解式.

学生 1：几何方法，当 P 在线段 AB 的$\frac{1}{2}$处，由平行四边形性质易得 $x=\frac{1}{2}$，$y=\frac{1}{2}$，得 $x+y=1$.

如图 3-5 所示，当 P 在线段 AB 的$\frac{2}{3}$处，根据分解系数的几何意义，可以由相似比例关系，得 $x=\frac{1}{3}$，$y=\frac{2}{3}$，得 $x+y=1$.

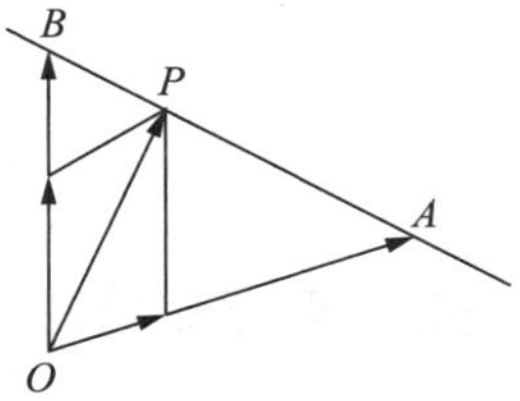

图 3-5

3. 探究过程：特例入手—猜想结论—直观感知（画板演示）—归纳概括结论—推理证明.

学生 2：向量法，由向量的三角形法则，得

$$\overrightarrow{OP}=\overrightarrow{OA}+\overrightarrow{AP}=\overrightarrow{OA}+\frac{2}{3}\overrightarrow{AB}$$

$$=\overrightarrow{OA}+\frac{2}{3}(\overrightarrow{OB}-\overrightarrow{OA})=\frac{1}{3}\overrightarrow{OA}+\frac{2}{3}\overrightarrow{OB}.$$

第二步：特例 2，取点 P 在线段 AB 内，用向量表示 $\overrightarrow{AP}=k\overrightarrow{AB}(0<k<1)$，类似上述可得 $x=1-k$，$y=k$，得 $x+y=1$.

第三步：观察、归纳. 综上所述，我们猜想：若点 P 为直线 AB 上任意一点，都有 $x+y=1$ 成立.

第四步：直观感知，几何画板演示. 让点 P 分别在线段 AB 上，线段 AB 的延长线上以及线段 AB 的反向延长线上运动，画板显示，x 与 y 在改变，$x+y$ 的数值始终不变，等于 1.

4. 让学生体会用平面几何解决问题的局限性，凸显向量法的优越性和学习向量的必要性，培养学生应用向量解决数学问题的意识. 用平面几何方法证明，不需完整写出，只口述过程即可，让感兴趣的同学课后研究.

结论：点 P 在线段 AB（不包括端点）上，则 $0<x<1$，$0<y<1$，且 $x+y=1$；点 P 在线段 AB 的延长线（不包括端点）上，则 $x<0$，$y>1$，且 $x+y=1$；点 P 在线段 AB 的反向延长线（不包括端点）上，则 $x>1$，$y<0$，且 $x+y=1$；点 P 在线段 AB 的端点，x，y 一个为 1，另一个为 0，$x+y=1$.

第五步：严密地推理证明，得出结论.

教师：怎么证明？

（如学生用平面几何相似证明，可能疏忽 x、y 的正负号，教师提示：用平面几何需要分类证明，不方便. 若学生直接用向量法证明，在证明完成后，教师问一句：用平面几何能证吗？哪个方法更方便？）

证明：因为点 P 是直线 AB 上任意一点，所以 $\overrightarrow{AP}=k\overrightarrow{AB}(k\in\mathbf{R})$.

又 $\overrightarrow{OP}=\overrightarrow{OA}+\overrightarrow{AP}=\overrightarrow{OA}+k(\overrightarrow{OB}-\overrightarrow{OA})=(1-k)\overrightarrow{OA}+k\overrightarrow{OB}$.

解得 $x=1-k$，$y=k$，所以 $x+y=1$.

由此，我们得到下述命题：

原命题：对于平面内四个点 A、B、O、P，设点 O 是直线 AB 外一点. 若点 P 在直线 AB 上，则有一对实数 x、y，使 $\overrightarrow{OP}=x\overrightarrow{OA}+y\overrightarrow{OB}$，且 $x+y=1$.

（三）探究逆命题

5. 探究 2 是探究 1 的逆命题，由学生叙述，培养学生的数学表达能力. 在探究如何证明时，教师设置子问题启发，让学生有思考方向.

教师：反之，有什么结论？即原命题的逆命题成立吗？为什么？

（逆命题可以由学生表述，教师板书探究 2）

探究 2：设 O 是直线 AB 外一点，若点 P 满足 $\overrightarrow{OP}=x\overrightarrow{OA}+y\overrightarrow{OB}$ 且 $x+y=1(x、y\in\mathbf{R})$，则点 P 在直线 AB 上.

教师：欲证 P、A、B 三点共线，需证什么？即我们努力的方向是什么？

学生：$\overrightarrow{AP}=k\overrightarrow{AB}(k\in\mathbf{R})$（三向量任意两个满足都可）.

教师:由已知$\overrightarrow{OP}=x\overrightarrow{OA}+y\overrightarrow{OB}$怎么得到$\overrightarrow{AP}$与$\overrightarrow{AB}$的关系?

学生:先消y,然后在OP间插入点A或B.

证明:由$\overrightarrow{OP}=\overrightarrow{OA}+\overrightarrow{AP}$,得$\overrightarrow{OA}+\overrightarrow{AP}=x\overrightarrow{OA}+(1-x)\overrightarrow{OB}$,移项得$\overrightarrow{AP}=(x-1)\overrightarrow{OA}+(1-x)\overrightarrow{OB}=(1-x)(\overrightarrow{OB}-\overrightarrow{OA})=(1-x)\overrightarrow{AB}$.

教师:也可以在$\overrightarrow{AP}$间插入点O,再利用已知可得,

$\overrightarrow{AP}=\overrightarrow{AO}+\overrightarrow{OP}=\overrightarrow{AO}+x\overrightarrow{OA}+(1-x)\overrightarrow{OB}=(x-1)\overrightarrow{OA}+(1-x)\overrightarrow{OB}=(1-x)\overrightarrow{AB}$,所以逆命题为真.

教师:探究1得到三点共线的必要条件,探究2得到三点共线的充分条件,综合上述,得出三点共线的又一个充要条件:对于平面内四个点A、B、O、P,设O是直线AB外一点,则A、B、P三点共线的充要条件是存在一对实数x、y使$\overrightarrow{OP}=x\overrightarrow{OA}+y\overrightarrow{OB}$且$x+y=1$.

6. 继续探究否命题,培养学生思维的缜密性.

(四)探究否命题、逆否命题及其拓展

1. 否命题、逆否命题

教师:通过探究,我们得到了点P在直线AB上的一个充要条件,下面我们进一步探索:如图3-6所示,当P不在直线AB上时,则使得$\overrightarrow{OP}=x\overrightarrow{OA}+y\overrightarrow{OB}$的实数$x$、$y$又有怎样的关系呢?

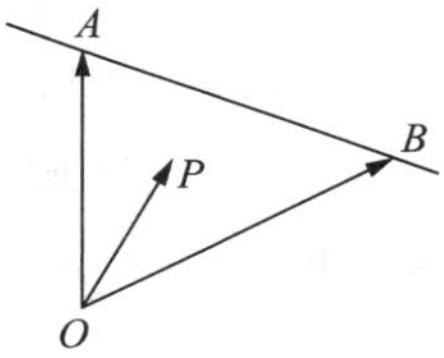

图3-6

学生:由等价命题知,上述命题的否命题、逆否命题也为真,即

若点P不在直线AB上,则使得$\overrightarrow{OP}=x\overrightarrow{OA}+y\overrightarrow{OB}$的实数$x$、$y$满足$x+y\neq1$;反之,也为真.

2. 深化探究、揭示内涵

7. 画板演示探究3,写出结论,若时间不够,证明作为课后思考,根据课堂具体情况再定.

教师:由上述命题$x+y\neq1$,自然想到,点P在平面内什么位置时有$x+y>1$?点P在何处时有$x+y<1$呢?

探究3:设O是直线AB外任意一点,若点P不在直线AB上,对于满足$\overrightarrow{OP}=x\overrightarrow{OA}+y\overrightarrow{OB}$的实数$x$、$y$,探究:点$P$在平面内什么位置时,分别有$x+y>1$;$0<x+y<1$;$x+y<0$.

教师可以提醒"要解决这个一般性的问题,下面我们还是先从探究特例入手".先让学生互相议议.教师巡视查看,有学生得出结论,再用几何画板演示,直观感知,验证大家的猜想.

教师:如何证明呢?

这里证明比较难,需要教师先分析启发:回顾我们前面得到了什么结论?前面我们已得到 A、B、P_1 三点共线的充要条件是存在一对实数 x、y 使 $\overrightarrow{OP_1}=x\overrightarrow{OA}+y\overrightarrow{OB}$ 且 $x+y=1$.那么,不共线三点问题转化为共线三点的向量问题呢?

学生:先取 P 在点 O 与直线 AB 之间,如图 3-7 所示,设直线 OP 交直线 AB 于点 P_1,向量关系为 $\overrightarrow{OP}=\lambda_1\overrightarrow{OP_1}$ 且 $\lambda_1\neq 1$.由探究 1 知,存在实数 x_1、y_1 使 $\overrightarrow{OP_1}=x_1\overrightarrow{OA}+y_1\overrightarrow{OB}$ 且 $x_1+y_1=1$,得 $OP=\lambda_1\overrightarrow{OP_1}=\lambda_1x_1\overrightarrow{OA}+\lambda_1y_1\overrightarrow{OB}$.所以 $x=\lambda x_1$ 且 $y=\lambda y_1$,则 $x+y=\lambda_1x_1+\lambda_1y_1=\lambda_1(x_1+y_1)=\lambda_1$.

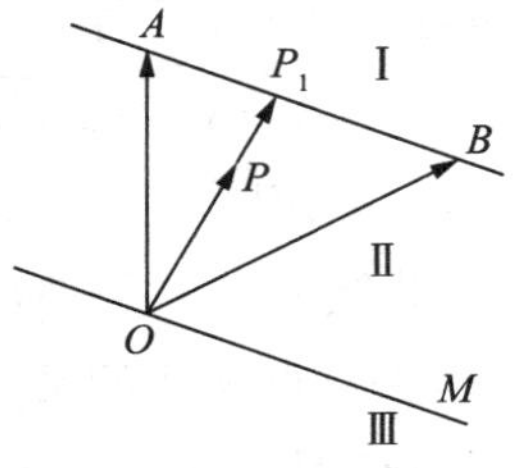

图 3-7

教师:由此可知,不管点 P 在什么位置,$x+y$ 的范围取决于 $\overrightarrow{OP}=\lambda_1\overrightarrow{OP_1}$ 中的 λ_1 的取值(其中 P_1 为直线 OP 与直线 AB 的交点).

学生:根据数与向量的乘法,知 λ_1 的范围,从而得到如下结论:

当点 P 在直线 AB 上方的区域Ⅰ时,$x+y>1$;当点 P 在直线 AB 与直线 OM($OM/\!/AB$)所夹的区域Ⅱ时,$0<x+y<1$;当点 P 在直线 OM 下方的区域Ⅲ时,$x+y<0$.

8. 由于这里要探究的结论较抽象,对接触向量较少的学生有难度.从"化未知为已知"的角度引导学生,体会"转化"的数学思想,真正达到探索创新,提高数学思维能力的目的.

9. 本部分内容将视课堂具体情况而调整.如果时间来不及,则作为思考问题留在课后完成.

(五)课堂小结

1. 本节解决了什么问题?

2. 本节课的探究,我们用了哪些数学方法?你有哪些收获?

(本节课我们对平面向量的分解定理中的 x、y 的关系进行了探究,经历了从特殊到一般的研究过程,运用了"分类讨论、归纳、化归、数形结合"等数学思想,得到一个很重要的结论,关于这个结论的应用,我们以后继续探讨.)

(六)课后练习、巩固新知

练习 1:如图 3-8 所示,若 $\dfrac{|AM|}{|MB|}=\dfrac{3}{2}$,则 $\overrightarrow{CM}=$________ $\overrightarrow{CA}$ $+$________ $\overrightarrow{CB}$.

练习 2:如图 3-9 所示,$OM/\!/AB$,点 P 在由射线 OM、线段 OB 及 AB 的延长线围成的区域内(不含边界)运动,且 $\overrightarrow{OP}=x\overrightarrow{OA}$

$+y\overrightarrow{OB}$，求当 $x=\dfrac{1}{2}$ 时，y 的取值范围.

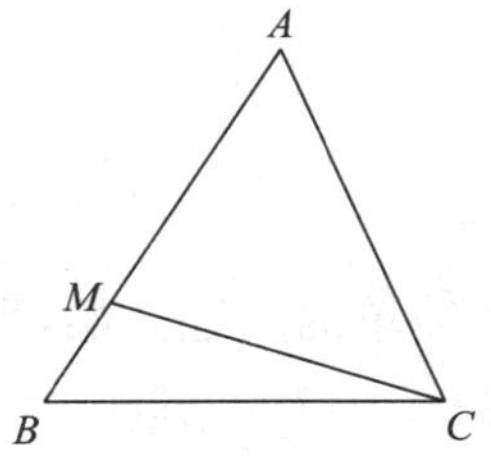

图 3-8

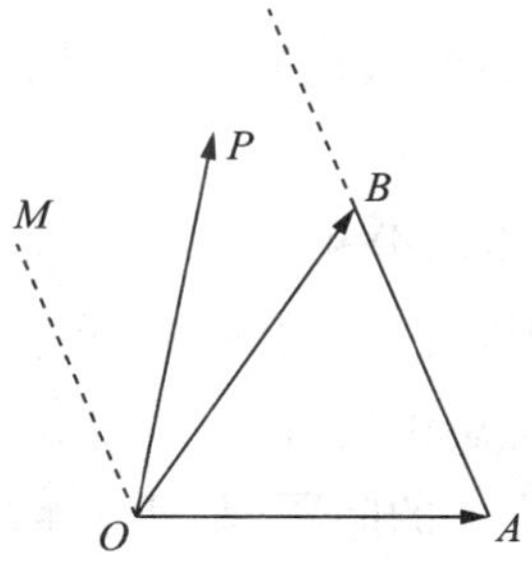

图 3-9

练习 3：已知 O 是 $\triangle ABC$ 的外心，$AB=2$，$AC=3$，$x+2y=1$，若 $\overrightarrow{AO}=x\cdot\overrightarrow{AB}+y\cdot\overrightarrow{AC}$（$xy\neq 0$），则 $\cos\angle BAC=$__________.

练习 4：如图 3-10 所示，$\triangle ABC$ 是边长为 4 的等边三角形，延长 CB 作平行四边形 $BEDA$，$BE=2$. 当点 F 在线段 DE（包括端点）上移动时，若 $\overrightarrow{AF}=\lambda\overrightarrow{AB}+\mu\overrightarrow{AC}$，求 $t=\dfrac{1}{\lambda}+\dfrac{1}{\mu}$ 的最小值.

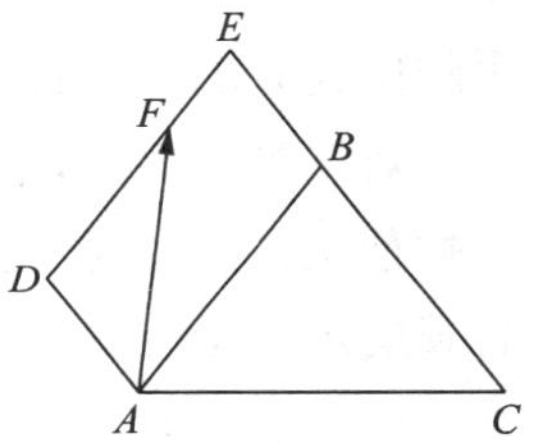

图 3-10

六、教学设计说明

（一）教学内容分析

向量知识，具有几何形式和代数形式的双重身份，能融数、形于一体，既有代数的运算性质，又有几何的图形特征，成为中学数学知识的一个交汇点. 而平面向量分解定理是平面向量坐标表示的基础，是搭建向量的几何运算和代数运算的桥梁，有利于沟通几何与代数之间的联系，为解决和处理中学数学中的问题，增添了新的方法. 近年，以向量的相关知识为载体，以数形结合的思想为主线，在知识网络处设计创新力度较大、综合性较强的试题，也是高考的热点之一，而这一知识点也是学生的薄弱环节，增加本节拓展课，探究平面向量与平面几何的交汇与融合，旨在使同学们形成向量与平面几何结合的意识，体会向量是一种处理问题的有力工具，感受其运用的方法.

（二）学情分析

1. 在此节课之前，学生有了向量及其线性运算的概念，并且对于向量加法的平行四边形法则都有较好的认识，为本节课做好了知识铺垫，但如何用向量表示几何关系仍存在困难.

2. 学生虽然学过向量共线的条件和平面向量分解定理，但现阶段对向量的认识还不够深刻,自主应用向量解决数学问题的意识还没有树立起来.

3. 学生只是初步知道平面内任意向量可用一对基表示,并不理解分解系数的意义及其关系,有必要深入探究、挖掘它的应用价值,帮助学生更好地理解分解定理.

(三)教法与学法分析

对探究过程的设计,常用下列两种模式.

模式一:从学生思维的"最近发展区"出发,即从简单的问题开始,采用顺向分析的方式,设计一系列渐进式的问题,驱动学生思维逐步深入,向目标靠近.

模式二:采用"先明确要达到的中心目标——再分析用什么手段"的分析方式,将探究目标分解为若干子问题或子问题链,驱动学生思维.

采用什么方式设置问题,应该视学生的情况而定.本课采用模式二,目的让学生感悟数学研究常用的"化繁为简、化抽象为具体",把一个大问题分解成几个小问题,从特例入手的研究方法;感悟由"一般到特殊、再由特殊到一般"的研究方法.

对于难点突破,本节课的几个探究,其本质是一个命题的四种形式.由于要得到的结论较抽象,证明的技巧性较强,对接触向量较少的学生来说有难度.因此先用多媒体课件,直观展示向量分解过程中,分解系数的变化,再进行推理证明,让学生在观察—归纳—验证—应用的学习过程中,参与知识的发生、发展和形成的过程.

七、板书设计

用平面向量分解定理探究一类几何问题

一、复习

1. 向量共线定理

两个非零向量 $\vec{a}$ 与 $\vec{b}$ 平行的充要条件是"存在唯一的 λ,使得 $\vec{a}=\lambda\vec{b}$".

2. 平面向量分解定理

如果 $\vec{e}_1$、$\vec{e}_2$ 是同一平面内的两个不平行向量,那么对于这一平面内的任意向量 $\vec{a}$,有且只有一对实数 λ_1、λ_2,使 $\vec{a}=\lambda_1\vec{e}_1+\lambda_2\vec{e}_2$.

二、探究1:设 O 是直线 AB 外任意一点.若 P 是直线 AB 上任意一点,则有且只有一对实数 x、y,使 $\overrightarrow{OP}=x\overrightarrow{OA}+y\overrightarrow{OB}$,其中 x 与 y 满足的关系式是什么?

探究2:设 O 是直线 AB 外一点,若点 P 满足 $\overrightarrow{OP}=x\overrightarrow{OA}+y\overrightarrow{OB}$ 且 $x+y=1(x、y\in\mathbf{R})$,则点 P 在直线 AB 上.

探究3:否(逆否)命题及拓展.

三、典型例题

四、课堂小结

八、课堂反思

本节课有一定思维量.在上完平面向量分解定理及其例3后，布置教材P110第7题和一些用向量表示几何关系的练习，让学生能较熟练地用向量表示几何关系，为本节课顺利开展探究活动作准备.

数学教学中，要注重启发和训练学生的探究能力已是共识，一个好的探究性素材，不仅能帮助学生理解这类问题所涉及的知识与数学思想方法，还能引起学生深入研究的兴趣，激发学生的学习潜能.然而，不是所有的问题都适合进行探究活动的，这就需要教师做有心人，多了解学生，钻研教材，注意挖掘教材中有探究价值的素材，引导学生将问题拓展、延伸.长此以往，学生的数学思维能力会得到提升.本节课所创设的探究问题情境是一道课本例题的延伸，根据以往的教学经验，也查阅了一些资料，我觉得有必要深入探究、挖掘分解定理的意义及应用价值.

探究过程的设计，引导学生从某些熟知的向量知识出发，通过问题的步步深入，形成"命题链"，启发学生对命题进行一般化、特殊化或逆向思维，从命题的角度或解法的角度进行探究.引导学生进行猜测——提出新问题，探索——提出新思路，证明——发现新结论.目的是通过比较、鉴别，进行分析、综合、抽象、概括，从而能理解事物的本质和内在规律，培养学生"研究性学习"的能力，从课堂反应看，基本达到了预期目标.

从学生角度看，本节课的难度较高，特别是数学基础较弱的同学，明显跟不上进程.在探究1，采用几何法、向量法的比较，目的让学生体会用以前的平面几何解决问题的局限性，凸显向量法的优越性，培养学生应用向量解决数学问题的意识.但是在后续的探究中，相当一部分同学仍然首选几何法，说明对向量思想还不理解.整体感觉，这样的探究课对一部分数学基础好的学生会很有启发，作为教师，怎么让每个同学都参与课堂活动，的确是门很深的学问.

九、专家点评

基于课标要求，教材中向量例题比较简单，学生的认知也多数停留在知道、了解的程度，"运用"的能力比较弱，而另一方面向量又是很多知识、方法的交汇点，因此，挖掘有探究价值的教学素材，在教材例题的基础上作更深入的探究，这一点对于学生理解和把握平面向量基本定理的相关内容是非常必要的.

这节课是一节研究性学习的探究课，从教学设计讲，在学生已有的认知基础上设计，关注学生的认知过程，通过设问激疑和多媒体演示，引导、激发学生参与课堂探究活动的兴趣，遵循了教师为主导，学生为主体设计理念，注重渗透的数学思想方法.教学中，教师精心设计一连串的"问题链"，启发学生思考，使学生始终处于主动探索问题的积极状态，"问题"贯穿于探究过程的始终，切实体现了问题驱动的教学特色，师生配合较默契，过程流畅.对探究问题层层剖析，由浅入深，水到渠成得出结论，较顺利地完成了预定的教学目标.

高二年级
下学期

直线的方程(第一课时)

上海市中原中学　厉　善

一、教学目标

(一)知识与技能

1. 引导学生了解直线方程的定义.
2. 掌握点方向式方程和方向向量概念.
3. 学会利用方向向量和直线上的一个定点来求出直线的点方向式方程.

(二)过程与方法

1. 通过让学生经历直线方程的发现过程,提高学生分析、比较、概括、化归的数学能力.
2. 培养学生综合运用知识解决问题的能力.

(三)情感、态度与价值观

在教学中充分揭示"数"与"形"的联系,激发学生学习数学的兴趣.

二、教学重点与难点

(一)教学重点

直线的方向向量与直线的点方向式方程的推导和使用.

(二)教学难点

掌握直线方程的定义.

三、教学方法与教学手段

(一)教学方法

利用学生"最近发展区"引入,情景教学,引导探究,启发式教学.

（二）教学手段

多媒体辅助教学.

四、教学流程设计

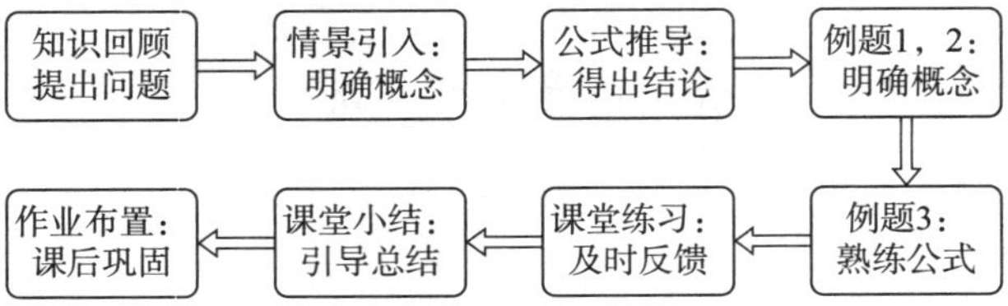

五、教学过程

（一）知识回顾

平面上的最基本的几何图形是点和直线.

点和直线构成了我们学习过的几何图形，比如三角形、四边形、圆等.

在有了平面直角坐标系以后，平面内的每一个点都可以用坐标（有序实数对）来表示.

每一个点都只对应一个坐标，而坐标作为点的代数形式，也是数学中数形结合思想的基础，也为将来学习解析几何的过程中用代数方法来研究几何问题提供了依据.

教师：那么平面中直线的代数形式是什么呢？

学生：一次函数，举例：$y=x$.

教师：如图 4－1 所示，可以看作 $x-y=0$，是一个二元一次方程，那么是否直线就是二元一次方程呢？

说明：

1. 提出问题，让学生思考直线的代数形式，引出课题.

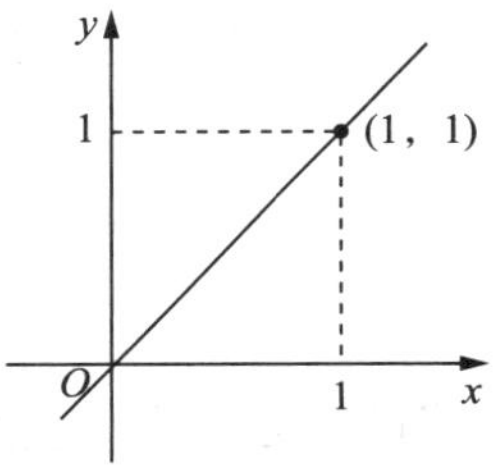

图 4－1

（二）直线方程的推导

1. 引例

丁俊晖打桌球，击打红球其实是给红球施加了一个力，红球可以看作是平面内的一个点，力是给了红球一个明确的方向，此时，红球沿直线前进，这样的直线有且只有一条.

2. 通过打桌球的例子让学生了解构成直线的方法也可以是给定一个点和一个明确的方向.

引例分析：高中阶段描述方向的知识点——向量. 向量可以平移到直线外，沿向量的方向过定点同样也能作出这条直线，向量是否落在直线上其实没有关系，但向量必须与直线平行.

提出概念：直线与向量所在的直线平行或重合，叫作直线与向量平行.

课堂小结:(由学生小结)过平面上一定点作平行于向量的直线有且只有一条.

2.直线方程的推导

已知过平面内一定点 $P(x_0,y_0)$,且平行于非零向量的直线有且只有一条.

设直线 l 上的任意一点 $Q(x,y)$,则 x、y 满足什么样的等量关系?

可以利用直线与向量的平行关系来解.

解:设直线 l 上的任意一点 $Q(x,y)$,则 $\overrightarrow{PQ}/\!/\vec{d}$.

$PQ=(x-x_0,y-y_0)$,$\vec{d}=(u,v)$,

则 $u(y-y_0)=v(x-x_0)$.(*)

教师:"任意的点"说明直线上所有的点满足这个方程,那么会不会有平面上的其他点也满足方程呢?为了解决这个问题,所以我们需要反过来说明是不是方程的解作为坐标的点都在直线上呢?

解:设 $Q_1(x_1,y_1)$ 是方程的任意解,

所以 $u(y_1-y_0)=v(x_1-x_0)$,所以 $\overrightarrow{PQ_1}/\!/\vec{d}$.

因为点 P 在直线 l 上,过点 P 作平行于 $\vec{d}$ 的直线 l 有且只有一条,

所以点 Q_1 在直线 l 上.

所以过点 $P(x_0,y_0)$ 与非零向量 $\vec{d}=(u,v)$ 平行的直线 l 上的点 $Q(x,y)$ 的坐标都满足关系式:$u(y-y_0)=v(x-x_0)$. (1)

直线上的点的坐标都是方程的解,

以方程的解作为坐标的点都在直线上,

则称方程(1)为直线 l 的方程;称直线 l 为方程(1)的图形;

并称非零向量 $\vec{d}$ 为直线 l 的一个方向向量.

思考:如何通过否定条件来否定结论.

只要条件中的第一条或者第二条否定,则结论否定.

例 1 下列方程是否是图 4-1 中直线的方程.

(1) $\sqrt{y}=\sqrt{x}$;(2)$y^2=x^2$;(3)$y=x$.

解:(1)不是,不满足定义中的第一条,比如点$(-1,-1)$在直线上,但是该点的坐标并不是方程的解.(2)不是,不满足定义中

3. 反过来思考以方程的解作为坐标的点都在直线方程上对于学生来说要求较高,讲解的程度根据学生的情况而定,也可以在后面曲线方程的学习中再提出.

4. 让学生明确两个条件缺一不可,否定任何一个条件,结论都无法成立.

5. 例1、例2简单,学生能够立刻分辨出正确结论,在这个基础上正确引导学生能够利用直线方程的定义来进行说明,强化定义.

的第二条，比如(−1,1)是方程的解，但该解作为坐标的点不在直线上.(3)满足条件一和二，所以 $y=x$ 是图中直线的方程.

例 2 以下点是否在直线 $y=x+1$ 上？为什么？

$A(1,3)$，$B(3,6)$，$C(0,0)$，$D(1,2)$.

解：点 A 在直线 $y=x+1$ 上.因为 $y=x+1$ 是该直线的方程，所以直线上的点的坐标一定是方程的解.只有点 A 满足.

（三）继续探究，深化新知

教师：我们可以将刚刚求得的（*）式进行变形，但是在变形前必须对方向向量有一定的要求.

直线方程的继续推导：过点 $P(x_0,y_0)$ 与非零向量 $\vec{d}=(u,v)$ 平行的直线 l 上的点 $Q(x,y)$ 的坐标都满足关系式：$u(y-y_0)=v(x-x_0)$. (1)

$u\neq0$ 且 $v\neq0$，则可将(1)化成 $\dfrac{x-x_0}{u}=\dfrac{y-y_0}{v}$. (2)

称方程(2)为直线 l 的点方向式方程.

$u\neq0$ 且 $v=0$，则可将(1)化成 $y=y_0$，垂直于 y 轴，

$v\neq0$ 且 $u=0$，则可将(1)化成 $x=x_0$，垂直于 x 轴.

6. 给出点方向式方程，以及在方向向量的横纵坐标分别为0的情况下，得到直线的方程.

例 3 已知直线过点 A、B，方向向量为 $\vec{d}$，根据条件写出下列直线的点方向式方程；若不能写出直线的点方向式方程，请说明直线的方程是什么.

(1) $A(1,2)$，$\vec{d}=(3,4)$；(2) $A(1,0)$，$\vec{d}=(0,1)$；(3) $A(1,2)$，$B(2,1)$.

解：(1) $\dfrac{x-1}{3}=\dfrac{y-2}{4}$；(2) $x=1$；(3) $\dfrac{x-1}{-1}=\dfrac{y-2}{1}$.

教师：如果已知点 $A(x_1,y_1)$，点 $B(x_2,y_2)$，则直线 AB 的方程是什么？

学生：直线 AB 的方程是 $\dfrac{x-x_1}{x_2-x_1}=\dfrac{y-y_1}{y_2-y_1}$.

课堂练习：口答下列直线方程所表示直线所过的一点及一个方向向量.

(1) $\dfrac{x-1}{3}=\dfrac{y+1}{4}$； (2) $2(x-4)=5(y-2)$；

(3) $x=5$； (4) $y=0$.

看学生的回答情况讲解.

7. 通过例题和课堂练习巩固直线的点方向式方程、方向向量，以及垂直于坐标轴直线的写法.

(四)课堂小结(让学生总结)

1. 直线的方向向量.
2. 直线的点方向式方程.
3. 向量是研究解析几何的重要工具.
4. 平面坐标系建立了代数与几何联系的桥梁,实现了数形结合.

(五)作业布置

1. 课后练习 11.1(1).
2. 练习册习题 11.1 A 组 1,2,3,4;B 组 1,2.

六、教学设计说明

(一)教学内容分析

本节课的重点是直线的方程的概念、直线的点方向式方程.用向量方法推导直线方程是二期课改的亮点之一,体现了从几何角度出发,除两点确定一条直线外,确定直线需要两个独立的条件:点和方向.利用给定的条件,通过向量平行的充要条件(对应坐标的关系式)推导出直线的点方向式方程.

本节课的难点是理解直线方程的定义.通过推导直线的点方向式方程,从中体会向量知识的应用和坐标法的含义.通过对直线与二元一次方程关系的分析,初步认识曲线与方程的关系并体会解析几何的基本思想,从而培养学生用坐标法研究平面直线(和以后的圆锥曲线)的能力.

理解直线方程的意义,掌握直线的点方向式方程;加强分类讨论、数形结合等数学思想和探究能力的培养;体验探究新事物的过程,树立学好数学的信心.

(二)学情分析

高二的学生在初中、高一的时候就学习过一次函数,知道一次函数表示的是直线.而从解析几何的角度,一次函数中含有未知数 x、y,是一个一元二次方程.这会让一些学生觉得有些障碍——已经学习过一次函数,为什么还要学习直线方程.首先,直线方程是高中阶段平面解析几何的开始,体现了最简单的方程的解与图像的点的对应关系.其次,让学生明白研究的角度不同,用代数的方法来研究平面几何问题是高中平面解析几何的核心思想.

七、板书设计

直线的方程(第一课时)

一、直线的方程 若①…… ②…… 则…… 注:直线上的点与其方程的解是一一对应关系	二、直线的点方向式方程 方向向量:…… $\vec{d}(u,v)$ $u\neq0$ 且 $v\neq0$,则…… $u\neq0$ 且 $v=0$,则…… $u=0$ 且 $v\neq0$,则……

八、教学反思

反思本节课,教师在前面铺垫了一一对应的关系,学生在例题的第一题中就能依靠自己的能力说出方程不能表示出直线,略有不足的是学生说的是直线下的很多点作为反例,但在其他同学的帮助下可以说出只需要一个反例即可,并能够完整地表述出否定的命题,这也可能是因在前面就总结提炼出举反例这个方法而达到的效果.

不尽如人意的地方是,时间有点紧张,学生思考的时间不够,若概念的讲解太过抽象会使学生难以理解.对于公式的讲解还有些不够到位,对于例3,有的学生必须在引导下才能够把题目完成,可见公式的形式并没有深入人心.

改进方法:可以考虑根据更具体的例子,从特殊的例子到特殊的结论,再推到一般的结论,对于学生来说可能会更容易接受.

九、专家点评

整节课其实分为了两个部分的内容,第一部分是在解释什么是直线的方程,第二部分是直线方程的推导.在这里可以发现这样处理教材让人感觉本节课有两个重点,一旦有了两个重点,对于学生来说就比较难以接受.本节课相对该学校的学生,要求是有点高.对于这节课来说,其实也可以从特殊的例子入手,通过讲明白特殊的例子,比如,在平面内给学生一个特殊的点(1,2),一个特殊的方向向量(3,4),那具体去找这个平面上满足过这个点与平行于这个向量的直线,有且只有一条,然后再通过这个例子来说明直线方程的定义有可能效果会更好一些.另外,如果我们考虑提前学习后面的曲线方程的概念,然后再上直线方程这节课,可以让学生理解得更好一些.

椭圆的标准方程

复旦大学附属中学　肖恩利

一、教学目标

（一）知识与技能

1. 理解、掌握椭圆的定义和标准方程.
2. 了解椭圆标准方程的推导过程.
3. 体会椭圆方程化简过程中的同解变形.
4. 掌握利用方程的代数性质研究图形的几何性质的方法.

（二）过程与方法

1. 在总结、归纳圆和线段的中垂线等图形的共同特点的过程中，学生经历类比、猜想等思维过程，掌握科学的分析方法.

2. 在推导椭圆标准方程的过程中，学生学会建立曲线方程的步骤，了解同解变形的必要性，培养思维的严密性.

3. 通过利用方程的代数性质研究曲线的几何性质，体会解析几何研究问题的基本方法，并自觉地运用这种方法研究其他曲线的几何性质.

（三）情感态度价值观

1. 在类比、猜想、探究的过程中，体验学习数学带来的自信和成功感，激发学习数学的兴趣，提高学习积极性.

2. 在采取各种合作方式解决问题的过程中，学生养成相互交流的习惯，并获得良好的情感体验.

二、教学重点与难点

（一）教学重点

1. 椭圆的定义.
2. 椭圆的标准方程.
3. 利用椭圆的标准方程讨论椭圆的几何性质.

（二）教学难点

1. “发现”椭圆的定义.

2. 推导椭圆的标准方程(同解变形).

三、教学方法与教学手段

（一）教学方法

以学生为中心,问题为驱动,引导探究,启发式教学.

（二）辅助教学手段

多媒体辅助教学.

四、教学流程设计

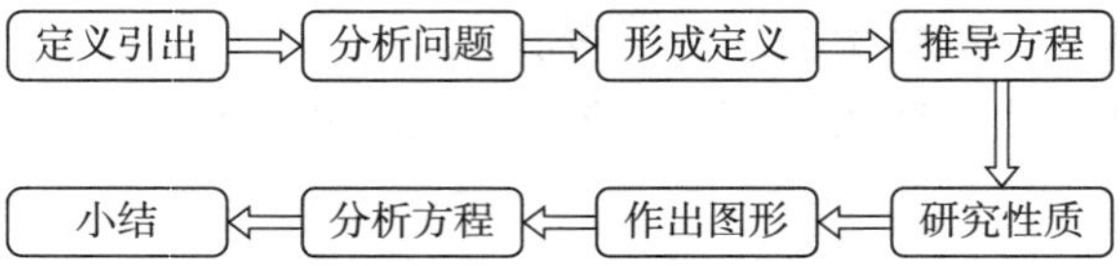

五、教学过程

（一）引出问题

平面上到定点的距离为正常数的动点的轨迹是圆,到两个点的距离相等的动点的轨迹是联结两点的线段的中垂线.根据这些定义,可以制成下面的表格.

到 n 个点的距离	条件	轨迹
1	等于正常数	圆
2	相等	中垂线
?	?	?
……	……	……

说明:

1. 从学生熟悉的曲线定义中,提炼共性,启发学生思考,为引出椭圆定义做准备.

上述两个定义都利用了条件——“到点的距离”,进一步,可以从不同的途径考虑类似的问题,如改变定点的个数、改变距离满足的条件,等等.即当动点到定点(一个或多个)的距离满足一定的条件时,动点的轨迹是什么?明确课题内容:平面上到给定两点的距离之和为正常数的动点的轨迹是什么?

（二）分析问题

当正常数小于两定点间距离时，这样的动点不存在；当正常数等于两定点间距离时，动点的轨迹是联结两点的线段（包括端点）；当正常数大于两定点间距离时，才存在满足条件的点（如两定点连线中垂线上的点）.（计算机演示）利用绳子模型大致了解该曲线的形状.

2. 分析形成曲线的几何条件.

（三）形成定义

平面上与两个定点的距离和等于正常数（大于两定点间的距离）的动点的轨迹叫作椭圆. 这两个定点叫作椭圆的焦点，两焦点的距离叫作焦距.

（四）推导方程

建立坐标系求椭圆方程：设两定点为 F_1、F_2，$|F_1F_2|=2c$，动点 P 到 F_1、F_2 的距离之和为正常数 $2a$（$a>c>0$），以线段 F_1F_2 中点为原点，以直线 F_1F_2 为 x 轴建立直角坐标系，则 F_1、F_2 的坐标分别为 $(-c,0)$，$(c,0)$.

设 $P(x,y)$ 是椭圆上的一点，则 $|PF_1|+|PF_2|=2a$，即 $\sqrt{(x-c)^2+y^2}+\sqrt{(x+c)^2+y^2}=2a$，$\Leftrightarrow\sqrt{(x+c)^2+y^2}=2a-\sqrt{(x-c)^2+y^2}\Rightarrow(\sqrt{(x+c)^2+y^2})^2+(2a-\sqrt{(x-c)^2+y^2})^2\Leftrightarrow a^2-cx=a\sqrt{(x-c)^2+y^2}\Rightarrow(a^2-cx)^2=(a\sqrt{(x-c)^2+y^2})^2\Leftrightarrow(a^2-c^2)x^2+a^2y^2=a^2(a^2-c^2)$.

3. 从定义出发分析曲线的对称性，利用对称性建立平面直角坐标系.

4. 推导过程中强调变形的等价性.

注：为了说明最后一个方程是所求曲线的方程，需要证明上述变形过程为同解变形，显然只要说明两次平方过程是同解变形即可.

证明上述过程为同解变形：由方程 $(a^2-c^2)x^2+a^2y^2=a^2(a^2-c^2)$ 知，$|x|\leqslant a$，且 $y^2\leqslant a^2-c^2$，所以 $cx\leqslant c|x|<a^2$，第二次平方变形为同解变形. 又因为 $\sqrt{(x-c)^2+y^2}\leqslant\sqrt{(-a-c)^2+a^2-c^2}=\sqrt{2a^2+2ac}<2a$，

所以第一次平方变形为同解变形，最后一个方程为所求方程. 注意 $a^2-c^2>0$，可令 $b^2=a^2-c^2$，则 $b^2x^2+a^2y^2=a^2b^2$，即 $\frac{x^2}{a^2}+\frac{y^2}{b^2}=1$.

（五）利用方程的代数性质研究图形的几何性质

设椭圆上$\frac{x^2}{a^2}+\frac{y^2}{b^2}=1$的一点$P(x,y)$，则点$(-x,y)$，$(x,-y)$，$(-x,-y)$的坐标也满足方程，而这三点分别是点$P$关于$y$轴、$x$轴和原点的对称点. 由$P(x,y)$的任意性得，椭圆$\frac{x^2}{a^2}+\frac{y^2}{b^2}=1$关于$x$轴、$y$轴和原点对称. 为了作出椭圆的图形，只需作出其在第一象限的部分即可，此时，方程可化为$y=b\sqrt{1-\frac{x^2}{a^2}}$ $(x\geqslant 0)$，这一部分曲线是一条联结点$(0,b)$和$(a,0)$的曲线. 利用对称性就可以得到在其他象限的图形，如图 4－2 所示，其中线段A_1A_2称为长轴，线段B_1B_2称为短轴，根据前面的讨论，长轴长$|A_1A_2|=2a$，短轴长$|B_1B_2|=2b$.

5. 研究方程解的代数性质，与曲线的几何性质相呼应.

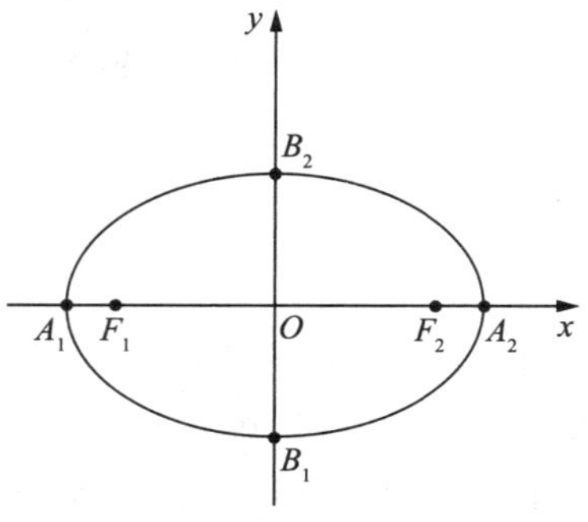

图 4－2

（六）椭圆的标准方程

方程$\frac{x^2}{a^2}+\frac{y^2}{b^2}=1$称为椭圆的标准方程，该椭圆的两个焦点位于$x$轴上，并关于原点对称；若将椭圆的两个焦点置于$y$轴上，并关于原点对称，就可以得到另一种形式的标准方程：$\frac{y^2}{a^2}+\frac{x^2}{b^2}=1$.

（七）例题

例 1　化简方程.

（1）$\sqrt{(x+1)^2+y^2}+\sqrt{(x-1)^2+y^2}=2$；

（2）$\sqrt{(x+1)^2+y^2}+\sqrt{(x-1)^2+y^2}=4$.

6. 强化对曲线定义的辨析.

例 2　若方程$\sqrt{(x+3)^2+y^2}+\sqrt{x^2+(y-4)^2}=k$表示的曲线是椭圆，求实数$k$的取值范围.

例 3　已知椭圆的两个焦点都在坐标轴上，且关于原点对称，焦距为 6，且该椭圆经过点$(0,4)$. 求它的标准方程.

（八）小结及引申问题

1. 椭圆的定义(注意定义中的条件).

2. 椭圆的标准方程(注意焦点的位置与方程形式的关系).

3. 由推导过程的等价性，我们知道，方程$\sqrt{(x-c)^2+y^2}+\sqrt{(x+c)^2+y^2}=2a$也是椭圆的方程，该方程的优点是直接反映椭圆的定义，缺点是使用不方便；而方程$\frac{x^2}{a^2}+\frac{y^2}{b^2}=1$的优点是形式简单，使用方便；那么方程$a^2-cx=a\sqrt{(x-c)^2+y^2}$反映了怎样的几何特征？

7. 在证明推导过程为同解变形的基础上，挖掘方程的几何意义和曲线的其他几何性质.

六、教学设计说明

（一）教学内容分析

本节课是上教版高中数学二年级第一学期第十一章《圆锥曲线》的第一课时“椭圆的标准方程”. 本节课的主要内容是“发现”椭圆的定义和推导椭圆的标准方程，在课型上属于“概念课”. 从知识的体系上来看，“椭圆”是利用代数方法研究曲线几何性质的典型代表. 本节课通过椭圆定义的引入和椭圆方程的推导，深化学生对代数方法的认识，提高学生思考问题、分析问题、解决问题的能力.

（二）学情分析

学生在学习了直线的方程、圆的方程的基础上，对“利用代数方法研究曲线的几何性质”有了初步的认识，但在解决直线与圆的问题时，平面几何的痕迹还是比较明显的，而椭圆是一种学生没有系统研究过的曲线，从研究简单熟悉的几何对象到研究圆锥曲线，跨度较大，学生的思维存在一定的障碍，学习内容对学生的几何和代数能力要求更高，难点有三：一是如何形成椭圆的定义；二是在推导椭圆标准方程的过程中，如何利用椭圆的定义分析曲线的对称性，进而建立平面直角坐标系；三是如何处理比较复杂的根式化简. 因此，教学设计时从学生熟悉的曲线开始，提炼共同点，触发学生探究的动力；在形成定义的基础上，重点围绕坐标系的建立方式与方程的化简变形展开，引导学生分析问题、解决问题.

七、课堂反思

本节课围绕“提炼共性—发现定义—研究性质—推导方程—回顾反思”这一主线展开，对教材内容进行优化组合，在教学过程中，学生通过对简单曲线的性质的提炼，在教师的引导下，探究并形成椭圆的定义，符合从感性认识上升为理性认识的认知规律，提升了抽象概括的能力. 同时在推导椭圆标准方程的过程中，提高对用代数方法研究几何问题的理解,运算能力得到进一步的锻炼.

授课过程比较紧凑,对学生的数学学习能力要求较高.

八、专家点评

教师从探究曲线的形成条件入手,层层提问,师生互动,重视对学生思维过程的引导和启发,促使学生发现并形成椭圆的定义;问题设置循序渐进,顺其自然,教学过程充分体现了教师作为组织者和引导者的作用,让学生通过思考、分析、推理、反思等过程建构新知识,并初步学会从数学的角度去观察事物和思考问题.教学过程能激发学生的学习积极性,能调动学生突破教学重难点.另外,通过学法指导,引导学生的思维向更深更广的方向发展,以培养学生良好的思维品质,并为以后进一步学习双曲线和抛物线作好铺垫.

双曲线的标准方程

上海市行知中学　张　怡

一、教学目标

（一）知识与技能

1. 能理解并掌握双曲线的定义，了解双曲线的焦点、焦距.

2. 能掌握双曲线的标准方程，能够根据双曲线的标准方程确定焦点的位置.

3. 能根据已知条件求双曲线的标准方程.

（二）过程与方法

1. 经历双曲线轨迹的探究，培养观察能力和探索发现能力.

2. 在双曲线定义和标准方程的学习过程中培养类比推理能力、归纳能力，体会求轨迹方程过程中数形结合等数学思想方法的运用.

（三）情感、态度与价值观

1. 经历双曲线及其标准方程的获得过程，感受数学的对称美和简单美.

2. 通过主动探索，感受探索的乐趣，体会数学的理性和严谨.

3. 经历双曲线定义的获得过程，养成实事求是的科学态度，形成学习数学知识的积极态度.

二、教学重点和难点

（一）教学重点

双曲线的定义及标准方程.

（二）教学难点

1. 由双曲线的标准方程确定焦点位置.

2. 根据条件求双曲线的标准方程.

三、教学方法与教学手段

（一）教学方法

本节课以学生为中心，问题为驱动，探究性教学法和启发式教学法为主.

（二）辅助教学手段

多媒体辅助教学.

四、教学流程设计

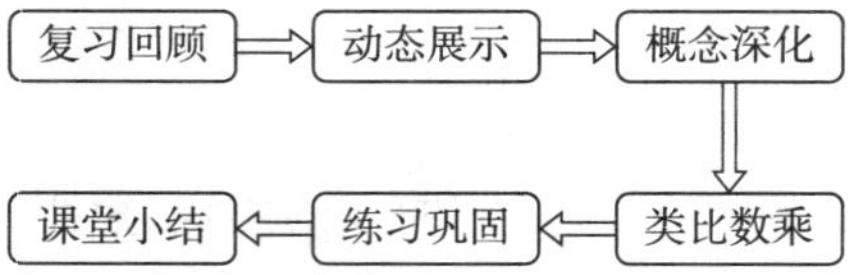

五、教学过程

（一）复习回顾

椭圆的定义：平面内到两个定点 F_1、F_2 的距离之和等于常数 $2a(2a>|F_1F_2|)$ 的点的轨迹叫作椭圆.

（二）新课引入

1. 动态引入

教师：平面内与两个定点的距离之差等于常数的点的轨迹是什么？

（多媒体演示从而得到双曲线的图像）

2. 双曲线的定义

平面内到两个定点 F_1、F_2 的距离之差的绝对值等于常数 $2a(2a<|F_1F_2|)$ 的点的轨迹叫作双曲线. 两个定点 F_1、F_2 叫作双曲线的焦点，两个焦点之间的距离叫作焦距，记为 $|F_1F_2|=2c(c>a>0)$.

教师：平面内与两定点 F_1、F_2 的距离的差等于常数 $2a(2a<|F_1F_2|)$ 的点的轨迹是什么？

学生：双曲线的一支.

教师：若常数 $2a=0$，轨迹是什么？

学生：以 F_1、F_2 两点为端点的线段的垂直平分线.

双曲线的定义应为：平面内到两定点 F_1、F_2 的距离之差的绝对值等于非零常数 $2a(2a<|F_1F_2|)$ 的点的轨迹叫作双曲线. 如图 4-3 所示.

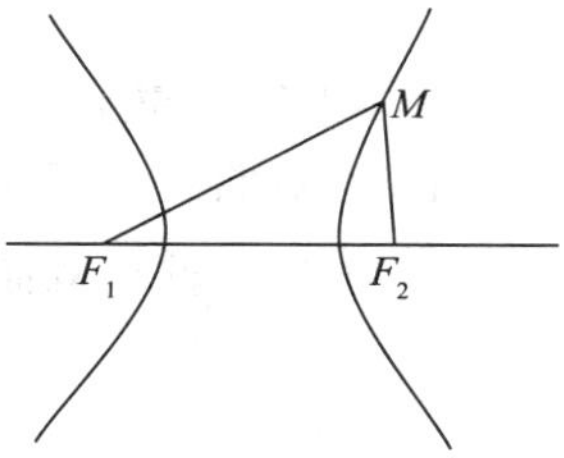

图 4-3

教师：若常数 $2a=|F_1F_2|$ 轨迹是什么？

学生：是在直线 F_1F_2 上且以 F_1、F_2 为端点向外的两条射线.

教师：若常数 $2a>|F_1F_2|$ 轨迹是什么？

学生：不存在.

（三）双曲线标准方程的推导（师生共同完成）

1. 根据对称性合理建立平面直角坐标系；使 x 轴经过两焦点 F_1、F_2，y 轴为线段 F_1F_2 的垂直平分线.

2. 设双曲线上任意一点 $M(x,y)$，根据 $|F_1F_2|=2c \Rightarrow F_1(-c,0)$、$F_2(c,0)$；

3. 利用定义，$||MF_1|-|MF_2||=2a$，$|\sqrt{(x+c)^2+y^2}-\sqrt{(x-c)^2+y^2}|=2a$.

化简方程：将上述方程化为 $\sqrt{(x+c)^2+y^2}-\sqrt{(x-c)^2+y^2}=\pm 2a$.

移项两边平方后整理，得 $cx-a^2=\pm a\sqrt{(x-c)^2+y^2}$.

两边再平方后整理，得 $(c^2-a^2)x^2-a^2y^2=a^2(c^2-a^2)$.

由双曲线定义知 $2c>2a$，即 $c>a$，所以 $c^2-a^2>0$.

设 $c^2-a^2=b^2(b>0)$ 代入上式整理，得 $\frac{x^2}{a^2}-\frac{y^2}{b^2}=1(a>0,b>0)$. 如图 4 - 4 所示.

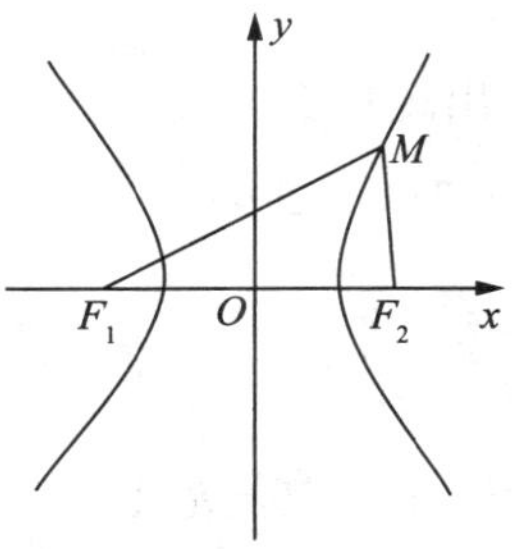

图 4 - 4

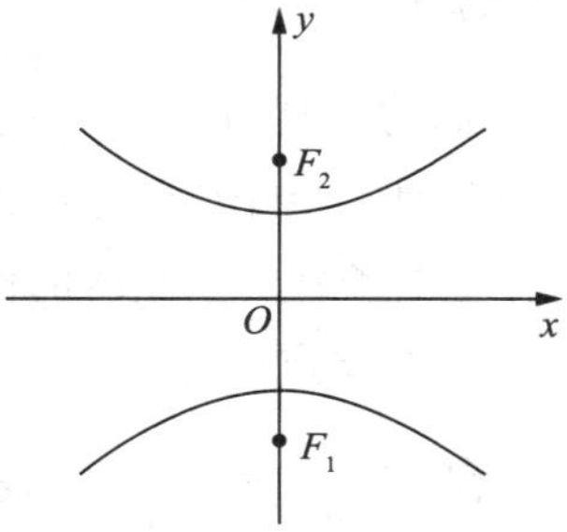

图 4 - 5

教师：如果以 F_1、F_2 的连线为 y 轴，$|F_1F_2|$ 的中垂线为 x 轴建立平面直角坐标系，如图 4 - 5 所示，则此时双曲线的方程又是什么形式？

由学生猜想结论：$\frac{y^2}{a^2}-\frac{x^2}{b^2}=1(a>0,b>0)$，

课后学生自己完成证明.

4. 双曲线的标准方程的特点：

(1) $c^2=a^2+b^2$，$c>a>0$，$c>b>0$，a、b 之间无大小之分.

(2) 右端为 1，左边用“—”连接.

(3) x^2 与 y^2 的系数符号决定焦点所在的坐标轴. x^2、y^2 哪个系数为正，焦点就在哪个轴上，双曲线的焦点所在位置与分母的大小无关.（注意与椭圆的区别）

（四）联系实际、运用新知

例 1 求下列曲线的 a、b、c 以及焦点坐标.

（1）$-\frac{x^2}{5}+\frac{y^2}{4}=1$； （2）$25x^2-16y^2=400$.

解：(1) 因为 y^2 的系数为正，所以 $a^2=4\Rightarrow a=2, b^2=5\Rightarrow b=\sqrt{5}$；

则 $c^2=a^2+b^2=9\Rightarrow c=3$，且焦点在 y 轴上，所以焦点坐标为(0,3)，(0，−3).

(2) 先将方程化为标准方程：$\frac{x^2}{16}-\frac{y^2}{25}=1$.

因为 x^2 的系数为正，所以 $a^2=16\Rightarrow a=4, b^2=25\Rightarrow b=5$.

则 $c^2=a^2+b^2=41\Rightarrow c=\sqrt{41}$，且焦点在 x 轴上，

所以焦点坐标为$(\sqrt{41},0)$，$(-\sqrt{41},0)$.

例 2 已知双曲线的两个焦点坐标分别为 $F_1(-5,0)$、$F_2(5,0)$，双曲线上一点 P 到 F_1、F_2 的距离的差的绝对值等于 8，求双曲线的标准方程.

解：由定义可知所求点的轨迹是以 F_1、F_2 为焦点的双曲线.

因为 $a=4, c=5$，所以 $b^2=c^2-a^2=9$.

故所求双曲线的方程为$\frac{x^2}{16}-\frac{y^2}{9}=1$.

教师：如果把上面的 8 改为 12，其他条件不变，会出现什么情况？

学生：若 $2a=12$，且 $2c=10$，则此时 $2a>2c$，所以动点轨迹不存在.

练习 1：求适合下列条件的双曲线的标准方程.

(1) $a=4, b=3$；(2)焦点(0，−6)，(0,6)，经过点(2，−5).

练习 2：已知方程$\frac{x^2}{2+m}-\frac{y^2}{m+1}=1$ 表示双曲线，求 m 的取值范围.

思考题：已知 A、B 两地相距 800 米，在 A 地听到炮弹爆炸声比在 B 地晚 2 秒，且已知声速为 340 米/秒，求炮弹爆炸点的轨迹方程.

（五）课堂小结（学生完成）

1. 双曲线的定义.
2. 双曲线的标准方程.
3. 双曲线与椭圆的区别.

（六）课后作业

课后练习 12.5.

六、教学设计说明

（一）教学内容分析

本节课是上教版高中《数学》（高二年级第二学期）第十二章第五节“双曲线的标准方程”第一课时的内容.本节课的主要内容是引入双曲线的定义及其基本方程，并且学会运用双曲线的基本方程解决问题.在课型上属于“定理教学课”.双曲线在社会生产、日常生活和科学技术上有着广泛的应用，大纲明确要求学生必须熟练掌握.学生初步认识圆锥曲线是从椭圆开始的，双曲线的学习是对圆锥曲线研究内容的进一步深化和提高.双曲线的定义与椭圆的定义相比难度增大，所以本节课在本章中的地位非常重要.

（二）学情分析

通过椭圆的学习，学生已经对“由已知条件求曲线的方程，再从所得方程来研究曲线的几何性质”的解析法有了一定的认识，为双曲线的学习在数学思想、方法等方面打好了基础，作好了铺垫.而在双曲线的学习中，如果把双曲线的定义及其标准方程研究透彻、清楚了，不仅很容易解决双曲线的定义及其标准方程，而且能为双曲线的简单性质的学习打下坚实基础.通过双曲线的定义及其标准方程的学习，学生对已经学过的椭圆及其标准方程会有更深的理解，对抛物线的学习就会顺理成章，并对圆锥曲线部分的解题有很大帮助，所以本节课在本章中起着承前启后的作用.

（三）教法与学法分析

教学过程是教师和学生共同参与的过程，要启发学生自主性学习，充分调动学生的积极性、主动性，并同时有效地渗透数学思想方法，提高学生素质.根据这样的原则和所要完成的教学目标，为激发学生的学习兴趣，采用如下的教学方法：

（1）引导发现法：启发引导学生思考分析、探索归纳，充分调动学生的积极性、主动性.

（2）多媒体演示法：更形象地展示双曲线形成的过程，帮助学生理解，激发学生的学习兴趣.

（3）类比对照法：通过引导学生比较椭圆和双曲线的异同，使学生能进一步掌握双曲线的定义和标准方程.

（4）练习巩固法：更能突出重点、解决难点，使学生的分析问题和解决问题的能力得到进一步的提高.

教给学生方法比教给学生知识更重要，本节课注重调动学生积极思考、主动探索，尽可能地增加学生参与教学活动的时间和空间，进行了以下学法指导：

（1）探究式学习法：通过提问，引导学生探究新的问题，并共同解决.

（2）自主性学习法：充分发挥学生的自主性，引导学生自己发现问题，解决问题.

（3）对照比较学习法：通过与椭圆的类比，更好地理解掌握双曲线的定义和标准方程.

（4）反馈练习法：通过适当的练习，进一步掌握双曲线的有关知识.

七、板书设计

双曲线的标准方程	
一、定义	例 1
注意：绝对值 $2a<\|F_1F_2\|$	
二、标准方程	例 2
$\dfrac{x^2}{a^2}-\dfrac{y^2}{b^2}=1(a>0,b>0)$	
	$c^2=a^2+b^2$
$\dfrac{y^2}{a^2}-\dfrac{x^2}{b^2}=1(a>0,b>0)$	

八、课堂反思

双曲线相比椭圆，是学生不太了解的一种图形，教材中虽然有拉链，有双曲线的图像，但那是静态的，为什么在拉链的拉合过程中拉链头到两个定点的距离之差的绝对值为定值，学生对本质并没有一个直观的理解，所以运用多媒体演示用拉链画出双曲线图像的过程，能变抽象为直观，帮助学生理解.

教学方法：以类比发现思维作为教学的主线.(1)双曲线的定义与椭圆定义类比；(2)双曲线的标准方程与椭圆的标准方程类比；(3)在双曲线和椭圆中，$2a$ 与 $2c$ 的意义及大小关系的类比；(4)焦点在 x 轴上的方程与焦点在 y 轴上的方程类比.

学生参与度：通过问题的设置，循序渐进地引导学生去发现问题、解决问题. 通过问题的设置，让学生参与进来，进行思考、交流，共同进步. 教师提出的问题，大部分的学生能够解决，从而可以让学生牢固地掌握知识. 对于一些深层次的问题，学生也可以通过相互交流、讨论，自己去解决.

小小的遗憾是由于时间关系，结束得比较仓促，但由于课前准备非常充分，学生的反应也很好，基本达到了预期的教学效果.

九、专家点评

课堂教学效果发生了根本性的变化，教师不再是简单的知识传授者，而是一个活动情境的创设者、活动过程的组织者，通过提问调动了学生的学习主动性，使他们真正成为学习的主人，努力地探索解决问题的方法，发表自己的观点，充分体现了新课程“以教师为主导，以学生为主体”的教学理念.

为新知识的学习搭建合理平台. 主要体现在教师能够运用原有知识来推动新知识的学习，让学生大胆借鉴学习椭圆的标准方程的方法来探究双曲线的标准方程. 利用迁移规律，让学生从求椭圆的标准方程的思路、方法中得到启示，得出求双曲线的标准方程的方法，使新旧知识得到整合. 这种借鉴的学习方法，不仅使本节课的教学变得轻松，同时有利于学生更深刻地理解和掌握这种学习策略，有利于学生的进一步学习和终身的发展.

很好地利用了多媒体展示双曲线的形成过程，让学生体会数学就在身边的思想. 学习活动尽量让学生感受与体验，注重学生在观察、猜想、交流、类比等活动中体会数学知识的产生和形成. 这样的学习，学生学得活、记得牢，既发挥教师的主导作用，又体现了学生的主体地位. 学生在学习过程中，是一个探索者、研究者、合作者、发现者，并且获得了富有成效的学习体验.

在整节课中，教师时而轻快活泼，时而语调舒缓，不把语调停在一个节奏上，不使学生产生疲倦，特别是“数缺形时少直觉，形缺数时难入微”及“三步一回头”很生动形象. 整节课各环节层层递进，环环相扣，循序渐进，没有一点拖泥带水之感. 整体学习过程逻辑清晰，学生主体地位体现充分，学生配合好，课堂气氛比较活跃. 教师穿插点评、补充、总结、讲解，少而精. 评价方式多样灵活，教学中能够正确使用鼓励性的语言评价学生.

总之，这是一堂成功的课，可以看出教师课前准备非常充分，学生的反应也很好，应达到了预期的教学效果.

二次曲线和圆锥曲线

上海交通大学附属中学　杨逸峰

一、教材分析

本课取材于高级中学课本《数学》(高二年级第二学期)第十二章"圆锥曲线探究与实践课题三:做一个有趣的实验"和"本章小结:几何轨迹、二次曲线和圆锥曲线".

作为本章节最后的点题之笔,从斜截圆锥角度使四种圆锥曲线达到某种统一.然而由于立体几何知识储备不够,学生在严格证明方面比较困难.如何把握这种统一理解对圆锥曲线的问题解决方面的启示和引导学生理解在不同圆锥曲线上问题的相似性与统一性是一个很大的考验.

作为探究与实践课,本节课的定位是"知道".因而数学严密性要求较高,但不刻意强调落实.更多的是让学生了解方法,为感兴趣的同学在今后进一步研究提供建议.

二、学情分析

授课班级是年级中的特色班级,思维比较活跃,数学素养也比较好,能够抽象地思考问题.故而对于尚未学习的立体几何知识以课后附录的形式让学生自己研习.

对于斜面截圆锥问题,同学们也有相当的兴趣,并且对论证所得曲线是否确实符合解析几何中的定义有一定的渴望,因而在这样的拓展课中会有所收获.

三、教学目标

通过平面截圆锥的研究,知道可以把圆、椭圆、抛物线与双曲线视作一个统一体中的四类既有统一又有区别的对象.

尝试用这种统一的认识体会不同二次曲线中问题的相似性.

四、教学重点和难点

平面截圆锥得到的图形是各种二次曲线.

五、教学过程

（一）研究下面的几个二次曲线问题

1. 已知过圆 $C_1: x^2+y^2=r^2$ 内一点 $A(x_0, 0)(0<x_0<r)$ 作直线 l 交圆于 M、N 两点，过点 M 作圆 C_1 的切线 l_1，过点 N 作圆 C_1 的切线 l_2，记 l_1 与 l_2 的交点为 P，求点 P 的轨迹.

2. 已知过椭圆 $C_2: \frac{x^2}{a^2}+\frac{y^2}{b^2}=1$ 内一点 $A(x_0, 0)(0<x_0<a)$ 作直线 l 交椭圆于 M、N 两点，过点 M 作椭圆 C_2 的切线 l_1，过点 N 作椭圆 C_2 的切线 l_2，记 l_1 与 l_2 的交点为 P，求点 P 的轨迹.

3. 已知过双曲线 $C_3: \frac{x^2}{a^2}-\frac{y^2}{b^2}=1$ 内一点 $A(x_0, 0)(a<x_0)$ 作直线 l 交双曲线于 M、N 两点，过点 M 作双曲线 C_3 的切线 l_1，过点 N 作双曲线 C_3 的切线 l_2，记 l_1 与 l_2 的交点为 P，求点 P 的轨迹.

4. 已知过抛物线 $C_4: y^2=4x$ 内一点 $A(x_0, 0)(a<x_0)$ 作直线 l 交抛物线于 M、N 两点，过点 M 作抛物线 C_4 的切线 l_1，过点 N 作抛物线 C_4 的切线 l_2，记 l_1 与 l_2 的交点为 P，求点 P 的轨迹.

上述四个问题具有明显的相似性. 其中前两题我们课上讲解过，第 3 题是我们本次期中考试的问题，第 4 题请同学们课后探究.

说明：

1. 这四个问题中两个在课上讲过，一个是考试题，最后一个是类比得到的思考题. 四个题目明显具有某种共性，提出问题，引发学生的思考.

（二）圆锥与圆锥曲线

1. 一个有趣的实验(课本 P70 探究与实践课题三)：从手电筒打出的光束是呈圆锥形的，当光束打到墙面上时，光斑的边缘就形成了一条圆锥曲线.

2. 圆锥被不过圆锥顶点的平面 M_1、M_2、M_3、M_4 所截，得到的截线分别是圆、椭圆、抛物线与双曲线.（课本 P71 本章小结中“几何轨迹、二次曲线和圆锥曲线”）

图 4－6 中截得的曲线是椭圆.

在截面两侧各放置一个与截面、圆锥都相切的球. 两个球与截面的切点分别记作 F_1、F_2，两个球与圆锥面的公共部分都是球小圆.

在截面与圆锥面的交线 Γ 上任取一点 P，与圆锥顶点 V 的连线 VP 分别交两个球小圆于 P_1、P_2. 根据切线长相等，可知 $F_1P=P_1P$，$F_2P=P_2P$，所以 $F_1P+F_2P=P_1P+P_2P=P_1P_2$；根据切线长相等，得 $P_1P_2=VP_2-VP_1$ 对任意的 P 均为定值，所以交线 Γ 为椭圆.

2. 通过传统课堂实验，将手电筒中的光打在墙面上引入课题.

3. 类比平面几何结论，得出立体几何中从空间一点出发，到球的切线长相等.

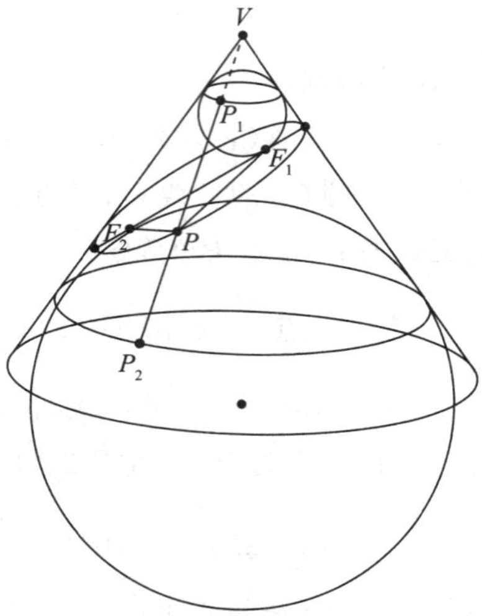

图 4-6

仿照上述过程可证明截线是双曲线的情形(学生课后思考).

如果截面与母线平行,不妨与 AV 平行,那么截得的曲线是抛物线.

同样作球与圆锥和截面都相切,设与截面的切点为 F,与圆锥的切点构成球小圆,将球小圆所在的平面延长,与截面的交线设为 l,如图 4-7 所示.

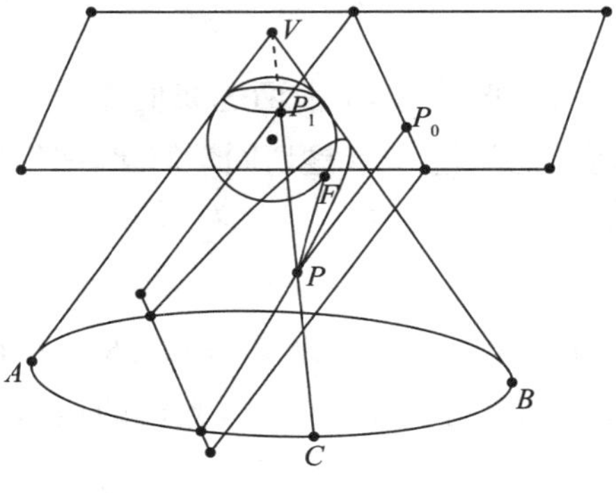

图 4-7

在截线上任取点 P,连接 VP,交球小圆于点 P_1,根据切线长相等知,$PP_1=PF$.

作 $PP_0/\!/VA$ 交 l 于点 P_0,所以 PP_0 与 PP_1 与球小圆所在的平面所成角相等,所以 $PP_0=PP_1$,所以 $PP_0=PF$.

因为母线 VA 与截面平行,所以 $l\perp VA$.所以 $PP_0\perp l$.

即得点 P 到定点 F 与到定直线 l 的距离相等,所以截线为抛物线.

(三)圆、椭圆、抛物线与双曲线是一个统一体中的四类对象

可以证明,二次曲线都可以从同一个圆锥截得,因而,二次曲线的问题应该具有相似性,研究与解决也应该具有某种统一性.

以之前的1,2两个解析几何问题为例.

可以用图4－8中的圆锥模型,明显看出,由于圆中问题点P的轨迹是直线,那么椭圆中问题点P的轨迹是该直线与圆锥顶点V所确定的平面与截面的交线.

4. 回到原来的问题,通过圆与椭圆所在的截面上的直线与点的关系说明原先的共性确实有其原因.
这种共性还可以用压缩映像得到,在考试中已有体现,由学生课后思考.

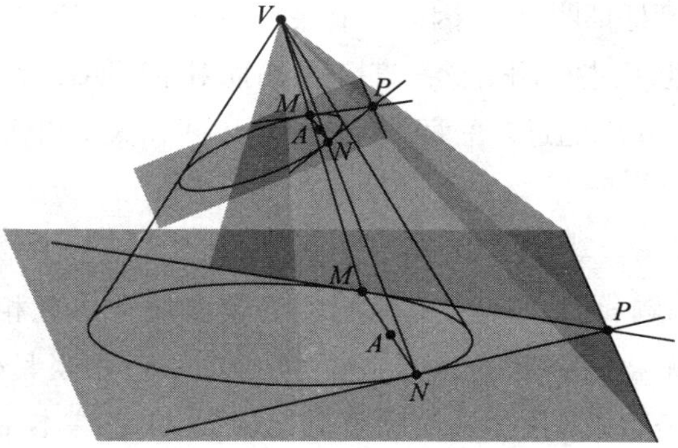

图4－8

(四)立体几何结论(附录)

本节课涉及部分的立体几何结论.

5. 由于立体几何是后面才学习的内容,这里先将涉及的结论先行列出,直接使用.

1. 将Rt$\triangle ABC$(及其内部)绕其一条直角边(如AC)所在的直线旋转一周,所形成的几何体叫作圆锥.

AB所在的直线叫作圆锥的轴,点A叫作圆锥的顶点,直角边BC旋转而成的圆面叫作圆锥的底面,斜边AC旋转而成的曲面叫作圆锥的侧面,斜边AC叫作圆锥侧面的一条母线.

圆锥有无数条母线;所有母线相交于圆锥的顶点;每条母线与轴的夹角都相等.

2. 将圆心为O的半圆(及其内部)绕其直径AB所在的直线旋转一周,所形成的几何体叫作球.

3. (1) 两个平面有一个公共点,必有一条过公共点的交线.

(2) 从同一点出发的两条直线,如果与同一个球都相切,则切线长相等.

(3) 从点A出发的两条直线都与一个平面分别相交于B、C两点,如果直线AB、AC与底面所成角相同,那么$AB=AC$.

六、教学设计说明

本节课内容是课本介绍内容,同时也解释了为什么本章名为"圆锥曲线".

设计分为三个板块,首先给出四种不同的圆锥曲线中的问题,通过问题的相似性提出四种圆锥曲线是否有着某种特别的联系的疑问.接着推荐学生翻阅课本第71页:四种曲线都是一个圆锥被不同的平面所截得到的截线.引起学生兴趣以后,通过立体几何知识和曲线定义证明这个命题.最后回到原先的四个解析几何问题,通过构造圆锥模型解释问题相似性的缘由.

面临的困难有两个:一个是内容既难且多,一节课完成难度颇大;二是学生尚未学习立体几何,要用学生能够理解的知识妥善处理好证明过程.因而本节课的定位介于介绍与严密论证之间:对于较难的截圆锥问题和证明的思考过程不做探究,直接给出;而对于证明过程中的细节问题,和学生互动完成;对于立体几何的知识,通过与平面几何类比得出,不做太多纠缠.

七、课后反思

本节课设计的起因是在课堂例题、课后作业、单元测验等较多场合出现相类似的问题,解决完椭圆,又出现了双曲线、抛物线问题.有些问题之间的联系还相当紧密,可以通过类比直接解决;有些问题之间还是有点差别,只是意境上很相似.联系课本中的探究与实践,就设计了本节课.因而首先想到的是从解析几何问题引入,通过立体几何统一问题,再用立体几何解释问题间的相同与不同.

在上课过程中,由于学生的立体几何知识不完整,在很多立体几何公理定理的使用上和立体几何空间想象上占用了较多的时间.所以在立体几何教学基本结束后再进行本节课的教学,效果会更好.

本节课的取材还是得到了很多数学老师的肯定.课堂中所用的手电筒教具,以及用几何画板演示也都得到了认可.像这种与高考的直接关系不那么紧密的课其实也是很多教师想尝试的,只是由于课时等原因没有开展.我觉得有时候确实应该给出一些课堂时间让学生去思考一些问题,而不要仅仅盯着考试纲要,本节课就是一个尝试.

八、专家点评

本节课取材于课本的探究与实践,对学生来讲是一个颇有兴趣的话题.

一开始用手电筒照黑板,得到圆锥曲线.很简单,也有很好的教学意义.其本质是一束光形成的圆锥被黑板平面所截,在黑板上的光斑就是截面上的曲线.只是研究的时候是“平面不动,圆锥动”.研究中困难比较大,后来就用几何画板转为“圆锥不动,平面动”的问题.

虽然学生没有学过立体几何,但在杨老师的引导下,学生还是能非常清晰地理解了平面截圆锥所得的曲线是椭圆问题.对于布置的课后作业,研究平面截圆锥所得的曲线是双曲线的问题学生应该也能够完成.后面又讲了平面截圆锥的抛物线的证明,这个就比较难了,杨老师通过很好的设计,把这个问题也讲清楚了,让来听课的老师收获不小.

之前的引入问题:几种不同的圆锥曲线中的相似问题,在最后也呼应用截圆锥思想去统一,但因此整节课容量就偏大了,虽然时间控制得不错,但是感觉如果将这两者去掉,专门讲平面截圆锥问题,有些地方展开可以更充分些,效果将会更好.

总之,这是一节相当不错的课,我在下面听课也学到了不少.

用复数模的几何意义解决曲线问题

上海财经大学附属中学　吴　姝

一、教学目标

(一) 知识与技能

利用复数模的几何意义解决曲线问题.

(二) 过程与方法

1. 充分利用复数模的几何意义，将复数的有关代数问题进行几何转化，渗透数形结合思想方法；

2. 联系解析几何中相关曲线的定义，培养学生类比、迁移和知识的综合运用能力.

(三) 情感、态度与价值观

通过学生的参与，激发学生学习数学的兴趣.

二、教学重点与难点

(一) 教学重点

用复数模的几何意义解决曲线问题.

(二) 教学难点

用复数模的几何意义解决曲线问题.

三、教学方法与教学手段

(一) 教学方法

以学生为中心，问题为驱动，引导探究，启发式教学.

(二) 辅助教学手段

SMART 电子白板多媒体辅助教学.

四、教学流程设计

复习引入 ⇒ 探究新知 ⇒ 归纳小结 ⇒ 练习巩固

五、教学过程

（一）数学探究、引入新知

1. 复习引入

教师：在解析几何中我们学过哪些曲线？

学生：直线、圆、椭圆、双曲线和抛物线.

教师：这些曲线的定义是什么？

学生：圆——平面内到一个定点的距离等于定长的动点的轨迹. 椭圆——平面内到两个定点 F_1、F_2 的距离之和等于定长 $2a$（$0<|F_1F_2|<2a$）的动点的轨迹. 双曲线——平面内到两个定点 F_1、F_2 的距离之差的绝对值等于定长 $2a$（$0<2a<|F_1F_2|$）的动点的轨迹. 抛物线——平面内到一个定点 F 的距离与到一条定直线 l（点 F 不在直线 l 上）的距离相等的动点的轨迹.

说明：

1. 通过复习，回顾解析几何中我们学过的几种曲线，它们的定义、标准方程和图像.

教师：那么这些曲线的标准方程和图像是什么？

曲线	标准方程	图像
圆	$(x-a)^2+(y-b)^2=r^2(r>0)$	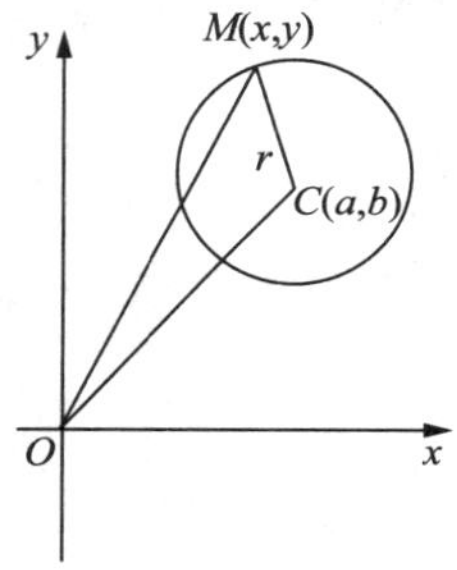 图 4-9
椭圆	$\dfrac{x^2}{a^2}+\dfrac{y^2}{b^2}=1(a>b>0)$	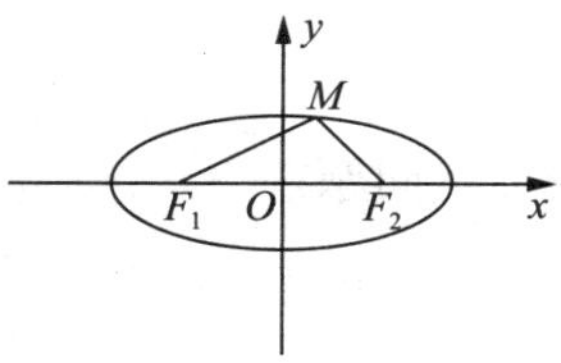 图 4-10
	$\dfrac{y^2}{a^2}+\dfrac{x^2}{b^2}=1(a>b>0)$	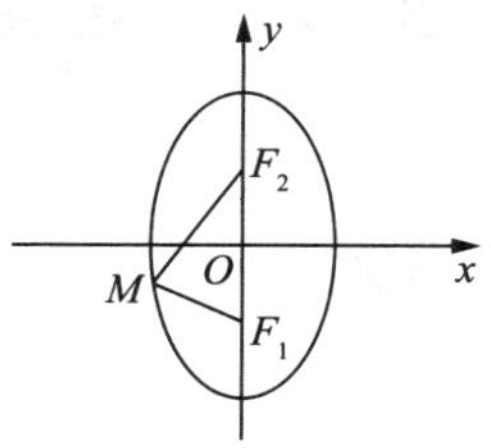 图 4-11

续表

曲线	标准方程	图像
双曲线	$\frac{x^2}{a^2}-\frac{y^2}{b^2}=1(a>0,b>0)$	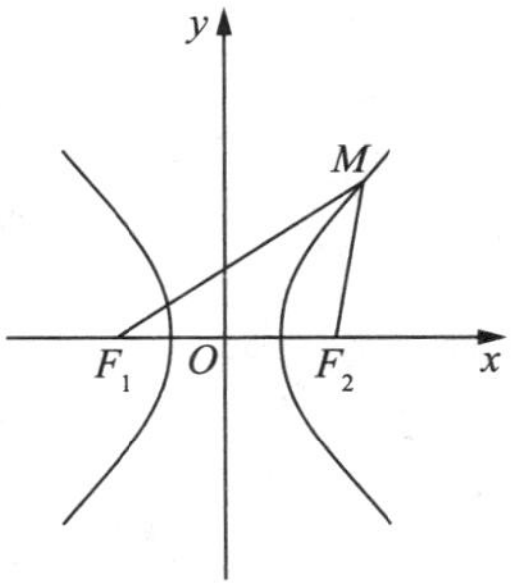 图 4 - 12
	$\frac{y^2}{a^2}-\frac{x^2}{b^2}=1(a>0,b>0)$	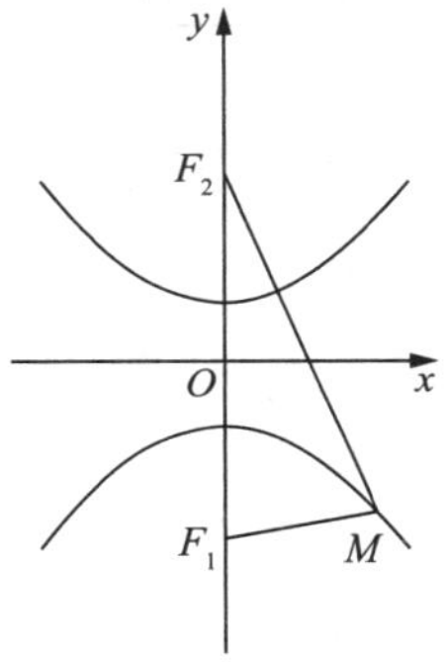 图 4 - 13
抛物线	$y^2=2px(p>0)$	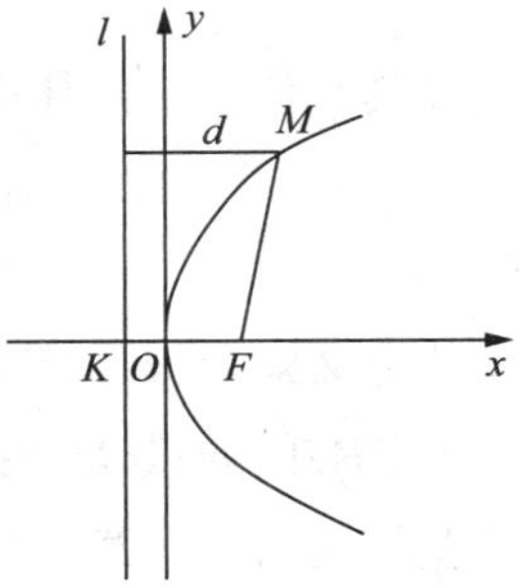 图 4 - 14
	$y^2=-2px(p>0)$	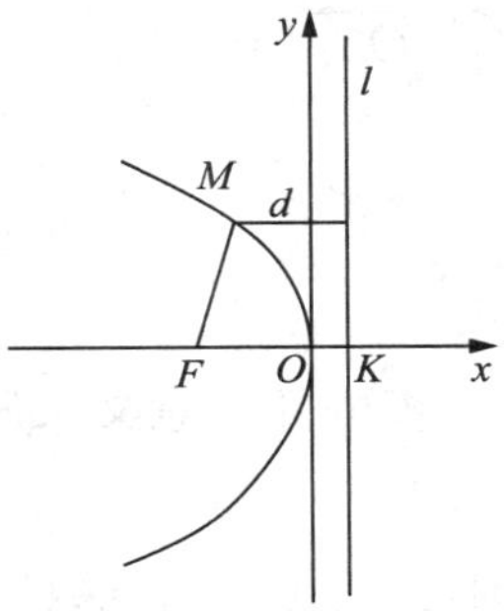 图 4 - 15

续表

曲线	标准方程	图像
抛物线	$x^2=2py(p>0)$	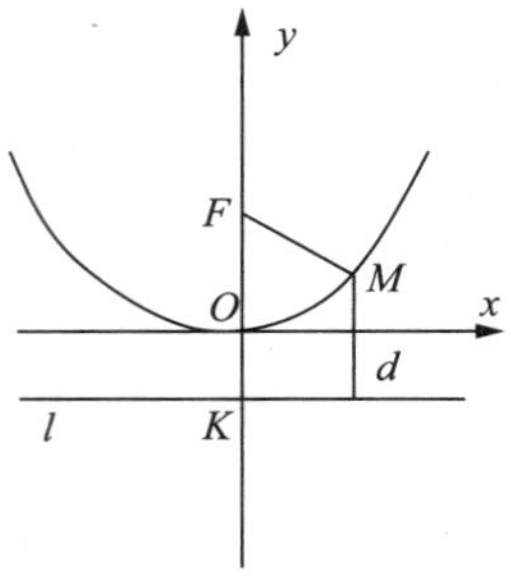 图 4-16
	$x^2=-2py(p>0)$	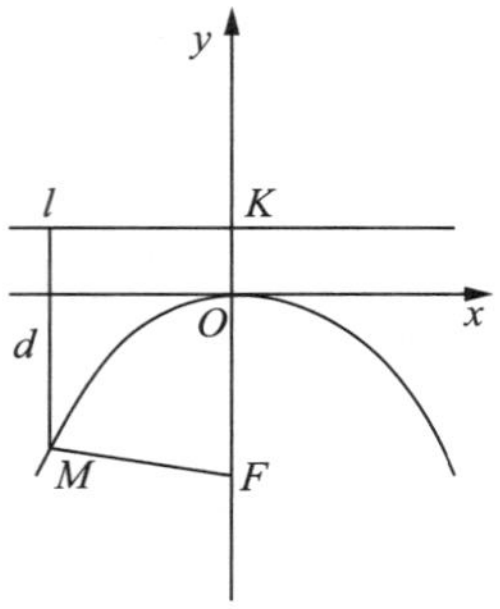 图 4-17

2. 复数、向量和点的坐标可以说是三位一体，向量可以用坐标平面上的点表示，复数可以用复平面上的向量表示，也可以用点表示. 但是点无法运算，向量可以进行加减法运算，复数可以进行加、减、乘、除四则运算，且其运算结果还是复数(向量的数量积不是向量而是数). 因此，复数、向量和点既三位一体，在运算性质上又有差异.

教师：复数的模及其几何意义是什么？

学生：复数 $z=a+b\mathrm{i}(a、b\in\mathbf{R})$ 所对应的点 $z(a,b)$ 到原点的距离叫作复数的模.

教师：由复数模的定义知，复数 $z=a+b\mathrm{i}(a、b\in\mathbf{R})$ 的模与表示复数 $z=a+b\mathrm{i}(a、b\in\mathbf{R})$ 的向量 $\overrightarrow{OZ}$ 的模是一致的.

教师：两个复数差的模的几何意义是什么？

学生：若复数 z_1、z_2 在复平面内所对应的点分别为 Z_1、Z_2，则 $|z_2-z_1|=|\overrightarrow{OZ_2}-\overrightarrow{OZ_1}|=|\overrightarrow{Z_1Z_2}|$，即 $|z_2-z_1|$ 表示点 Z_2 与 Z_1 之间的距离.

2. 探究新知

今天我们用复数模的几何意义来研究前面所学的解析几何方程问题.

例 1 在复平面内，满足下列复数形式方程的动点 Z 的轨迹是什么？

3. 复数与解析几何中的曲线方程有密切联系，例 1 通过复数模的几何意义推导出几种常见曲线的复数形式方程.

(1) $|z-1|=2$；　　(2) $|z+1-i|<3$；

(3) $2<|z-2i|\leqslant 5$；　　(4) $|z-1|+|z+1|=4$；

(5) $||z-4|-|z+4||=2$；　　(6) $|z-1|=\mathrm{Re}z+1$；

(7) $|z-(3+4i)|=|\mathrm{Re}z-3|$；(8) $|z-3|=|z+3i|$.

解:(1) 动点 Z 的轨迹是以(1,0)为圆心,以 2 为半径的圆.

(2) 动点 Z 的轨迹是以(−1,1)为圆心,以 3 为半径的圆的内部.

(3) 动点 Z 的轨迹是以(0,2)为圆心,以 2 为半径的圆外部分与以(0,2)为圆心,以 5 为半径的圆内部分(含边界)的公共部分.

(4) 动点 Z 的轨迹是以(1,0)、(−1,0)为焦点,长轴长为 4 的椭圆.

(5) 动点 Z 的轨迹是以(4,0)、(−4,0)为焦点,实轴长为 2 的双曲线.

(6) 动点 Z 的轨迹是以(1,0)为焦点,准线方程为 $x=-1$ 的抛物线.

(7) 动点 Z 的轨迹是直线 $y=4$.

(8) 动点 Z 的轨迹是以(3,0)、(0,−3)为端点的线段的中垂线.

(二) 运用新知、解决问题

练习 1:在复平面内,满足下列复数形式方程的动点 Z 的轨迹是什么?

4. 通过配套练习 1,了解学生对新知的掌握程度.

(1) $|z+2-5i|=2$；　　(2) $|z-1-i|\geqslant 3$；

(3) $2\leqslant|z+1-3i|\leqslant 5$；　　(4) $|z-i|+|z+i|=4$；

(5) $|z-4i|-|z+4i|=2$；　　(6) $|z-3i|=\mathrm{Im}z+3$；

(7) $|z-3i|=|3+i|$.

解:(1) 动点 Z 的轨迹是以(−2,5)为圆心,以 2 为半径的圆.

(2) 动点 Z 的轨迹是以(1,1)为圆心,以 3 为半径的圆及其外部.

(3) 动点 Z 的轨迹是以(−1,3)为圆心,以 2 为半径的圆外部分(含边界)与以(−1,3)为圆心,以 5 为半径的圆内部分(含边界)的公共部分.

(4) 动点 Z 的轨迹是以(0,1)、(0,−1)为焦点,长轴长为 4 的椭圆.

(5) 动点 Z 的轨迹是以(0,4)、(0,−4)为焦点,实轴长为 2

的双曲线的下支.

(6) 动点 Z 的轨迹是以(0,3)为焦点，准线方程为 $y=-3$ 的抛物线.

(7) 动点 Z 的轨迹是以(0,3)为圆心，以$\sqrt{10}$为半径的圆.

（三）课中小结（由学生小结，得出结论）

5. 由学生小结，得出几种常见曲线的复数形式方程.

几种常见曲线的复数形式方程：

(1) 线段中垂线：$|z-z_1|=|z-z_2|$；

(2) 圆：$|z-z_0|=r(r>0)$；

(3) 点：$|z-z_0|=r(r=0)$；

(4) 无轨迹：$|z-z_0|=r(r<0)$；

(5) 圆盘：$|z-z_0|<r(r>0)$；

(6) 圆环：$r<|z-z_0|<R(0<r<R)$；

(7) 椭圆：$|z-z_1|+|z-z_2|=2a(0<|z_2-z_1|<2a)$；

(8) 线段：$|z-z_1|+|z-z_2|=2a(0<|z_2-z_1|=2a)$；

(9) 无轨迹：$|z-z_1|+|z-z_2|=2a(0<2a<|z_2-z_1|)$；

(10) 双曲线：$||z-z_1|-|z-z_2||=2a(0<2a<|z_2-z_1|)$；

(11) 射线：$||z-z_1|-|z-z_2||=2a(0<2a<|z_2-z_1|)$；

(12) 无轨迹：$||z-z_1|-|z-z_2||=2a(2a>|z_2-z_1|>0)$；

(13) 抛物线：$|z-z_1|=|\mathrm{Re}z+\mathrm{Re}z_1|(\mathrm{Re}z_1\neq0,\mathrm{Im}z_1=0)$或$|z-z_1|=|\mathrm{Im}z+\mathrm{lm}z_1|(\mathrm{Re}z_1=0,\mathrm{Im}z_1\neq0)$；

(14) 直线：$|z-z_1|=|\mathrm{Re}z-\mathrm{Re}z_1|$或$|z-z_1|=|\mathrm{Im}z-\mathrm{Im}z_1|$.

（四）继续探究、深化新知

6. 本部分内容将视课堂具体情况而调整. 如果时间来不及，则作为思考题留在课后完成.

练习 2：在复平面内，点 P、Q 所对应的复数分别为 z_1、z_2，且 $z_2=2z_1+3-4\mathrm{i}$，$|z_1|=1$，求点 Q 的轨迹.

解：$\because z_2-(3-4\mathrm{i})=2z_1$，$\therefore |z_2-(3-4i)|=|2z_1|=2$.

因此点 Q 的轨迹是以(3，-4)为圆心，2 为半径的圆.

（五）复习小结、巩固训练

1. 由教师或学生根据本节课所学内容进行适当小结.

2. 作业布置：练习册 P64(10,11).

六、教学设计说明

（一）教学内容分析

复数是中学阶段数系的又一次扩充，这不仅使学生对于数的概念有一个初步的、完整的认识，也为学生进一步学习数学打下了基础.本节课的教学指导思想是努力挖掘教材的内涵美妙之处，充分发挥其功能，复数的概念来自数学内部对运算与解方程的需要，它的几何表示则来自数形结合思想与坐标方法，这使得复数必然以代数中运算、方程、直角坐标系、集合等知识为基础，而且必然与平面几何、平面解析几何之间有着密切的联系，所以学习这部分知识，将是对代数、平面几何、平面向量、平面解析几何中有关内容的一次复习、巩固和应用.复数的加法、减法运算还可以通过向量加法、减法的平行四边形法则、三角形法则来进行，这不仅又一次看到了向量这一工具的功能，也把复数、复数的坐标表示及其加减运算，与向量、向量的坐标表示及其加减运算完美地统一了起来，使学生领悟到数学知识发生与发展过程中的思想方法和数学的和谐美、简洁美，培养精益求精的治学态度和勇于探索的精神.

（二）学情分析

本节课教学内容是在学生学习了复数的概念、坐标表示及加减法运算基础上设计的，是对复平面上两点间距离的引申.通过复习$|z_2-z_1|$的几何意义，将复数的有关问题进行转换，渗透数形结合的思想方法.

（三）教法与学法分析

建构主义观点在高中数学课堂教学中实践的教学方法.在学生初步掌握复数的加法运算法则和几何意义的基础上进行逆向思维的训练和变式训练，通过平面向量的减法运算类比复数的减法运算，使学生逐步建构减法运算法则和几何意义，这样就突破了教学难点.

众所周知，解析几何的诞生是数学发展的一个里程碑，它为微积分的诞生创造了条件.前一章同学们已经很系统地从“数”“形”两方面研究了解析几何问题，本节课我希望通过电子白板的拖曳、擦除、书写、标注、放大、聚光灯、存储和投影等功能，使同学们能充分利用复数模的几何意义，联系解析几何中相关曲线的定义，将复数的有关代数问题进行几何转化；培养学生类比、迁移和知识的综合运用能力，进一步体会数形结合的思想.最后通过学生的参与，激发学生学习数学的兴趣，从学习的过程中提高自己的数学思维能力，大大提高了课堂的效率.

七、板书设计

用复数模的几何意义解决曲线问题

两个复数差的模的几何意义是什么？

若复数 z_1、z_2 在复平面内所对应的点分别为 Z_1、Z_2，则 $|z_2-z_1|=|\overrightarrow{OZ_2}-\overrightarrow{OZ_1}|=|\overrightarrow{Z_1Z_2}|$，即 $|z_2-z_1|$ 表示点 Z_2 与 Z_1 之间的距离.

例 1：(1) $|z-1|=2$

……

练习 1：(1) $|z+2-5\mathrm{i}|=2$

……

练习 2：在复平面内，点 P、Q 所对应……

八、课堂反思

前几节课我们从“数”的角度研究了复数的概念及其四则运算，本节课我带领着同学们从“形”的角度进一步研究复数模的几何意义.

根据上述“复数的几何意义”的教学设计开展教学，课堂效果好得出乎我的意料，同学们都认真思考、思维活跃，积极参与到其中，课堂练习大家也掌握得非常好，连来听课的老师都感觉同学们对数学有着浓厚的兴趣. 课后作业更是充分反映出同学们课上掌握得非常不错.

（一）加强探究教学，促进学生理解

数学课堂教学，首要问题是学生的理解，无论是概念、公式、定理，还是思想方法，必须要理解，否则只能生搬硬套，无法灵活运用. 怎样才能促进学生的理解呢？我认为要合理设计问题，引导学生自主探究，学生通过探究获取新知，他们的理解才能更深刻，运用才能更灵活. 教师的主要任务是问题引导，学生主要是分析问题，课堂结论大部分是由学生自己发现的.

（二）注重知识生成的方法教学

“授之以鱼，不如授之以渔”，意思是教给学生方法比教给学生知识更重要. 一些数学知识学生不可能终身记忆，而学生所学的一些数学思想方法却能终身受益，借用这些思维方法可以更合理地解决生活中的问题；其次，要想真正地获取数学知识并长久不遗忘，靠死记硬背是不行的，学生只有掌握了获取知识的方法，对知识的理解才能更深刻，记忆才会更长久，即使偶尔遗忘，也有可能通过一定的方法重新演绎还原，正所谓：有“渔”才有“鱼”. 本节课不仅让学生获得复数的几何意义，更让学生学会了由特殊到一般的归纳手段.

九、专家点评

本课是在学生学习了复数的概念、坐标表示及加减法运算基础上设计的，是对复平面上两点间距离的引申. 使学生充分利用复数模的几何意义研究解决解析几何中相关曲线的问题，渗透数形结合的思想方法，同时培养学生类比、迁移和知识的综合运用能力. 教学目标定位准确、要求具体、效果明显，从双基落实到能力提升，由浅入深、层层递进.

选题精当，紧扣教学目标，从学生已有知识入手，充分利用$|z_2-z_1|$的几何意义，将复数问题转换为几何问题来解决，渗透数形结合思想. 巧妙利用变式将 14 种类型进行了有机整合，设计由简到繁、层次感强.

本节课最突出的优点在于构建了习题的双基模块，对于复数模的几何意义这一知识点，通过梳理题目类型，经过提炼、选择和有效组织，将能够遇到的不同曲线类型归纳到一道例题中，通过一题多支的形式体现出来，做到了将数学知识由原始形态到教育形态的转变，促进了课堂教学的有效性.

高三年级

球面距离

上海市杨浦高级中学　方耀华

一、教学目标

（一）知识与技能

1. 理解球面上两点间距离的定义，拓宽有关“距离”概念的认知.

2. 掌握地球上同经度不同纬度的两地间球面距离的求解；掌握地球上同纬度不同经度两地间的球面距离的求解.

（二）过程与方法

渗透类比、猜想的思想，让学生在课堂上自主观察、实验、分析、归纳总结，培养学生数学动手实验能力、合情推理能力、空间想象能力、实际应用能力以及分析问题与解决问题的能力.

（三）情感、态度与价值观

发挥学习小组讨论的作用，让学生之间互相磋商、交流和互补，促进数学学习，提高学习的积极性，培养团结、务实的学习风气，学生之间、师生之间交流融洽.

二、教学重点与难点

（一）教学重点

球面距离定义的正确理解.

（二）教学难点

球面距离定义的正确理解和地球上同纬度不同经度球面距离的求解.

三、教学方法与教学手段

（一）教学方法

以学生为中心，问题为驱动，引导探究，启发式教学.

（二）辅助教学手段

多媒体辅助教学.

四、教学流程设计

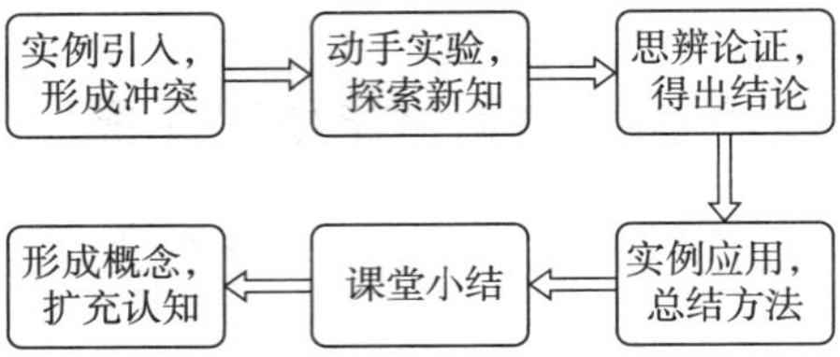

五、教学过程

（一）实例引入，形成冲突

教师：请同学们看世界地图.

我们所居住的上海在靠近北纬 30°、东经 120°的 A 点，美国的洛杉矶在靠近北纬 30°、西经 120°的 B 点. 下面就请同学们为上海航空公司设计一条从上海直接飞往美国洛杉矶的航线.

学生：沿着北纬 30°的纬度圈航行，方向为向东航行.

教师：你为什么会选择这条航线？

学生：因为感觉上这样飞过去最近.

教师：为飞机选择航线的主要标准是什么？

飞行不像陆地、海洋上那样行进，一般不需要绕行. 航程（距离）尽可能短. 这样既省时间又省油费，高效又环保.

说明：

1. 通过实例引入，引起学生思考，激发学生学习兴趣，通过探究引出球面距离的概念.

（对这位同学的回答表示认可的同学请举手示意）

事实上，早在 2006 年上海航空公司就已经开通了上海到洛杉矶直达的货运航线，但是该航线并非是“沿着北纬 30°的纬度圈航行”，而是在整个飞行过程中会路过美国阿拉斯加州的阿留申群岛，再到洛杉矶.

对于这一现象我们该作何解释？我们能用数学的观点给出一个合理、科学的解释吗？

从上海飞往洛杉矶的货机绕道东北方向的阿拉斯加这一现象，可以说明沿纬线圈的航线并不是最短的.

这个值得研究的问题如果将其数学化，我们可以将地球近似地认为是一个球体，那这个问题的本质就是球面上两点间的最短路线是什么.

（二）动手实验，探索新知

教师：为了了解上海到洛杉矶的最短路线，我们不妨来做个实验．我选择的实验工具是地球仪和橡皮筋．原本想在课堂上做这个实验的，但是怕同学们看不清楚，因此我特地将该实验拍摄下来，播放给同学们看．

2. 通过橡皮筋的实验，揭示球面上两点间的最短距离，引发学生的猜想、论证．

实验语录：我们看到上海在靠近北纬 30°、东经 120°的位置，这是北纬 30°的纬线，美国的洛杉矶在靠近北纬 30°、西经 120°的位置．

我将橡皮筋的一头固定在地球仪上海的位置，然后将橡皮筋沿北纬 30°的纬线圈至洛杉矶．接着我将橡皮筋收紧，但是在收紧的过程中仍然保证该橡皮筋所在的曲线经过洛杉矶．由于橡皮筋的弹性作用，它会静止于尽可能短的状态．这个经验告诉我们，从上海到洛杉矶，沿该绷紧的橡皮筋所在的这条曲线航行的行程最短．我们发现该曲线的确经过美国阿拉斯加州的阿留申群岛，而阿留申群岛的纬度已经超过北纬 45°．上海航空公司选择的的确是最短的航线．

教师：为了研究球面上两点间的最短路线到底是什么，我们继续观察，这绷紧的橡皮筋所在的曲线应该是一条什么曲线呢？

学生：从绷紧的橡皮筋的状态来看，显然它是一条平面曲线．（经验告诉我们歪歪扭扭不可能最短）

教师：而球若被一个平面所截，截得的曲线是什么呢？

学生：一个圆．

教师：球面上过 A、B 两点的圆有多少个？

学生：过两点有无数平面，因此截得球面上无数个圆．

教师：我们要研究 A、B 两点在球面上的最短路线，这最短路线应该就是出自这些圆在 A、B 两点间的劣弧长，究竟哪个圆在 A、B 间的劣弧长度最短呢？

（请学生大胆猜测，过 A、B 两点的小圆无数个，大圆只有一个）

3. 鼓励学生猜测，学生猜测的结论不谋而合．

教师：圆与圆的不同主要在于其半径不等，那么这些圆弧的半径与其在 A、B 两点间的劣弧长又有什么关系呢？

（教师通过几何画板演示）

4. 发挥几何画板的辅助功能，将形的变化通过数据显示，得到明显的结论．

过 A、B 的所有圆中，半径的取值范围应该以线段 AB 为直径的圆的半径为最小，球的半径为最大．

通过实验不难发现，以线段 AB 为公共弦的若干圆中，半径

较大的圆在 A、B 两点间的劣弧长较小.

科学需要观察,但观察并不总是可靠的,我们的眼睛有时也会欺骗我们. 正如前面的世界地图就欺骗了我们部分同学的眼睛. 若要得到该结论是正确的,我们必须对其进行证明.

(三) 思辨论证,得出结论

教师: 我们可以找到两个圆,一个圆的半径较另一个圆大一些,但它们有一条公共弦 AB. 我们要证明的是半径较大的圆在 A、B 间的劣弧长小于半径较小的圆在 A、B 间的劣弧长.

请同学写下已知求证,并分析如何证明该结论.

如图 5-1 所示,已知 AB 是圆 O_1 和圆 O_2 的公共弦,圆 O_1 的半径为 R,圆 O_2 的半径为 r,且 $R>r$,求证:$\overset{\frown}{AmB}<\overset{\frown}{AnB}$.

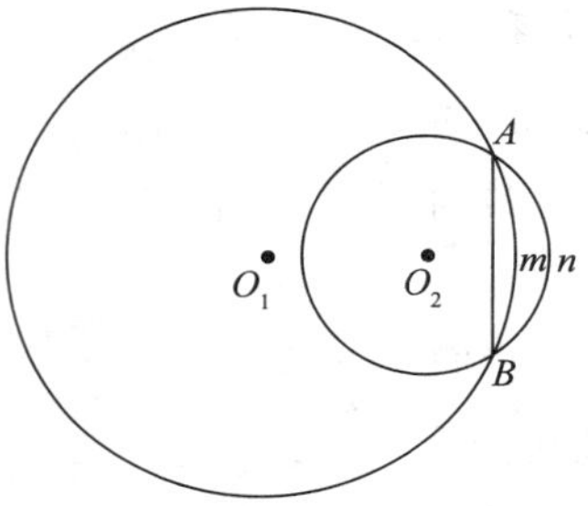

图 5-1

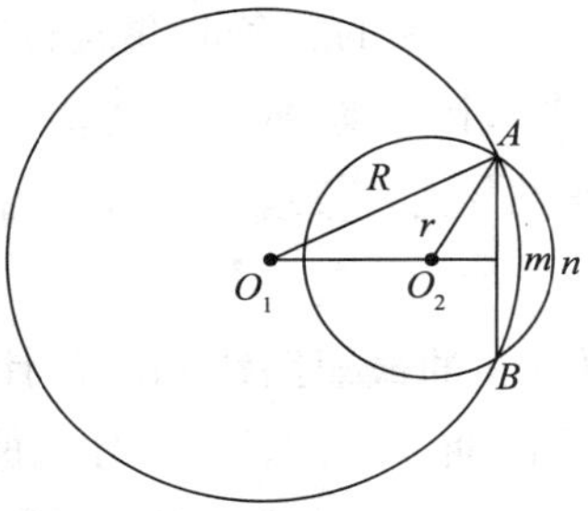

图 5-2

证明:如图 5-2 所示,设 $\angle AO_1B=2\alpha$,$\angle AO_2B=2\beta$,α、$\beta \in\left(0,\frac{\pi}{2}\right)$.

$\because R=\frac{1}{2}\cdot\frac{AB}{\sin\alpha}$,$r=\frac{1}{2}\cdot\frac{AB}{\sin\beta}$,

$\therefore \overset{\frown}{AmB}=2\alpha\cdot R=\alpha\cdot\frac{AB}{\sin\alpha}$.

$\therefore \overset{\frown}{AnB}=2\beta\cdot r=\beta\cdot\frac{AB}{\sin\beta}$.

要证 $\overset{\frown}{AmB}<\overset{\frown}{AnB}$,即证 $\frac{\alpha}{\sin\alpha}<\frac{\beta}{\sin\beta}$ 或证 $\frac{\sin\alpha}{\alpha}>\frac{\sin\beta}{\beta}$.

$\because R>r$,则 $\sin\alpha<\sin\beta$,$\therefore \alpha<\beta$.

教师: 作为这个结论的证明,可以通过三角函数线和不等式的放缩来完成,也可以通过证明函数 $y=\frac{\sin x}{x}$ 在区间 $\left(0,\frac{\pi}{2}\right)$ 上单调递减来完成.

5. 学生发现证明推理的关键,产生浓厚的兴趣,课后继续学习.

由于时间关系,它的代数证明留给感兴趣的同学课后研究.

结论:以线段 AB 为公共弦(经过 A、B)的若干圆中,半径较大的圆在 A、B 两点间的劣弧长较小.

教师:在球面上,我们现在要找到最短的劣弧,那么经过 A、B 的若干圆中,哪个圆的半径最大呢?

学生:大圆.

教师:这样也就说明球面上两点间最短的圆弧长就是经过这两点的大圆在这两点间的劣弧长.

(同学们能直观感受到球上两点间最短的圆弧长其实就是球面上两点间最短的路线)

教师:我们给球面上任意两点这一条最短路线的长度取个什么名字呢?

学生:球面上两点间的距离.

(四)形成概念,扩充认知

球面上两点间的距离的定义:

在联结球面上两点(两点的连线不经过球心)的路径中,将通过该两点的大圆的劣弧的长度称为这球面上的两点间距离.

教师:在该定义中,球面上的两点能否是球面上的任意两点?

学生:不行.若两点的连线经过球心,则经过该两点的大圆圆弧长正好被这两点平分,那就谈不上大圆在这两点间的劣弧长了.

教师:那么两点的连线经过球心时,这两点间的球面距离如何定义呢?

学生:若两点的连线经过球心时,规定大圆周长的一半为两点的球面距离.既然经过该两点的大圆圆弧长正好被这两点平分,两端弧相等,那么用大圆周长的一半来定义是非常合理的.

教师:经过同学们的探索、研究得到了球面上两点间距离的概念.距离对我们而言并不陌生,请回忆,我们之前还学过哪几种几何基本对象间的距离?它们有什么共同特征?

6. 从球面距离定义的两种情况进行细致分析,提升学生的思辨能力.

学生:平面上两点间的距离;点到直线的距离;异面直线间的距离;平行直线间的距离;点到平面的距离;平行于平面的直线与平面间的距离;两平行平面间的距离.共同特征:最小性;确定性;表示为一条特殊线段的长.

教师:球面距离的最小性,前面我们已经对其做了说明.而确定性呢?若两点的连线不经过球心,那么过这两点与球心的大圆是唯一确定的，该大圆在这两点间的劣弧长度自然也就确定了.若两点的连线经过球心，虽然过这两点的大圆有无数多个，但是大圆周长的一半还是一个确定的值.

正如同学们总结的那样，以前各种“距离”都是一条特殊线段的长，而球面距离却是一条特殊的圆弧长.但是它们都是“平面”曲线，具有“最小性”和“确定性”，体现了数学概念的和谐发展.

而我们学习的旋转体有圆柱、圆锥和球，为什么单独研究两点间的球面距离，而不再研究圆柱和圆锥的侧面上两点间的距离呢?

学生:因为圆柱和圆锥的侧面可沿其一条母线剪开，展开后得到的是矩形和扇形，它们都是平面图形，利用平面上两点间线段最短，使问题获解.

教师:而球面能否展成平面图形呢?

(学生摇头)

教师:球面是无法展成平面图形的，这一点与多面体、圆柱和圆锥有本质的不同.世界地图为什么会欺骗大家，就是因为它是失真的.因此，对两点间的球面距离我们要进行特别的研究.

7. 从球面距离到空间各类距离的综合回顾，学生更容易抓住距离的共性，把握规律.

(五)实例应用，总结方法

在了解了球面距离的概念后，下面我们来试着计算球面上两点间的距离.

例 1 已知上海的位置约为北纬 30°、东经 120°，洛杉矶的位置约为北纬 30°、西经 120°，求这两个城市间的距离.(设地球半径 R 约为 6 371 千米，计算结果精确到 1 千米)

解:如图 5－3 所示，设上海、洛杉矶在球 O 面上的点为 A、B，

A、B 两点所在的纬线圈(小圆)的圆心为 O'.

由已知条件，得 $\angle OAO_1=\angle OBO_1=30°$，

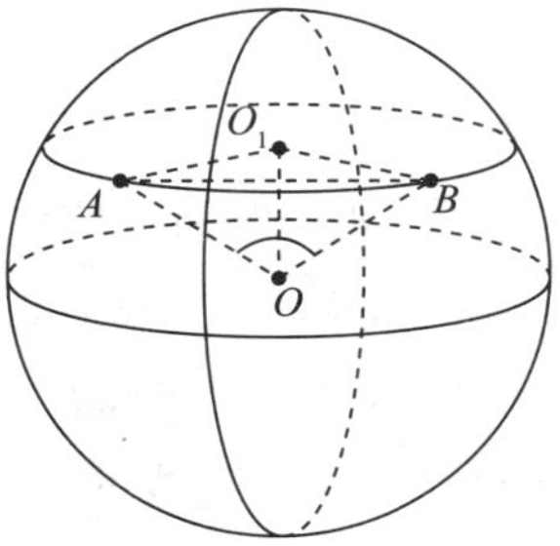

图 5－3

$$O_1A=O_1B=R\cos 30°=\frac{\sqrt{3}}{2}R,$$

$$\angle AO_1B=360°-(120°+120°)=120°.$$

由余弦定理，得

$$AB^2=O_1A^2+O_1B^2-2O_1A\cdot O_1B\cos\angle AO_1B=\frac{9}{4}R^2,$$

$$\cos\angle AOB=\frac{OA^2+OB^2-AB^2}{2\cdot OA\cdot OB}=\frac{R^2+R^2-\frac{9}{4}R^2}{2\cdot R\cdot R}=-\frac{1}{8},$$

$$\therefore\angle AOB=\arccos\left(-\frac{1}{8}\right).$$

可知大圆劣弧 $\overset{\frown}{AB}=s=6\ 371\times\arccos\left(-\frac{1}{8}\right)\approx 10\ 806$(千米).

所以两城市之间的距离约为 10 806 千米.

我们不妨再来算算小圆在 A、B 两点间的劣弧长，如果按照同学们感觉上的北纬 30°的纬度圈走，那么飞机需要飞行多少千米呢？

8. 解法不唯一，也可将投影作于赤道平面内分析求解.

设小圆 O_1 在 A、B 两点间的劣弧长为 l，则

$$l=\frac{2\pi}{3}\cdot O_1A=\frac{\sqrt{3}}{3}\pi R\approx 11\ 556\text{(千米)},$$

11 556－10 806＝750(千米).

两条航线足足相差 750 千米，几乎相当于上海到韩国釜山的距离了.

对球面距离的计算，从经纬度来看，例 1 属于哪一类的球面距离问题？

1. 同纬度不同经度的两地间的距离.

还会有哪些类似的问题呢？

2. 同经度不同纬度的两地间的距离.

分析：如图 5－4 所示，相同经度不同纬度的两点 A、B 在同一经线上，也就在半个大圆上，图中的劣弧 $\overset{\frown}{AB}$ 即为所求距离. 若求弧 $\overset{\frown}{AB}$，只需将圆心角 $\angle AOB$ 求出即可.

而 $\angle AOB=\angle AOC-\angle BOC$，

$\angle AOC$、$\angle BOC$ 即为 A、B 两点的纬度.

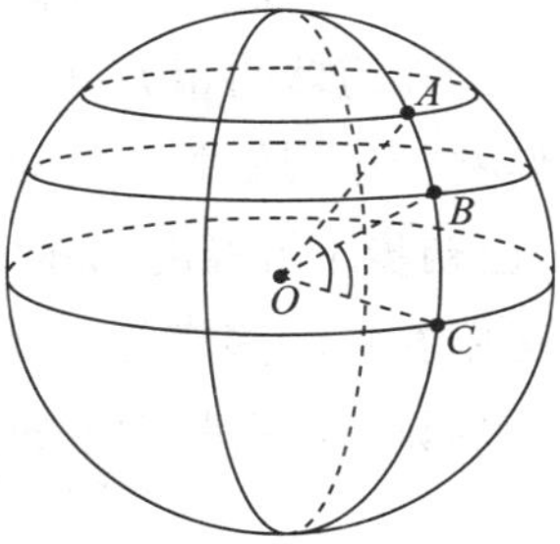

图 5－4

9. 由于前面对球面距离的最小性进行推理分析，故课堂的时间比较紧张，因此将较为简单的同经度不同维度问题简单地一带而过，节省时间，重点分析同纬度不同经度的问题.

3. 不同经度不同纬度的两地间的距离.

解决第 1 类和第 2 类问题的关键是什么？

解决问题的关键是求出经过两地的大圆劣弧所对的圆心角.

对于第 3 类问题，同学们可以试着在课后研究，解决问题的关键还是要求出经过两地的大圆劣弧所对的圆心角.

（六）课堂小结

教师：今天我们学习了球面上两点间的距离的定义以及如何计算两点间的球面距离. 在学习过程中，我们有哪些体会和收获呢？

1. 球面距离的定义

注意：定义中的分类.

2. 求球面距离的方法

注意：弧长公式的应用；圆心角的求解.

10. 学生总结，提炼本节课的知识与思想方法.

六、教学设计说明

（一）教学内容分析

球面上两点间的距离是立体几何中继“异面直线的距离”“点到平面的距离”“直线到平面的距离”和“平面到平面的距离”之后，又一重要距离. 其概念的产生和形成，不但加深学生对球面及球的截面的理解，而且在求解过程中，联系了立体几何中三个重要的角（线面角、二面角和异面直线所成的角）的概念，加深对其理解.

球面上两点间的距离具有十分重要的实际应用，通过对它的学习，学生能认识到数学源于实践又作用于实践；通过对它的学习，可以培养学生学习数学，用好数学的兴趣；通过对它的学习，可以使学生掌握有关地理知识，增强综合素质.

（二）学情分析

本节课的授课对象是上海市示范性高中的学生，他们有较好的学习习惯，有一定的口头和书面表达能力. 学生已经知道球的相关概念、球的截面的性质、球大圆的定义，具备了理解球面距离概念的基础，并能运用相关三角知识解三角形.

学生在高一地理课上已初步了解经度和纬度的定义，但由于时间相隔较长，可能已生疏. 所以在讲解例题前需运用教具和多媒体演示对地球经纬度知识结合立体几何中线面角和二面角的概念进行简单回顾，以唤起学生的记忆.

（三）教法与学法分析

本节课是以上海市数学课程标准为依据进行设计的，针对学生的学习背景，球面距离的教学首先是挖掘其实际意义，利用知识之间的联系，温故而知新；其次，激发学生的学习热情，把学习的主动权交给学生，为他们提供自主探究、合作交流的机会，确实改变学生的学习方式.

七、板书设计

球面距离

球面上两点间的距离

……

如图5-1所示，已知 AB 是圆 O_1 和圆 O_2 的公共弦，圆 O_1 的半径为 R，圆 O_2 的半径为 r，且 $R>r$，

求证：$\overset{\frown}{AmB}<\overset{\frown}{AnB}$.

分析：……

例1……

解：……

八、课堂反思

本课时设计的亮点在于引导学生一步一步形成球面距离的概念，首先借用引入的实例，引起学生的认知冲突，然后以问题逐步驱动学生投入球面距离概念的探究中，最终得到球面距离的合理化定义. 再对定义进行剖析，发现其中遗漏的一种特殊情况，得到完整的定义. 思辨论证这一部分，虽然因为时间关系，没有进行代数方法的证明，但是通过数形结合还是能够较好地说明理由，听课的学生也表示认同.

本课时的设计在形成球面距离的定义教学中，用了许多时间，致使用于学生课堂练习的时间就比较少，对计算球面距离的方法的落实可能会有副作用，因此在课后练习，或者今后的习题课可能需要对计算球面距离方法的落实再花一番功夫.

九、专家点评

教师利用一个生活现象一开始就紧紧抓住了学生的心理，以认知中的冲突激发学生探究新知的动力. 教学过程中，逻辑严谨，层层推进，摆事实、讲道理，潜移默化地培养学生数学研究和表达的严密性. 教学手段的使用也恰如其分，紧紧围绕教学的需要展开，教师语言精练，简明扼要，课堂中充分行使了教师引导的职责，使学生的主动性得以极大程度的发挥.

排列组合中分类与分步的几例探究

上海理工大学附属中学　徐正旺

一、教材分析

高中教材中的计数问题核心是:分步——乘法,分类——加法.在排列组合的学习中,由于对问题的视角不同,会有不同的分类方式,或者有不同的分步次序完成某事件.这样就产生了各种不同的解法,形成教学的难点.

二、学情分析

由于分类标准不唯一,分步次序可不同,学生会感到混乱,无从着手.学生计算出的结果,和实际答案有出入,甚至不能找出遗漏或重复部分,这样就无法自我发现和改正错误.本节课意在通过一题多解的方式,让学生对排列组合中的分类和分步有一定的体会;对排列组合中有关解题方法进行归纳、总结;能自我发现和解决问题,能自我发现和改正错误.

三、教学意图和目标

1. 初步教会和让学生体会计数基本方法:分步——乘法,分类——加法.

2. 培养学生分步的意识和分类的思想,培养学生严谨的思维习惯和多角度思维的探究精神.

3. 让学生尝试和体验观察、归纳、探究、推理和反思等数学思维过程.培养学生自主探究问题和独立实践的能力,培养学生自我反思的批判精神.

四、教学过程

(一)概念回顾

1. 加法原理

如果完成一件事需要 n 类办法,在第 1 类办法中有 m_1 种不同的方法,在第 2 类办法中有 m_2 种不同的方法,……,在第 n 类办法中有 m_n 种不同的方法,那么完成这件事共有 $N=m_1+m_2+\cdots+m_n$ 种不同的方法.

问题:完成某件事的办法能有不同的分类方式吗?

2. 乘法原理

如果完成一件事需要 n 个步骤，第 1 步有 m_1 种不同的方法，第 2 步有 m_2 种不同的方法，……，第 n 步有 m_n 种不同的方法，那么完成这件事共有 $N=m_1m_2\cdots m_n$ 种不同的方法.

问题：分步能有不同的次序吗？

（二）例题分析

例 1 某班有 52 名学生，其中正副班长各一人，现选派 5 名学生参加课外活动，如果正副班长中至少有一人在内，有多少种不同的选派方法？

解法一：以正副班长中被选中几人作为分类标准，分两类：

① 正副班长均被选中，方法数：$C_2^2\cdot C_{50}^3$.

② 正副班长中仅有一人被选中，方法数：$C_2^1\cdot C_{50}^4$.

列式：$C_2^2\cdot C_{50}^3+C_2^1\cdot C_{50}^4$.

解法二：以正班长是否被选中作为分类标准，分两类：

① 正班长被选中，不必考虑是否选中副班长，方法数：C_{51}^4.

② 正班长未被选中，此时必须选中副班长，方法数：$C_1^1\cdot C_{50}^4$

列式：$C_{51}^4+C_1^1\cdot C_{50}^4$.

由解法一、解法二可看出，由于分类时选择的标准不同，对同一问题有不同的解答方法. 若换一个角度，还有以下解答方法.

解法三：总体上用排除法. 总方法数：C_{52}^5，从中排除掉不满足条件的方法数，即正副班长均未被选中的方法数 C_{50}^5. 列式：$C_{52}^5-C_{50}^5$.

解法四：局部上用排除法. 正班长被选中的方法数 C_{51}^4，加上副班长被选中的方法数 C_{51}^4. 而正副班长均被选中的方法数 C_{50}^3 重复计算，需扣除. 列式：$C_{51}^4+C_{51}^4-C_{50}^3$.

1. 师生行为

(1) 由于分类标准不同、思维习惯相异，解法一和解法二学生应能自主想出. 但一定要引导学生思考两个问题：分类中有重复计数的吗？分类中有遗漏计数的吗？培养学生严谨的思维习惯.

(2) 有的学生可能会以副班长是否被选中作为分类标准，实际上此方法和解法一雷同.

有学生可能会分如下三类：只有正班长被选中，只有副班长被选中，正副班长均被选中，此方法也和解法一雷同.

(3) 解法三是典型的排除法，由于平时训练较多，学生容易想出. 解法四中要求扣除重复计数部分 C_{50}^3，可能有部分学生无法理解，可用图 5 - 5（文氏图）帮助学生理解.

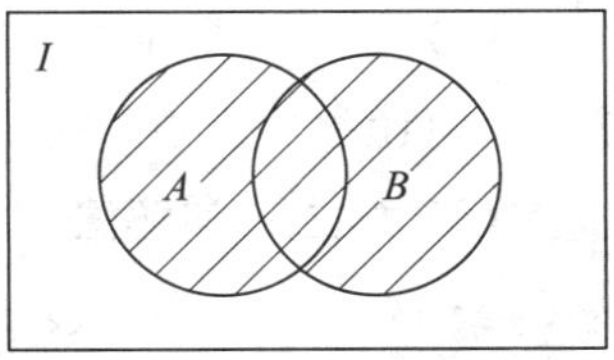

图 5 - 5

用 $n(I)$ 表示从 52 个学生中选出 5 人的方法数；

用 $n(A)$ 表示从 52 个学生中选出 5 人，且正班长被选中的方法数；

用 $n(B)$ 表示从 52 个学生中选出 5 人，且副班长被选中的方法数.

则图中阴影部分即为从 52 个学生中选出 5 人，正副班长至少一人被选中的方法数，即 $n(A\cup B)$.

2. 课堂变化及应变处理

(1) 有同学可能会从侧面分析：52 名学生中选派 5 人，必有 47 人未被选中. 此题转化为从 52 个同学中确定 47 个不参加课外活动，要求正副班长最多一人不参加. 分两类：正副班长中 0 人不参加或 1 人不参加这项课外活动. 列式：$C_{50}^{47}+C_2^1\cdot C_{50}^{46}$. 此方法可行但较烦琐.

(2) 可能有学生会从如下方式思考：为保证正副班长中至少有一人被选中，可分两步，先从正副班长中选出一名，这样就保证满足条件，然后再从剩下 51 人中选出 4 人，列式：$C_2^1\cdot C_{51}^4$. 若学生出现此错误，一定要引导学生自己找出重复计数的部分，只有这样才能保证学生下次不发生此类重复计数的错误.

3. 归纳与小结

通过此例可看出，完成某件事有不同的分类方式时，有不同的解答方法.

例 2 某班有 30 名男同学和 20 名女同学，现决定从中选出 4 名男同学、3 名女同学，分别担任班长、学习、生活、文艺、体育、劳动、宣传委员，共有多少种不同的方法？

分析：本题中把班长、学习、生活、文艺、体育、劳动、宣传委员七种职位当作七个位置，实际上本题可理解为从 50 个元素中按要求选出 7 个元素排列在这 7 个位置上.

解法一：先按要求选出 7 个元素，再排列. 列式：$C_{30}^4\cdot C_{20}^3\cdot P_7^7$.

解法二：先选出男生进行排列，再选出女生进行排列. 列式：$C_{30}^4\cdot P_7^4\cdot P_{20}^3$.

解法三：先选出女生进行排列，再选出男生进行排列. 列式：$C_{20}^3\cdot P_7^3\cdot P_{30}^4$.

我们知道：完成某事件进行分步时，需要用乘法原理，但由于分步的次序不同，会产生不同的解答方法. 若换一个角度思考问题，本题还有如下解答方法.

解法四：先选 7 个位置中的 4 个位置排男生，然后再排女生. 列式：$C_7^4\cdot P_{30}^4\cdot P_{20}^3$

1. 师生行为

(1) 解法一学生最应想到，先选好元素，再排列元素，思路清晰明了，学生出错可能性最少，应让学生重点掌握.

(2) 解法二和解法三雷同，有同学解法二可列式：$C_{30}^4\cdot P_7^4\cdot C_{20}^3\cdot P_3^3$ 或 $C_{30}^4\cdot C_7^4\cdot P_4^4\cdot C_{20}^3\cdot P_3^3$，解法三列式：$C_{20}^3\cdot P_7^3\cdot C_{30}^4\cdot P_4^4$ 或 $C_{20}^3\cdot C_7^3\cdot P_3^3\cdot C_{30}^4\cdot P_4^4$，其反映了排列和组合的联系，也是可行的.

2.课堂变化及应变处理

(1) 解法二学生可能会错误列式：$P_{30}^{4}\cdot P_{20}^{3}$. 此错误计数有遗漏，男生可供选择的位置只有4个，与题意不合. 解法三学生可能会列式：$P_{20}^{3}\cdot P_{30}^{4}$. 亦犯同样的错误.

(2) 有学生可能会把处理这事件步骤分得更细：先选出男生所排位置，再选好男生，且排好男生，再用同样方法处理女生. 列式：$C_{7}^{4}\cdot C_{30}^{4}\cdot P_{4}^{4}\cdot C_{20}^{3}\cdot P_{3}^{3}$. 亦是可行的.

3.归纳与小结

通过此例可看出，完成同一件事有不同的分步方式时，对应有不同的解答方法.

例 3 把字母 a、b、c、d、e、f、g7 个元素排成一列，要求 a 不在首位，b 不在末位，求方法数.

解法一：从特殊元素——a 考虑. 由于 a 不能排首位，则 a 的排法可分两类：排在中间5位或排在末位.

① a 排中间 5 位，方法数：$P_{5}^{1}\cdot P_{5}^{1}\cdot P_{5}^{5}$；

② a 排末位，方法数：P_{6}^{6}.

列式：$P_{5}^{1}\cdot P_{5}^{1}\cdot P_{5}^{5}+P_{6}^{6}$.

解法二：从特殊位置——首位考虑. 首位不能排 a，则首位排法可分两类：排 b 或其他5个元素.

① 首位排 b，方法数：P_{6}^{6}.

② 首位排其他 5 个元素，方法数：$P_{5}^{1}\cdot P_{5}^{1}\cdot P_{5}^{5}$.

列式：$P_{6}^{6}+P_{5}^{1}\cdot P_{5}^{1}\cdot P_{5}^{5}$.

解法一和解法二虽然列式一样，但思考问题的角度截然不同. 若再换一个视角，还可以用排除法解答此题，如图 5-6 所示.

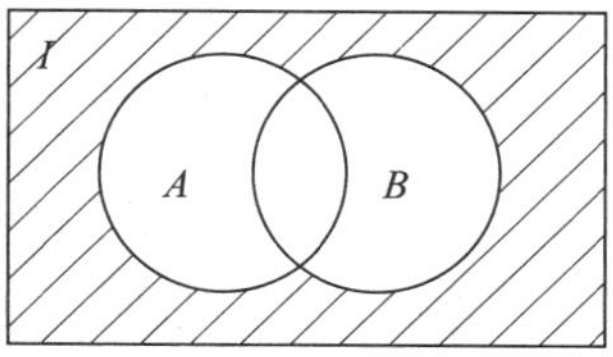

图 5-6

用 $n(I)$表示 7 个元素的全排列数；

用 $n(A)$表示 a 在首位的排列数；

用 $n(B)$表示 b 在末位的排列数.

则图中阴影部分即为 a 不在首位，且 b 不在末位的方法数，即 $n(\complement_I A\cap\complement_I B)=n(\complement_I(A\cup B))$

解法三：对全体方法数分类，使用排除法. 7 个元素的全排列数 $n(I)$，减去 a 在首位的方法数 $n(A)$和 b 在末位的方法数 $n(B)$，但其中 a 在首位且 b 在末位的方法数 $n(A\cap B)$被重复计算，如图 5-6 所示.

即 $n(\complement_I(A\cup B))=n(I)-n(A\cup B)=n(I)-[n(A)+n(B)-n(A\cap B)]$.

列式：$P_{7}^{7}-(P_{6}^{6}+P_{6}^{6}-P_{5}^{5})=P_{7}^{7}-2P_{6}^{6}+P_{5}^{5}$.

解法四：再换一种角度，如图 5-6 所示，求阴影部分对应的方法数，可用全体排列数 $n(I)$排除 a 在首位的方法数 $n(A)$，再排除 b 在末位但 a 不在首位的方法数 $n(\complement_I A\cap B)$.

即 $n(\complement_I(A\cup B))=n(I)-n(A)-n(\complement_I A\cap B)$. 列式：$\mathrm{P}_7^7-\mathrm{P}_6^6-\mathrm{P}_5^1\cdot\mathrm{P}_5^5$.

1. 师生行为

(1) 解法一中，特殊元素 a 排在中间 5 个位置还是末位，对元素 b 的排法是有影响的，须对其进行分类. 解法二中，特殊位置首位排 b 还是其他的 5 个元素，对末位的排法是有影响的，须对其进行分类.

(2) 解法一是对特殊元素的排法进行分类，解法二是对特殊位置的排法进行分类，列式相同，但思考问题角度不同.

(3) 解法三中，a 在首位且 b 在末位被重复扣除，可结合文氏图帮学生找出重复计数的部分.

(4) 解法四学生较难想到，可通过文氏图对学生进行引导.

2. 课堂变化及应变处理

(1) 有的学生可能会对特殊元素 a、b 的排法有如下更为细致的分类：

① 若 a 和 b 排在中间的 5 个位置，有 $\mathrm{P}_5^2\cdot\mathrm{P}_5^5$ 种排法；

② 若 a 在末位，b 在中间 5 个位置，有 $\mathrm{P}_5^1\cdot\mathrm{P}_5^5$ 种排法；

③ 若 b 在首位，a 在中间 5 个位置，有 $\mathrm{P}_5^1\cdot\mathrm{P}_5^5$ 种排法；

④ 若 a 在末位，b 在首位，有 P_5^5 种排法.

列式：$\mathrm{P}_5^2\cdot\mathrm{P}_5^5+2\mathrm{P}_5^1\cdot\mathrm{P}_5^5+\mathrm{P}_5^5$. 此方法较烦琐，但仍是可行的.

(2) 有学生可能会想到对局部进行分类. 可使用另一排除法，如下：

$$a\text{ 不在首位的方法数为 }\mathrm{C}_6^1\cdot\mathrm{P}_6^6\begin{cases}a\text{ 不在首位且 }b\text{ 在末位，方法数：}\mathrm{C}_5^1\cdot\mathrm{P}_5^5;\\ a\text{ 不在首位且 }b\text{ 不在末位，方法数：}X.\end{cases}$$

即 $n(\complement_I A\cap\complement_I B)+n(\complement_I A\cap B)=n(\complement_I A)$,

则 $n(\complement_I A\cap\complement_I B)=n(\complement_I A)-n(\complement_I A\cap B)$.

列式：$X=\mathrm{C}_6^1\cdot\mathrm{P}_6^6-\mathrm{C}_5^1\cdot\mathrm{P}_5^5$.

3. 归纳小结

通过本例题可以看出：分类时，选择特殊元素还是特殊位置作为分类标准，是正面考虑还是侧面着手(直接还是间接)；是整体分类还是局部分类，均有不同解答方法.

例 4 如图 5－7 所示，椭圆被均匀分成 A、B、C、D 四块，分别涂上红、黄、蓝、白、黑五种颜色中的一种，使公共边相邻两格颜色不同，求方法数.

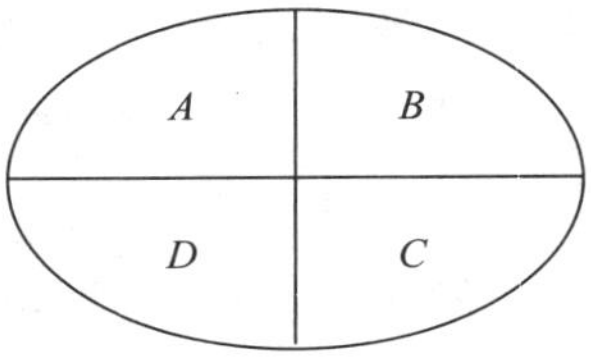

图 5－7

分析：由于涂 A、B、C、D 四格次序不同，会有以下几种解法.

整体分步，局部分类：

解法一：按 $A \to B \to C \to D$ 次序涂满四格，在涂 C 格时，分与 A 同色与异色两类.

列式：$C_5^1 \cdot C_4^1(C_4^1 + C_3^1 \cdot C_3^1)$.

解法二：按 $A \to C \to B$、D 次序涂满四格，在涂 C 格时，分与 A 同色与不同色两类.

列式：$C_5^1(C_4^1 \cdot C_4^1 + C_4^1 \cdot C_3^1 \cdot C_3^1)$.

解法三：按 $A \to B$、$D \to C$ 次序涂满四格，在涂 B、D 格时分 B、D 是否同色两类.

列式：$C_5^1(C_4^1 \times 4 + P_4^2 \times 3)$.

整体分类，局部分步：

解法四：总体上分三类，三类依次为四格中涂四色、涂三色、涂二色，方法数依次为：P_5^4，$C_5^3 \cdot C_3^1 \cdot C_2^1 \times 2$，$2C_5^2$. 列式：$P_5^4 + C_5^3 \cdot C_3^1 \cdot C_2^1 \times 2 + 2C_5^2$.

解法五：对 A、C 是否同色可以分两类. 此方法与解法三有雷同之处. 列式：$P_5^1 \times 4 \times 4 + P_5^2 \times 3 \times 3$.

1. 师生行为

(1) 解法一总体上分 4 步，但第 3 步对 C 涂的颜色是否和 A 同色，对第 4 步对 D 涂色会产生不同影响，须对第 3 步进行分类. 解法二和解法三，同样道理，须对第 2 步进行分类.

(2) 有同学会按 $A \to D \to C \to B$ 次序涂满四格，或者按 $B \to D \to A$、C 次序，方法雷同.

2. 课堂变化及应变处理

解法一、二、三中，学生最易犯的错误是没意识到一定要对局部进行分类，例如解法一中学生可能列式为 $C_5^1 \cdot C_4^1 \cdot C_4^1 \cdot C_3^1$. 犯此错误的原因是没意识到 A、C 同色或者异色对涂 D 是有影响的. 此错误发生时，一定要引导学生自己找出遗漏部分.

3. 归纳与小结

本题是一个综合性较强的题目. 解法一、二、三是整体分步，局部分类；而解法四、五是整体分类，局部分步，方法可谓不拘一格.

例 5 从 6 双颜色互不相同的鞋子中任取 4 只，求只有两只配成一对的方法数.

分析：为解决问题方便，设 6 双鞋左鞋依次为 A、B、C、D、E、F；相对应右鞋依次为 a、b、c、d、e、f.

解法一：整体分步. 按以下次序：先取一双，再取一只，再取另一只完成此事件. 列式：$\dfrac{C_6^1 \cdot C_{10}^1 \cdot C_8^1}{2}$.

解法二：整体分步. 先取一双，由于另两只不能配对，可先取出两双，再从两双中各取一只. 列式：$C_6^1 \cdot C_5^2 \cdot C_2^1 \cdot C_2^1$.

解法三：整体分类. 由题意从左鞋可以取出一只、二只、三只，分三类情况，方法数依次为 $C_6^1 \cdot C_1^1 \cdot C_5^2$、$C_6^2 \cdot C_2^1 \cdot C_4^1$、$C_6^3 \cdot C_3^1$. 列式：$C_6^1 \cdot C_1^1 \cdot C_5^2 + C_6^2 \cdot C_2^1 \cdot C_4^1 + C_6^3 \cdot C_3^1$.

解法四：整体分步，局部分类. 先取出成对的一双，再取出不成对的两只时，对从左鞋中取出几只进行分类. 列式：$C_6^1(C_5^2 + C_5^1 \cdot C_4^1 + C_5^2)$.

解法五：整体上分两步，第二步使用排除法. 先取出一双后，再取出两只时方法数为 C_{10}^2，排除这两只成对的情况. 列式：$C_6^1(C_{10}^2 - 5)$.

解法六：总体上分类，12 只鞋子取出 4 只，有几只配对分类，可使用另一排除法：

$$一共方法数为 C_{12}^4\begin{cases}2 双配对方法数：C_6^2；\\ 1 双配对方法数：X；\\ 0 双配对方法数：C_6^4 \cdot 2^4.\end{cases} \quad 列式：X = C_{12}^4 - C_6^2 - C_6^4 \cdot 2^4.$$

1. 师生行为及课堂变化应变处理

(1) 解法一中，学生可能错误列式为 $C_6^1 \cdot C_{10}^1 \cdot C_8^1$. 学生犯了把组合问题理解成排列问题的错误，一定要帮学生找出重复计数部分. 培养学生反思和自我批判的意识.

(2) 解法三、解法四、解法六，学生较难想到，可根据课堂实际情况进行取舍.

2. 归纳与小结

该题的六种解法中，解法一、二、三、四是直接法，解法五、六是间接法. 无论是直接法还是间接法中，是分类还是分步，分类标准不同，分步次序不同均会产生不同的解答方法.

五、课堂归纳与小结

高中阶段学生学的计数问题，不外乎分步时做乘法，分类时做加法. 但由于视角不同，是分类还是分步，分类标准不同，分步次序不同，均会产生不同的解法. 甚至整体分类，局部分步；或者整体分步，局部分类，均会产生不同的解答方法. 是正面考虑，还是侧面着手，会产生直接法或间接法（排除法）；是考虑特殊元素还是特殊位置，均会产生不同的解答方法. 要求我们学生在分类时，必须保证分类各情况相互独立、无重复、无遗漏. 在分步时，要分步次序明确，且能按顺序准确完成事件. 学生计数时产生偏多或者偏少问题时，要研究重复或遗漏的部分，只有这样，才能培养学生积极主动的思维习惯，多角度思维的探究意识和自我反思批判的精神.

六、专家点评

计数原理的题目，学生往往一看就能做，但一做就出错，关键在于分析问题的混乱. 分类还是分步，归根结底是对事件的阅读与解读，这是计数原理问题的难点. 本课中，教师从不同角度反复锤炼学生的这一思维习惯，提高其分析能力，紧紧地扣住问题的关键，而在整个课堂中，学生也得到了充分的训练，问题解决的能力有明显的提升.

线性规划的可行域

同济大学第一附属中学　吴　颖

一、教学目标

（一）知识与技能

1. 通过不同的研究方法，认识二元一次不等式解集的几何意义.

2. 理解以二元一次不等式、二元一次不等式组的解集为坐标的点集所表示的平面区域.

3. 能根据实际问题的分析写出线性约束条件，采用图形分析方法画出可行域，并解决一些简单的数学问题.

（二）过程与方法

通过对二元一次不等式解集的几何意义的探究，提高学生分析能力，并渗透集合与数形结合思想.

（三）情感、态度与价值观

1. 通过对二元一次不等式、二元一次不等式组的解集为坐标的点集的探究，培养学生的探索精神和创新意识.

2. 以数学的思维方式解决问题，领会数学的应用价值和科学价值.

二、教学重点与难点

（一）教学重点

二元一次不等式（组）的解集所表示的一个平面区域.

（二）教学难点

1. 二元一次不等式表示平面区域.

2. 根据二元一次不等式（组）正确作出平面区域.

三、教学方法与教学手段

（一）教学方法

以学生为中心，问题为驱动，引导探究，启发式教学.

（二）辅助教学手段

多媒体辅助教学.

四、教学流程设计

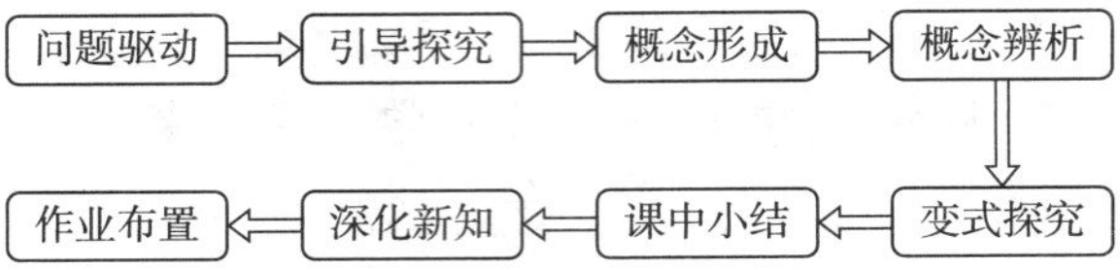

五、教学过程

（一）数学探究、引入新知

1. 开门见山，直入主题

教师：我们知道，一元一次不等式和一元二次不等式的解集可以用数轴上的点集表示，那么，二元一次不等式的解集是否也可以用数轴表示呢？它的几何意义是什么呢？比如，满足不等式 $x+y-1>0$ 的 x、y 应该如何表示，如何呈现呢？这节课，我们首先从这个话题入手进行研究.

问题：在直角坐标系中，$\{(x,y)|x+y-1=0\}$ 表示过点(0,1)和(1,0)的直线 l 上的点构成的集合. 那么，$A=\{(x,y)|x+y-1>0\}$ 表示怎样的点集呢？

2. 根据问题，引出探究二元一次不等式可行域的方法

学生：我猜想，因为满足直线方程 $x+y-1=0$ 的点都在直线上，那么，直线两侧中有一侧的所有的点坐标所对应的 x、y 都满足不等式 $x+y-1>0$.

教师：我们是否可以通过已经学过的知识来说明这个问题呢？

学生 A：在高二第二学期解析几何章节中“点到直线的距离”这一节中曾提到，在平面直角坐标系中，在直线 $l: ax+by+c=0$ (a、b 不同时为 0)同侧的点 $P(x_0,y_0)$ 的 $\delta=\dfrac{ax_0+by_0+c}{\sqrt{a^2+b^2}}$ 的符号都相同，异侧的点的 $\delta=\dfrac{ax_0+by_0+c}{\sqrt{a^2+b^2}}$ 的符号则相反. 因此，直线 $l: ax+by+c=0$ (a、b 不同时为 0)将平面分成三部分：

$A=\{(x,y)|ax+by+c>0\}$；

$B=\{(x,y)|ax+by+c=0\}$；

说明：

1. 新旧知识衔接，激活学生思维，引出探究主题.

2. 提出问题，引出二元一次不等式的解集与二元一次方程所表示的直线间的关系.

3. 问题中用直线方程的几何特征引出二元一次方程的几何特征，较好地令学生联想高二阶段解析几何学习过程中对直线方程知识的一些应用. 至于此结论的推导不必在本节课中作为重点阐述.（时隔很久，能想到此类做法的估计并不多）

$C=\{(x,y)|ax+by+c<0\}$.

其中集合 A、C 分别对应二元一次不等式 $ax+by+c>0$ 或 $ax+by+c<0$ 的解集. 因此,我们可以得到集合 $A=\{(x,y)|x+y-1>0\}$ 所表示的点集一定在直线 $x+y-1=0$ 的一侧.

教师: 很好,我们确实可以利用这个结论帮助我们取得问题的一大突破. 那么,到底是直线的哪一侧呢? 我们又该如何进一步判断?

学生 B: 进一步判断其实很容易. 既然已经知道直线 $l:ax+by+c=0$ 的两侧的点集分别满足集合 A、C,我们只需在其中一侧取特殊点代入代数式 $ax+by+c$ 判断符号后就能确认包括这一特殊点在内的这一侧的符号及满足哪个集合了.

4. 应用结论发现规律,为线性规划的进一步研究铺平道路.

教师: 如果原点 $O(0,0)$ 所对应的 $ax+by+c$ 的值的符号为正,即 $c>0$,那么与原点在直线 $l:ax+by+c=0$ 同一侧的点 $P(x,y)$ 所对应的 $ax+by+c$ 的值的符号也为正,与原点 O 不在直线 $l:ax+by+c=0$ 同一侧的点 $P(x,y)$ 所对应的 $ax+by+c$ 的值的符号为负;同理,如果 $c<0$,那么与原点在直线 $l:ax+by+c=0$ 同一侧的点 $P(x,y)$ 所对应的 $ax+by+c$ 的值的符号为负,与原点 O 不在直线 $l:ax+by+c=0$ 同一侧的点 $P(x,y)$ 所对应的 $ax+by+c$ 的值的符号为正.

5. 用特殊的方法迅速判断不等式解集满足的区域,理由充分合理.

教师: 因此,当 $c>0$ 时,集合 A 表示直线 $l:ax+by+c=0$ 含原点一侧的区域,集合 C 表示不含原点一侧的区域. 当 $c<0$ 时,集合 A 表示直线 $l:ax+by+c=0$ 不含原点一侧的区域,集合 C 表示含原点一侧的区域. 当 $c=0$ 时,集合 A、C 所表示的区域可借助其他点,如点(1,1)或(1,-1)所对应的 $ax+by$ 的值的符号来确定.

6. 补充解释,给出一般求解规律.

教师: 除了运用解析几何中点到直线距离中的结论外,我们还有其他方法找出二元一次不等式的解集吗?

学生 C: 其实,我们在解析几何的其他章节中也有类似的推导. 比如,我们在判断一个点是在已知给定的椭圆外、椭圆上还是椭圆内时,我们也有一些其他的做法. 我们在直线 $l:ax+by+c=0$ 的一侧任取一点 $P(x,y)$,过点 P 作 y 轴的垂线,交直线 l 于点 $Q(x_0,y)$,显然点 Q 的坐标所对应的值满足直线方程,即 $ax_0+by+c=0$,若 $a>0$,如图 5-8 所示,$x>x_0$,可推得 $ax>ax_0$,进而可获得 $ax+by+c>ax_0+by+c=0$,根据上述推导,可知,射线 QP 上的点的坐标值,除点 Q 外,都满足 $ax+by+c>0$,而 QP 反向延长线上所有的点的坐标值都满足 $ax+by+c<0$. 进

7. 拓展思考,回顾解析几何求解类似问题中的一般求解方法.

而，能推导出直线 $l:ax+by+c=0$ 两侧的点的坐标值代入 $ax+by+c$ 后得到的值是异号. 当然，若 $a<0$，也能得到类似的结论，但若 $a=0$ 则需要考虑其他方法加以解释.

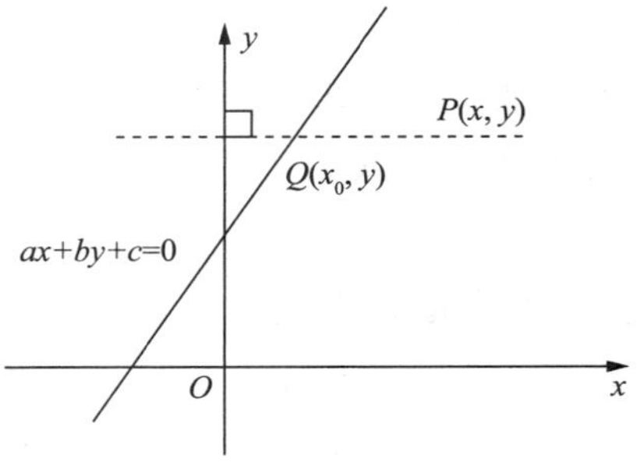

图 5-8

学生 D: 根据前一位同学的解法，我们也可以过点 $P(x,y)$ 作 x 轴的垂线，同样也可以解释上述问题.

教师: 上面两位同学解答得非常好，而且在 $a=0$ 或 $b=0$ 的问题上的解法可以互为补充，很有启发性. 用这类方法，我们在之前的学习中还处理过平面上任一点与给定椭圆、双曲线、抛物线等曲线的位置关系问题. 我们请同学归纳一下所获得的结论.

学生: 在平面直角坐标系中，二元一次不等式表示它对应的直线 $ax+by+c=0$ 某一侧的所有点组成的平面区域. 在直线的某一侧取一个特殊点 (x_0,y_0)，从 $ax+by+c$ 的正负即可判断表示直线哪一侧的平面区域. 特殊地，当 $c\neq 0$ 时，常把原点作为此特殊点.

8. 归纳总结.

（二）问题解决、巩固新知

例 1　画出下列不等式组的解为坐标的点所表示的平面区域：

$$\begin{cases} x-y+5\geqslant 0, \\ x+y>0, \\ x\leqslant 3. \end{cases}$$

解：步骤一：画出 $x-y+5\geqslant 0$ 的区域，如图 5-9 所示.

(1) 先画出直线 $x-y+5=0$；

(2) 根据不等号方向及 c 的符号确认所在区域.

9. 实例讲解，体会二元一次不等式组的求解步骤以及注意事项.

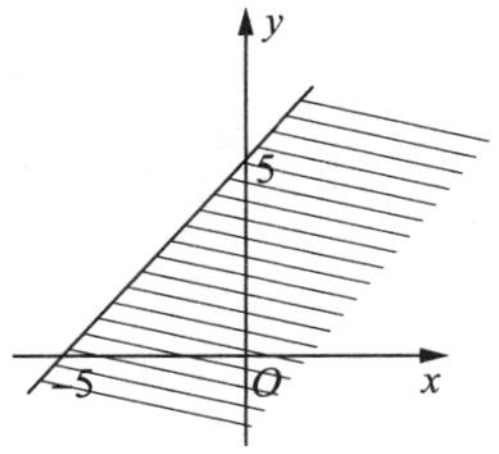

图 5 - 9

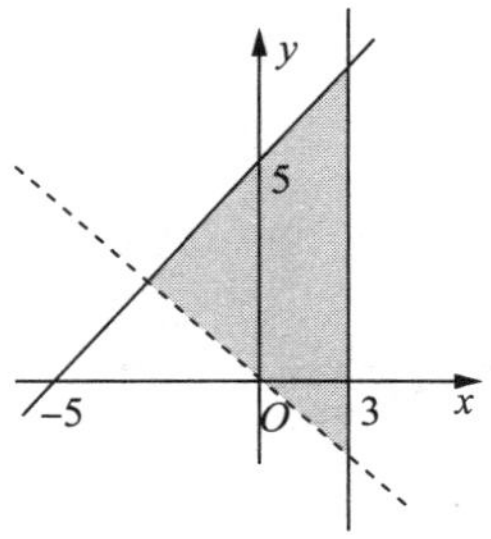

图 5 - 10

步骤二、步骤三：在同一坐标系中画出 $x+y>0$ 和 $x\leqslant 3$ 两个不等式的解的坐标的点所表示的平面区域，并求出公共部分就是不等式组的解为坐标的点所表示的平面区域.

教师：解题过程中我们需要关注哪些问题？

学生：(1) 不等式组表示的平面区域是各个不等式所表示的平面区域的公共部分.(2) 解题步骤中，先画直线，然后需要根据不等号的形式确认画实线还是虚线.

教师：在线性规划问题中，满足线性约束条件的解(x,y)叫作可行解，所有可行解构成的区域叫作可行域，上述由三个不等式构成的不等式组形成的就叫作二元一次不等式组的解集所表示的一个平面区域，在线性规划问题中就是一个可行域.

例 2 若实数 x、y 满足 $\begin{cases}x\geqslant 0,\\ y\geqslant 0,\\ x+3y-7\geqslant 0,\\ 2x+y-24\leqslant 0,\\ -3x+y+6\leqslant 0.\end{cases}$

(1) 求 $\dfrac{y}{x}$ 的最大值；

(2) 求 x^2+y^2 的最小值.

解：根据给出的不等式组找出解对应的点在直角坐标系中的区域，第(1)题解决的是斜率的最值问题；第(2)题解决的是满足条件的点到原点的距离平方的最值问题.

(1) 如图 5 - 11 所示，直线 $-3x+y+6=0$ 与直线 $2x+y-24=0$ 的交点(6,12)到原点连线的斜率是所有斜率的最大值. 因此，$\left.\dfrac{y}{x}\right|_{\max}=\dfrac{12}{6}=2$.

10. 初步探索运用解析几何知识进行最值问题求解的方法.

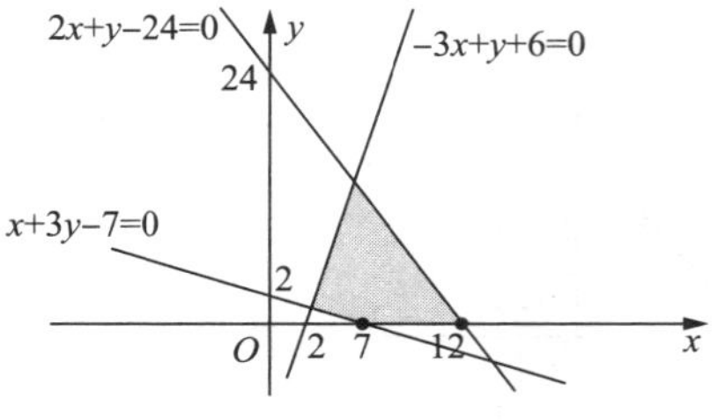

图 5－11

（2）根据图像，可以得到直线 $-3x+y+6=0$ 与直线 $x+3y-7=0$ 的交点（2.5，1.5）到原点的距离的平方最小，最小值为 8.5.

（三）课中小结（由学生小结，得出结论）

11. 归纳小结，回顾反思.

1. 知识内容

（1）二元一次不等式的解可以表示为直角坐标系中一块平面区域.

（2）根据二元一次方程所表示的直线将直角坐标平面分成三个不同特征的区域，可以帮助我们找到以二元一次不等式的解为坐标的点的区域，并能用不同的方法进行探究.

（3）掌握二元一次不等式组表示区域的作图方法.

2. 思想与方法：集合的思想与数形结合的思想.

（四）继续探究、深化新知

例 2 增加第（3）问，我们来试试是否可完成：（3）求 $x+y$ 的最大值.

12. 深入思考，为下一课的展开作好铺垫.

（五）巩固训练、作业布置

练习 1：已知 $A=\{(x,y)\mid|x|+|y|\leqslant 1\}$，$B=\{(x,y)\mid(y-x)(y+x)\leqslant 0\}$，$M=A\cap B$，求 M 的面积.

练习 2：若不等式组 $\begin{cases}x\geqslant 0,\\ x+3y\geqslant 4,\\ 3x+y\leqslant 4\end{cases}$ 所表示的平面区域被直线 $y=kx+\dfrac{4}{3}$ 分为面积相等的两部分，则 k 值是（　　）.

（A）$\dfrac{7}{3}$　　（B）$\dfrac{3}{7}$　　（C）$\dfrac{4}{3}$　　（D）$\dfrac{3}{4}$

练习 3：不等式组 $\begin{cases}(x-y+5)(x+y)\geqslant 0,\\ 0\leqslant x\leqslant 3\end{cases}$ 所表示的平面区域的面积是__________.

练习 4：设实数 x、y 满足约束条件 $\begin{cases}x+y+2\geqslant 0,\\ x+2y+1\leqslant 0,\\ y\geqslant 0,\end{cases}$

求 $z=(x+1)^2+(y-2)^2$ 的取值范围.

六、教学设计说明

（一）教学内容分析

本节课所用的教材是由上海教育出版社出版的上海市高中三年级拓展Ⅱ第一册数学课本，内容为专题 1“线性规划”第二课时.

线性规划能解决科学研究、工程设计、经济管理等许多方面的实际问题. 本节内容作为沪教版拓展内容曾作为文科选学高考考查内容，随着高考改革的不断深入，文理科高考试卷合卷，自 2017 年开始已作为文理不分科的共学内容.

线性规划问题在这里只是在学习直线方程的基础上，对二元一次不等式组问题的探究，对简单目标函数的最值求解的应用，它虽然只是规划论中极小的一部分，但这部分内容，也能体现数学的工具性、应用性，同时渗透了化归、数形结合的数学思想，为学生今后解决实际问题提供了一种重要的解题方法——数学建模法.

通过这部分内容的学习，使学生进一步了解数学在解决实际问题中的应用，激发学生学习数学的兴趣，应用数学的意识，提高认识问题、分析问题和解决实际问题的能力.

（二）学情分析

由于此节内容放在高三拓展部分中，沪教版教材的这一安排与人教版的安排有比较大的差别. 人教版中此节内容被安排在解析几何直线方程的最后一节，其根本是对直线方程进行深入研究、加深理解. 而沪教版内容则放在高三，在对高中阶段课程内容大体完成的前提下进行的拓展性研究，强调数学的应用功能以及数学的工具性价值，体现了学生的综合应用能力.

学生已基本掌握二元一次方程所代表的直线在直角坐标系的表示方法，但对二元一次不等式的求解完全没有经验上的接触，因此，从找一个满足不等式的解，到满足不等式的一类解，再到研究这类解的表示方法，都是本节课的重要内容，这方面的探究能力，学生需要逐步培养. 另外，本节课最值问题的求解还涉及了解析几何中的若干知识，强化了用形解决数的问题的一些典型案例. 因此，放手让学生独立探究，以形辅数的数形结合思想，都对学生综合应用能力提出了挑战.

（三）教法与学法分析

本节课尽管是新课，但由于学生已处在高三复习阶段，教材处理中，我们可以把这一专题作为探究新知、培养能力的一个综合性的尝试课.依托学生已有的经验，开门见山、直入主题.通过问题的提出，引领学生根据已有知识和认识探求新知.通过已有的研究方法，获得一般结论，并运用数形结合的方法应用结论解决问题.因此，设计过程主要是：开门见山、直入主题→研究问题、多维思考→应用深化、巩固理解→归纳小结、引出新知.

学习中要积极回顾解析几何中有关直线的知识，数形结合求解最值的一般方法，然后才能进入多维度思考，多层次探究新知的层面.本节课围绕解析几何的综合应用展开，完全使用了化归与数形结合的方法解决数学问题.因此，在学习中需要强调图像在学习中的作用，以形辅数解决相关问题.

七、板书设计

<table>
<tr><td colspan="2" align="center">线性规划的可行域</td></tr>
<tr><td>一、问题的提出
二、研究解决方案
解决方案1：
解决方案2：
三、概念的提出
平面可行域的概念：</td><td>四、问题的解决
例1
例2
五、小结与拓展</td></tr>
</table>

八、课堂反思

本节课是“线性规划”的第二课时，学生已经学过了直线上的点的坐标都满足二元一次方程，而且以二元一次方程的解为坐标的点都在直线上.在学生得出直线方程后，如何使教材的认知结构（不等关系）和学生的认知构建（相等关系）和谐统一？在教学设计上，通过问题提出直入主题的方式激发学生思考，运用已学过的解析几何研究问题的一般方法，组织学生独立思考、讨论、交流，对数学问题进行探究、求解、延伸和发展，通过发现问题、提出问题、解决问题来揭示二元一次不等式与平面区域的关系.并通过例题巩固数形结合的一般方法，引申出下节课研究的主题，有效提高学生归纳总结解决问题的能力.

反思本节课，完成了教学任务，与学生也有一定的互动.但是，整体设计中，方案一和方案二的铺垫还很不够，学生只能在教师的引导下一步步进行研究，对解析几何综合研究方法掌握得不牢靠，也就是意味着铺垫和准备还不够充分，牵着学生学习的痕迹还是很明显.因此，在今后教学中，铺垫部分对研究方法的引导还需要加强.

九、专家点评

本节课首先开门见山、直入主题，对二元一次不等式的解集进行了探究，在原有对二元一次方程所对应直线的基础上，多维度思考解决问题的途径，获得求解二元一次不等式的一般思考方法和解决步骤. 通过数形结合的方法，初步了解并掌握求解二元一次不等式组的可行域问题的一般方法并能解决目标函数背景下的最值问题求解.

在教学设计中，采用了“开门见山、直入主题→研究问题、多维思考→应用深化、巩固理解→归纳小结、引出新知”的过程，通过方程与不等式的内在联系，数与形的有机统一，获得二元一次不等式可行域的一般求解方法. 学生通过对“形”的探究，体验学习过程，培养了学生直观想象的数学核心素养.

可以看出教师有钻研，条理清晰，对重点的把握和难点的突破处理得流畅. 师生互动好、教师有激情，学生积极性调动得较充分.

一道高考试题的研究
——坐标变换对椭圆共轭直径的研究

上海市同济中学　赵海鸣

一、教案设计思考

（一）教材分析

数学探究是高中数学新课程的重要内容.其主要目的是：为学生引入一种新的学习方式，使学生经历提出概念和得出结论的过程，体验数学发现、创造的研究过程，形成勇于质疑和善于反思的习惯，培养学生发现问题、提出问题和解决问题的能力，提高学生的创新精神和实践能力.教师不但要成为学生进行数学探究的组织者、指导者与合作者，还应成为数学探究课题的创造者，为学生提供较为丰富的数学探究课题的案例和背景材料.

本课是利用坐标变换研究椭圆性质的高三复习课，学生在高二阶段经历过解析几何的学习，基本掌握了求解圆锥曲线定值的基本的方法，并在高三学习了参数方程及其应用，对圆锥曲线中的定值问题有了进一步的认识.作为上海市示范性高中的高三学生，不仅要“夯基础”，而且要“活能力”，要成为建构“知识和方法体系”的主动实践者，也要成为“提出问题和解决问题”的探索者.

基于以上分析，我认为：本课应是对高三解析几何定值研究的进一步深化，在体验“问题提出和解决”的探究过程中，渗透“坐标变换”的应用，很自然地将圆中的一些性质通过坐标变换得到椭圆的对应性质，体现“数学双基的继承和发展”的教学理念.

（二）教学亮点

从2015年上海高考试题入手，自然地过渡到改变问题的对象或条件，探索定值问题的变化，复习圆锥曲线定值问题求解的基本方法，引出坐标变换的探究方法；在师生共同讨论中重点完成引例的推广和思考，进一步感受坐标变换在研究椭圆定值问题中的优越性，展示了问题探究的过程和方法.

二、教学目标

（一）知识与技能

复习圆锥曲线中求定值问题的方法；运用坐标变换探索椭圆的性质.

（二）过程与方法

通过对一道高考试题的研究，经历提出问题和解决问题的过程和方法，感受运用坐标变换探索椭圆性质的优越性.

（三）情感态度价值观

在提出问题、解决问题和反思的过程中，改善学习方式，提高思维品质.

三、教学重点和难点

（一）教学重点

从一个高考中的解析几何定值问题出发，探究椭圆共轭直径的性质.

（二）教学难点

运用坐标变换、参数方程研究解析几何中的定值问题.

四、教学过程

（一）环节一：课前预习

（2015 年上海数学高考 21 理科）已知椭圆 $x^2+2y^2=1$，过原点的两条直线 l_1 和 l_2 分别与椭圆交于点 A、B 和 C、D，记得到的平行四边形 $ACBD$ 的面积为 S.

(1) 设 $A(x_1, y_1)$，$C(x_2, y_2)$，用 A、C 坐标表示点 C 到直线 l_1 的距离，并证明 $S=2|x_1y_2-x_2y_1|$；

(2) 设 l_1 与 l_2 的斜率之积为 $-\dfrac{1}{2}$，求面积 S 的值.

解：(1) 由题易知 A、C 两点的横坐标不能同时为零，下面分两种情况讨论.

① 当 A、C 两点的横坐标有一个为零时，不妨设 $x_1=0$，$x_2\neq 0$ 不失一般性，此时 l_1 与 y 轴重合，C 到直线 l_1 的距离为 $|x_2|$，平行四边形 $ACBD$ 的面积为 $S=2|x_2y_1|$；

② 如图 5-12 所示，当 A、C 两点的横坐标均不为 0 时，即 l_1 和 l_2 的斜率均存在时，设 l_1 的方程为 $y=\dfrac{y_1}{x_1}x$，即 l_1：$y_1x-x_1y=0$，点 C 到 l_1 的距离 $d=\dfrac{|y_1x_2-x_1y_2|}{\sqrt{x_1^2+y_1^2}}$，又因为

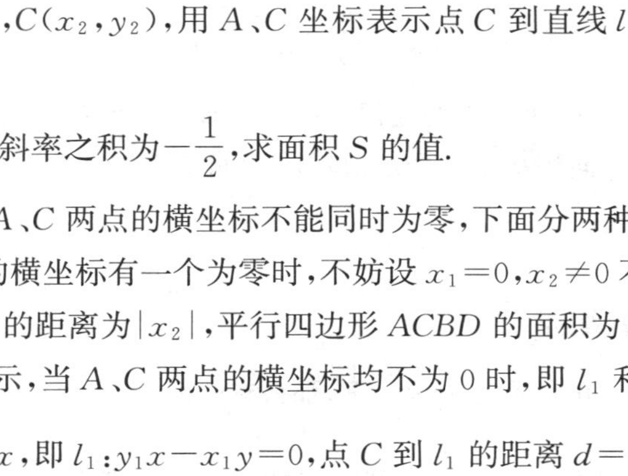

图 5-12

$|AB|=2|OA|=2\sqrt{x_1^2+y_1^2}$，

所以 $S=2S_{\triangle ABC}=2\times\frac{1}{2}|AB|\cdot d=2|x_1y_2-x_2y_1|$.

综合①②可得，点 C 到直线 l_1 的距离为 $\frac{|y_1x_2-y_2x_1|}{\sqrt{x_1^2+y_1^2}}$，平行四边形 $ACBD$ 的面积为 $2|x_1y_2-x_2y_1|$.

(2) 解法一：设 $l_1: y=kx, l_2: y=-\frac{1}{2k}x, A(x_1,y_1), C(x_2,y_2)$.

由 $\begin{cases}y=kx,\\x^2+2y^2=1,\end{cases}$ 得 $x_1=\sqrt{\frac{1}{1+2k^2}}$，同理 $x_2=\sqrt{\frac{1}{1+2\left(-\frac{1}{2k}\right)^2}}=\sqrt{\frac{2k^2}{2k^2+1}}$.

由(1)，$S=2|x_1y_2-x_2y_1|=2\left|\frac{x_1\cdot x_2}{2k}+x_2\cdot kx_1\right|=\frac{2k^2+1}{|k|}\cdot|x_1x_2|=\frac{(2k^2+1)|\sqrt{2}k|}{|k|\sqrt{1+2k^2}\cdot\sqrt{2k^2+1}}$，整理，得 $S=\sqrt{2}$.

解法二：设 $A\left(\cos\alpha,\frac{\sqrt{2}}{2}\sin\alpha\right)$，$C\left(\cos\beta,\frac{\sqrt{2}}{2}\sin\beta\right)$，$\alpha$、$\beta\in[0,2\pi)$.

因为 l_1 与 l_2 的斜率之积为 $-\frac{1}{2}$，所以 $\frac{\frac{\sqrt{2}}{2}\sin\alpha}{\cos\alpha}\cdot\frac{\frac{\sqrt{2}}{2}\sin\beta}{\cos\beta}=-\frac{1}{2}$，化简，得 $\cos(\alpha-\beta)=0$.

由(1)，$S=2|x_1y_2-x_2y_1|=2\left|\cos\alpha\cdot\frac{\sqrt{2}}{2}\sin\beta-\frac{\sqrt{2}}{2}\sin\alpha\cdot\cos\beta\right|=\sqrt{2}|\sin(\alpha-\beta)|=\sqrt{2}$.

本题是解析几何中的一个常见的定值问题，这里的 l_1 与 l_2 是运动的直线，A、B、C、D 也是四个动点，而它们的面积却是一个定值！同学们是否进一步思考过，这个结论是一个巧合，还是内藏玄机呢？

（二）环节二：拓展延伸

思考 1：如果 l_1 与 l_2 的斜率之积为 $-\frac{1}{3}$，那么它的面积还会是一个定值吗？（课件演示）

思考 2：l_1 与 l_2 的斜率之积 $-\frac{1}{2}$ 是怎么来的呢？它与椭圆的方程有什么联系吗？如果椭圆的方程是 $\frac{x^2}{a^2}+\frac{y^2}{b^2}=1(a>b>0)$，那么 l_1 与 l_2 的斜率之积应该为多少呢？

我们不妨从圆里面寻找一下线索，我们知道，经过圆心的两条直线交圆所得的内接四边形是一个矩形，显然当该矩形的对角线互相垂直时，其面积会取到最大值. 设这两条直线的斜率存在且分别为 k_1、k_2，则当 $k_1\cdot k_2=-1$ 时，面积有一个最大值 $S=2a^2$.

由于椭圆可以看作是由圆经过坐标变换得到，我们不妨构造一个与椭圆 $\Gamma: \frac{x^2}{a^2}+\frac{y^2}{b^2}=$

1$(a>b>0)$等宽的一个圆$C:x^2+y^2=a^2$，这样椭圆Γ就可以看作是将圆C横坐标不变，纵坐标缩小为原来的$\frac{b}{a}$得到的，即圆$C:x^2+y^2=a^2$在经过$\begin{cases}x'=x,\\ y'=\frac{b}{a}\cdot y\end{cases}$变换后得到椭圆$\Gamma:\frac{x'^2}{a^2}+\frac{y'^2}{b^2}=1$，所以我们猜测当椭圆中的两条过原点直线$k'_1\cdot k'_2=\frac{y'_1}{x'_1}\cdot\frac{y'_2}{x'_2}=\frac{b^2}{a^2}\cdot\frac{y_1y_2}{x_1x_2}=\frac{b^2}{a^2}k_1\cdot k_2=-\frac{b^2}{a^2}$时，其平行四边形面积有最大值$S'=2a^2\cdot\frac{b}{a}=2ab$.

例 1 已知椭圆$\frac{x^2}{a^2}+\frac{y^2}{b^2}=1(a>b>0)$，过原点的两条直线$l_1$和$l_2$分别与椭圆交于点$A$、$B$和$C$、$D$，记得到的平行四边形$ACBD$的面积为$S$，设$l_1$与$l_2$的斜率之积为$-\frac{b^2}{a^2}$，求面积$S$的值.

解：在圆$x^2+y=a^2$中，$S=2|x_1y_2-x_2y_1|=2a^2$；

设$\begin{cases}x'=x,\\ y'=\frac{b}{a}\cdot y,\end{cases}$则在椭圆$\Gamma:\frac{x'^2}{a^2}+\frac{y'^2}{b^2}=1(a>b>0)$中，

$$S'=2|x'_1y'_2-x'_2y'_1|=2\left|x_1\frac{b}{a}y_2-x_2\frac{b}{a}y_1\right|=\frac{2b}{a}|x_1y_2-x_2y_1|=\frac{b}{a}\cdot S=2ab.$$

（三）环节三：探究新知

其实，解析几何中对于椭圆中这两条特殊的直线早就有了定义，下面让我来给大家做一下介绍：

定义 1：经过椭圆中心的弦叫作椭圆的直径.

定义 2：(1)若椭圆$\frac{x^2}{a^2}+\frac{y^2}{b^2}=1(a>b>0)$的两条直径的斜率之积为$-\frac{b^2}{a^2}$，则称它们是椭圆的一对共轭直径.(2)当一直径所在的直线的斜率为0，另一直径所在的直线的斜率不存在时(即椭圆的长轴和短轴)，也把它们称为一对共轭直径.

当然，椭圆的共轭直径还存在其他的一些定义，同学们可以在课后做进一步的研究.

我们刚才所证明的猜想，其实就是椭圆共轭直径的其中一个性质，而它其实还有其他许多性质，我们可以来看一下.

例 2 已知椭圆$\Gamma:\frac{x^2}{a^2}+\frac{y^2}{b^2}=1(a>b>0)$，过原点的两条直线$l_1$和$l_2$分别与椭圆交于点$A$、$B$和$C$、$D$，且满足$l_1$与$l_2$的斜率之积为$-\frac{b^2}{a^2}$，设$A(x_1,y_1)$，$C(x_2,y_2)$，证明：

(1) $|OA|^2+|OC|^2=a^2+b^2$；

(2) 设 M 是椭圆 Γ：$\frac{x^2}{a^2}+\frac{y^2}{b^2}=1(a>b>0)$上的一动点，且 $\overrightarrow{OM}=\lambda\overrightarrow{OA}+\mu\overrightarrow{OC}$，则 $\lambda^2+\mu^2=1$.

证明：(1) 通过对圆 C：$x^2+y^2=a^2$ 的分析，显然可以得到$|OA|^2+|OC|^2=a^2+a^2$，即 $x_1^2+y_1^2=a^2$. 设$\begin{cases}x'=x,\\ y'=\frac{b}{a}\cdot y,\end{cases}$则在椭圆 Γ：$\frac{x'^2}{a^2}+\frac{y'^2}{b^2}=1(a>b>0)$中，

$$|OA'|^2+|OC'|^2=(x'_1)^2+(y'_1)^2+(x'_2)^2+(y'_2)^2=x_1^2+\frac{b^2}{a^2}y_1^2+x_2^2+\frac{b^2}{a^2}y_2^2.$$

因为在圆 C 中，$OA\perp OB$，则 $x_2=-y_1$，$y_2=x_1$，所以

$$|OA'|^2+|OC'|^2=x_1^2+\frac{b^2}{a^2}y_1^2+y_1^2+\frac{b^2}{a^2}x_1^2=\frac{b^2}{a^2}(x_1^2+y_1^2)=a^2+b^2.$$

(2) 由于圆 C：$x^2+y^2=a^2$ 中的 M、A、B 与椭圆 Γ：$\frac{x^2}{a^2}+\frac{y^2}{b^2}=1(a>b>0)$中的 M'、A'、C'的横坐标是对应相同的，所以圆 C：$x^2+y^2=a^2$ 中的 $\overrightarrow{OM}=\lambda\overrightarrow{OA}+\mu\overrightarrow{OC}$ 与椭圆$\frac{x'^2}{a^2}+\frac{y'^2}{b^2}=1(a>b>0)$中$\overrightarrow{OM'}=\lambda\overrightarrow{OA'}+\mu\overrightarrow{OB'}$的 λ' 与 μ' 是相同的，所以我们可以研究圆 C：$x^2+y^2=a^2$中 $\lambda^2+\mu^2$ 的值. 由于 M、A、B 是圆 C：$x^2+y^2=a^2$ 上的三点，且 $\overrightarrow{OM}=\lambda\overrightarrow{OA}+\mu\overrightarrow{OC}$，所以$\overrightarrow{OM}^2=(\lambda\overrightarrow{OA}+\mu\overrightarrow{OC})^2$，化简，得 $\lambda^2+\mu^2=1$. 因此在椭圆 Γ：$\frac{x^2}{a^2}+\frac{y^2}{b^2}=1(a>b>0)$中，$\lambda^2+\mu^2=1$.

五、课堂小结

1. 椭圆的性质，许多可以借助圆的性质，再利用坐标变换进行研究；

2. 数学中的许多问题，都有着丰富的知识背景，我们在学习时应该大胆猜想，勇于探索，细心求证.

六、课后作业

1. 在平面直角坐标系 xOy 内，动点 P 到定点 $F(-1,0)$的距离与 P 到定直线 $x=-4$ 的距离之比为$\frac{1}{2}$.

(1) 求动点 P 的轨迹 C 的方程；

(2) 设点 A、B 是轨迹 C 上两个动点，直线 OA、OB 与轨迹 C 的另一交点分别为 A_1、B_1，且直线 OA、OB 的斜率之积等于 $-\frac{3}{4}$，问四边形 ABA_1B_1 的面积 S 是否为定值？请

说明理由.

2. 若 A、B 是椭圆 C：$\frac{x^2}{a^2}+\frac{y^2}{b^2}=1(a>b>0)$ 的一对共轭直径的两个端点，且 $\overrightarrow{OM}=\lambda\overrightarrow{OA}+\mu\overrightarrow{OB}$（$\lambda$、$\mu$ 是非零常数），求证：动点 M 的轨迹是 $\frac{x^2}{a^2}+\frac{y^2}{b^2}=\lambda^2+\mu^2$.

七、教学反思

（一）关于“双基”教学与“创新”教育的整合

作为高三复习课，既要加强基础，又要提高能力和发展智力. 因此，要多指导学生开展探究性学习，这就要求教师多为学生提供较为丰富的数学探究课题的案例和背景材料. 本课从一道高考中的椭圆定值问题出发，以之为基础作为创新的起步点. 然后，以改变对象或条件，研究椭圆内接平行四边形面积的最大值，通过学生相互讨论，探究解决，达到运用和拓展基础知识的目的，学生的思维发散度高，以之为基础作为创新的加速点. 以圆的性质作为线索，坐标变换作为工具，体现基础知识的变通和组合，以之为基础作为创新的飞跃点. 课堂上适度开展探究性学习，启发引导学生发现问题、探究问题，课堂呈现出学生思维活跃，学生的个人价值得到了体现，能较好地培养学生能力全面发展的教学目标，教学设计所设想的教学进程和教学效果已基本达到.

（二）椭圆是圆的压缩变换

虽然在教材中，没有坐标变换的明确定义，但是作为研究解析几何的一个重要工具，坐标变换的思想是不容忽略的. 所以本节课将坐标变换作为一种工具，将圆与椭圆结合起来进行探究.

（三）几点改进

坐标变换作为研究椭圆性质的一个工具，将圆与椭圆进行结合是一种极富创新的数学思维，如果可以在高二学习椭圆时，就让学生拥有这样的数学思维，到了高三也可以更加从容地研究椭圆相关性质. 在高三复习后期提出这样的数学思想还是晚了点，希望可以在今后的教学工作中加以改进.

在例 2 的处理上，还可以更加严谨一些，先要说明圆与椭圆对应点之间的关系，然后再研究 $\lambda^2+\mu^2$ 的定值问题更为恰当.

八、专家点评

本节课是平面解析几何经典内容的创新探究教学. 赵老师主要围绕问题展开讲解，启发引导学生理解知识的形成过程，探究解决问题的方法，突出数学思想方法的渗透. 在过程中注意新旧知识之间、知识与经验之间的练习. 在操作上，注重椭圆定值问题等基础的落实，提供学生可以模仿的基本解题程序. 语言风趣，善于活跃课堂气氛，激励学生挑战难度. 坐标变换的运用，利用椭圆是由圆压缩变换得到的这一规律，提高学生数形结合、类比化归的能力. 学生在课堂上的活动是多元的：观察、猜测、计算、推理、验证等都是学习数学的主要方式.

在例 2 第 2 问的处理上，赵老师处理得还不够成熟，故建议换一种证明方式：

证明：因为 l_1 与 l_2 的斜率之积为 $-\frac{b^2}{a^2}$，所以 $\frac{y_1y_2}{x_1x_2}=-\frac{b^2}{a^2}$.

令 $\begin{cases}x'=x,\\ y'=\frac{a}{b}y,\end{cases}$ 则 $x'^2+y'^2=a^2$.

由 $\frac{y_1y_2}{x_1x_2}=-\frac{b^2}{a^2}$，得 $x'_1x'_2+y'_1y'_2=0$.

由 $\overrightarrow{OM}=\lambda\overrightarrow{OA}+\mu\overrightarrow{OB}$，如图 5 - 13 所示，

得 $\begin{cases}x_M=\lambda x_1+\mu x_2,\\ y_M=\lambda y_1+\mu y_2,\end{cases}$ 即 $\begin{cases}x'_M=\lambda x'_1+\mu x'_2,\\ y'_M=\lambda y'_1+\mu y'_2.\end{cases}$

平方相加，得 $a^2=(\lambda^2+\mu^2)a^2$，所以 $\lambda^2+\mu^2=1$.

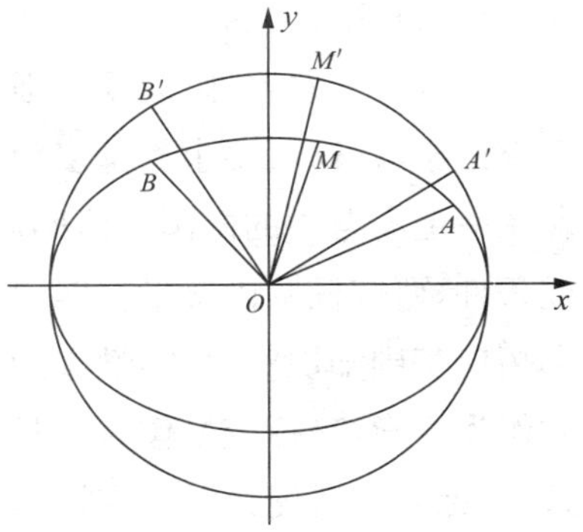

图 5 - 13

初三年级

百分比的意义(第一课时)

上海市控江中学附属民办学校　李　浩

一、教学目标

(一)知识与技能

1. 理解百分比的意义:百分比可以用来表示部分与整体的关系.
2. 认识百分比的表示方法,能正确地表示百分比.
3. 初步认识百分比在实际生活中的应用.

(二)过程与方法

尝试多角度来分析、解决问题,经历对解题过程的反思,丰富和积累解决生活实际问题经验.

(三)情感、态度与价值观

通过小组的交流合作,培养语言表达能力和协作精神,并通过结合实际生活中的百分比的事例,感受到生活中处处存在数学,激发学生学习数学的兴趣.

二、教学重点与难点

(一)教学重点

百分比的意义及百分比的表示方法.

(二)教学难点

百分比在生活中的应用.

三、教学方法与教学手段

(一)教学方法

以学生为中心,问题为驱动,引导探究,启发式教学.

（二）辅助教学手段

多媒体辅助教学.

四、教学流程设计

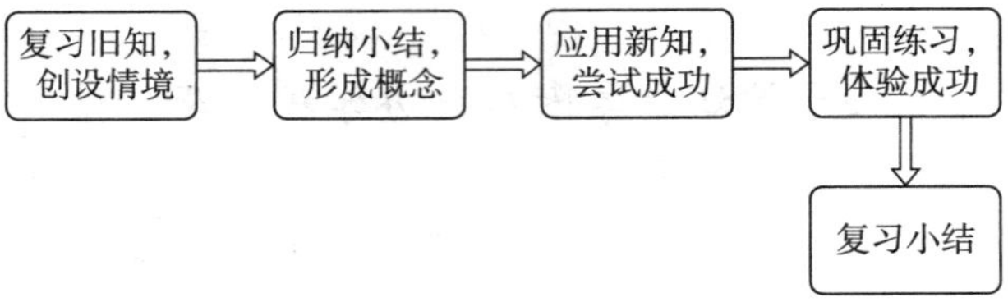

五、教学过程

（一）复习旧知，创设情境

1. 通过复习为本节课做准备

教师：比的基本性质是什么？

学生：比的前项和后项同时乘以或除以相同的数（0 除外）比值不变.

教师：将下列比化为后项为 100 的比：2 ∶ 25，12 ∶ 500，125 ∶ 50.

学生：8 ∶ 100，$\frac{12}{5}$ ∶ 100，250 ∶ 100.

2. 创设情境，诱发主动

教师：（出示多媒体课件上的引例）

我国许多地区都不同程度遭到沙尘暴的袭击，植树造林，扩大植被面积是防止沙尘暴的方法之一. 下表列出了某一地区不同树种的种植成活情况. 请你判断选择哪一种树种较好.

名称	栽树总数	成活棵树	成活棵数与栽树总数的比
A	20	17	$\frac{17}{20}$
B	25	23	$\frac{23}{25}$
C	50	42	$\frac{42}{50}$
D	10	8	$\frac{8}{10}$

说明：

1. 创设问题情境，激起学生强烈的好奇心和求知欲望，使学生的思维很快进入最佳状态.

学生:要比较分数的大小,但因为这四个比的前项、后项各不相同,从表中不容易看出哪种树的成活情况比较好.

教师:那怎么办呢?

学生:比的前项或后项化成相同的数均有利于比较其比值的大小.

教师:非常好,一般地,都把后项化为 100 的比进行比较.前项越大,树种越好(成活率越高).

学生:$\frac{17}{20}=\frac{17\times5}{20\times5}=\frac{85}{100}$,$\frac{23}{25}=\frac{23\times4}{25\times4}=\frac{92}{100}$,

$\frac{42}{50}=\frac{42\times2}{50\times2}=\frac{84}{100}$,$\frac{8}{10}=\frac{8\times10}{10\times10}=\frac{80}{100}$.

因为$\frac{92}{100}>\frac{85}{100}>\frac{84}{100}>\frac{80}{100}$,所以选择树种 B 种植比较好.

教师:树种 A 的成活棵树与栽树总棵树的比可以表示为$\frac{17}{20}$,还可以表示为$\frac{85}{100}$,称树种 A 的成活棵树占栽树总棵树的百分之八十五.

请同学们完成树种 B、C、D 的改写叙述.

学生改写叙述.

2. 通过讨论这个问题,引导学生将树种成活棵数与栽树总棵数的比化为后项为 100 的比,引出百分比概念.

(二)归纳小结,形成概念

教师:百分比——把两个数量的比值写成$\frac{n}{100}$的形式,称为百分数,也叫百分比或百分率.记作:$n\%$.

读法和写法:

(1) 百分比通常用百分号"%"表示.

(2)42%就是$\frac{42}{100}$,读作百分之四十二.

教师:读出下面各百分数.

(1) 5%;(2) 68%;(3) 0.37%;(4) 200%;(5) 246.5%.

写出下面各百分数.

(1) 百分之四十;(2) 百分之十九;(3) 百分之一百零二点五.

学生小组互动.

教师:百分比是一个特殊的比,是后项为 100 的比,它表示一个数是另一个数的百分之几.

教师:百分数是一个特殊的分数,是分母为 100 的分数.直观

3. 训练学生的表达能力,培养学生合作的能力.注意联系实际生活,感受生活中处处存在数学.

进一步的说明,使学生加深对百分比的认识.

地反映了两个数量之间的什么关系?

学生:部分与总体的关系.

教师:为什么有的百分数是200%?谁能解释一下吗?

生:比如工厂要求生产100个零件,而这个月工厂却生产了170个零件,那么工厂就完成了170%,而且百分数也可以是小数.

教师:我发现一个问题,为什么百分数没有单位?

学生:百分数是不能有单位的.

教师:为什么?

学生:因为百分数表示的是两个数的关系,所以不能带单位.

教师:生活中有哪些百分数呢?

学生小组讨论,举出实例.

(三)应用新知,尝试成功

例1 小明在一次篮球投篮比赛中,共投了20次,中了18次,小丽共投了25次,投中22个,问谁的投篮技术高?

例2 如图6-1所示,阴影部分面积占整个图形面积的百分之几?

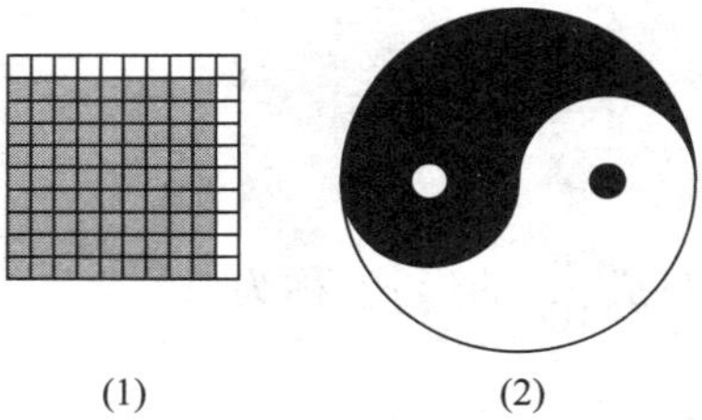

图6-1

例3 图6-2是王老师家十月份的家庭支出统计图,王老师每月工资2 000元,根据统计图回答下列问题:

4. 通过例题,巩固所学知识,学会知识在实际中的应用.

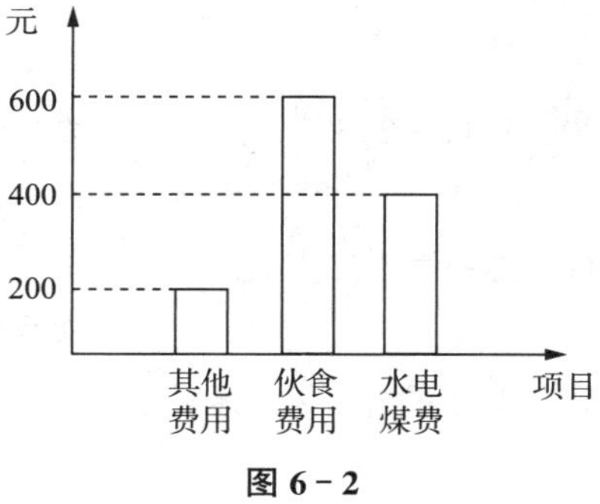

图6-2

(1) 王老师家十月份的伙食费用是工资的百分之几?

(2) 王老师把十月份剩下的工资都存入银行了,那么王老师把工资的百分之几作了储蓄?

学生自主实践,尝试成功.

(四)巩固练习,体验成功

课本 P88(1,2).

5. 培养学生总结能力.

(五)复习小结

教师:你今天学到了什么?说说你的收获.对于今天所学的内容还有什么疑问?

1. 百分比的意义、读法、写法.

2. 百分比在生活与生产中的应用.

3. 打折的表示方法.

学生自主小结.

六、教学设计说明

(一)教学内容分析

本节课是上教版《数学》(初中)第三章第四节"百分比的意义"第一课时.本节内容是在学生理解分数意义的基础上进行教学的.百分数在生活中有着广泛的应用,现实生活为百分数的学习提供了丰富的学习素材.本节课安排了三个层次的学习活动,引导学生逐步理解百分数的意义.第一层次,比较种植成活情况,并提出问题,引导学生通过比较表中分数的大小作出判断.第二层次,将表中的几个分数分别改写成分母是 100 的分数,并比较它们的大小,初步体会百分数的特点和作用.第三层次,在学生初步感知百分数的特点和作用的基础上,揭示百分数的概念,介绍百分数的读、写方法.在练习中进一步完善和理解百分数的意义,初步体会百分数与分数、比之间的联系,初步了解百分率,为进一步学习百分数积累经验.

(二)学情分析

在四年级与五年级已学过了小数、分数的相关知识.对于将分母不同的分数如何进行通分已掌握得相当熟练.学生在日常生活中已经接触过百分数,并且能用自己的语言说明白百分数所表示的意义.学生学习该内容可能的困难:①百分数与分数的区别;②练习题中关于百分数填空的活用部分.以自主探究为主,通过实际案例,使学生认识百分数,会读、写百分数,并通过搜集有关百分数的信息,最后归纳概括出什么是百分数,并通过应用进一步理解百分数.

（三）教法与学法分析

本节课在引入时选用了“探究—新知”的教学模式，这是基于本节课的知识内容，可以依托案例让学生得出新知. 因此本节课在教学活动的设计中，注意学生归纳能力的培养. 对于百分数意义的教学，我注重层次感，设计的过程是“概念导出—读写叙述—例题详解”. 学生无法比较前项和后项都不相同的比的大小，所以要让学生能够接受新的知识，我选择让学生自主探究，利用比的基本性质，转化为同前项或同后项的比. 我所选的例题由浅入深，根据学生的认知规律，结合初中时需要掌握的实际百分数的应用，和大家一起分析，最终学生水到渠成地攻克了教学重难点.

七、板书设计

百分比的意义（第一课时）
一、百分比的意义：读法　写法
二、生活中的百分比

八、课堂反思

本节课是学生在学习了比和比例的内容之后进行教学的. 由于任意的两个比不容易比较其大小，所以将其化成前项相同或后项相同的比来进行比较，而百分比就是后项为100的比，在实际生活中有着广泛的运用.

在设计本节课的内容时，我先安排复习比的基本性质，并让学生做了把比的后项化为100的几个练习，是为后面的内容进行铺垫. 课堂的引入根据书本的引例，适当地增加了沙尘暴的课外知识. 一是通过课外知识使引入更为自然，同时增加学生学习的兴趣. 二是通过沙尘暴的危害，侧面教育学生要保护自然环境，保护我们的地球，对学生进行人文教育，这也是与二期课改的精神相吻合的.

教学中尽可能以教师为主导，充分体现学生的主体地位，让学生动脑、动口，自己来探索新的知识，通过自己的思考，得出结论，从而掌握所学的知识，同时锻炼了学生的表达能力.

由于这一小节的内容主要是让学生掌握百分比的定义，会正确读出百分比，会写百分比，内容比较少，因而增加了对概念巩固的例题. 例题的选取结合课改的精神，选取实际生活中的具体事例，以应用题和图表题的形式出现，再加上常见的几何图形，让学生感受到实际生活中处处存在数学，引导学生运用数学知识解决实际问题. 既培养了学生的应用能力，又对学生渗透了数形结合的数学思想.

九、专家点评

通过本节课教学与实际生活的紧密联系，让学生感受数学学习的价值，激发学生对数学探索的兴趣和求知欲望. 发动学生去寻找生活中的百分数，现实中丰富鲜活的素材，使"单纯从书本中学数学"变为"密切联系生活做数学". 在数学学习中理解了百分数的意义及价值. 学习方式的转变，促进了学生积极主动地探索新知. 课中讨论——师生互动，生生互动，不仅交流讨论对百分数的认识和理解，还时常关注对不同观点和做法的评析. 教师为学生创设了自主探索，合作学习，独立获取知识的机会，组织学生之间有效的交流讨论，提升了对百分数意义的认识和理解. 同时恰到好处地发挥了教师的作用. 注意培养学生的问题意识，让学生在一个个问题生成中研究探索数学问题，这是本节课又一个明显的特点.

圆的面积

上海市控江中学附属民办学校　倪　宏

一、教学目标

（一）知识与技能

1. 引导学生理解圆面积的含义.

2. 能运用公式灵活地计算，能正确计算圆的面积，并能应用公式解决相关的简单实际问题，构建数学模型.

（二）过程与方法

经历圆的面积公式的推导过程，体验实验操作，逻辑推理的学习方法.

（三）情感、态度与价值观

1. 引导学生进一步体会“转化”的数学思想，初步了解极限思想.

2. 体验发现新知识的快乐，增强学生的合作交流意识和能力，培养学生学习数学的兴趣.

二、教学重点与难点

（一）教学重点

掌握圆的面积的计算公式，能够正确地计算圆的面积.

（二）教学难点

理解圆的面积计算公式的推导，极限思想（化曲为直）的理解.

三、教学方法与教学手段

（一）教学方法

以学生为中心，问题为驱动，引导探究，启发式教学.

（二）辅助教学手段

多媒体辅助教学，相应课件，圆的面积演示教具.

四、教学流程设计

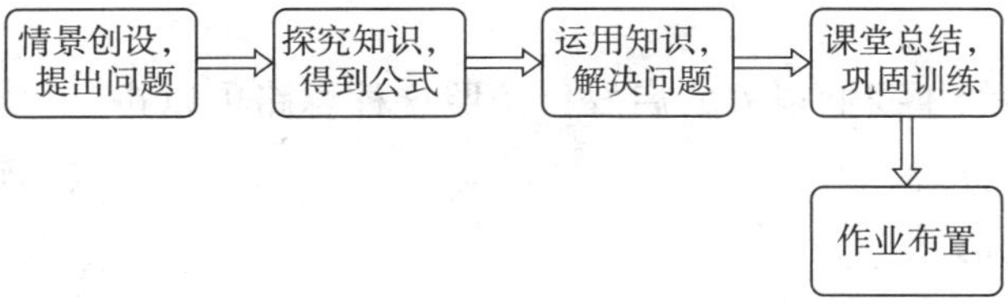

五、教学过程

（一）情景创设，提出问题

1. 利用课件演示，提出问题引发思考

教师：大家看，一只羊被拴在木桩上，它吃草的时候绷紧绳子绕了一圈. 从课件的图中，你知道了哪些信息？

学生：复习圆的相关特征.

教师：需要计算什么呢？

学生：圆的面积.

教师：今天就来探究圆的面积.

（二）探究知识，得到公式

1. 认识圆的面积

教师：圆的面积的定义是什么？

（师出示一个圆片）

教师：圆的面积在哪里？请同学们拿出圆片，用手摸一摸，感受一下圆的面积，你想说什么？

学生（互动得出定义）：圆所占平面的大小叫作圆的面积.

2. 积极动脑，讨论推导方法

教师：回忆一下，我们以前学平行四边形、三角形、梯形的面积计算公式时都是用什么方法推导出来的？

学生：转化成已知图形面积.

3. 小组合作，推导公式

教师：那圆可转化为哪一个学过的图形呢？小组可以剪一剪、拼一拼，试试看！

（学生动手操作，小组讨论，设计方案，展示在投影仪上并汇报）

教师：你们是沿着什么来剪的？为什么要沿着半径来剪呢？

说明：

1. 用这个生活中的数学问题来导入新课的学习，既可以激起学生学习的兴趣，又可以为后面圆面积的学习奠定基础，更可以让学生从课堂上涉猎生活中的数学问题，让学生体验数学来源于生活.

2. 通过多媒体演示圆的面积让学生在充分直观感知圆面积的基础上，概括出圆面积的意义.

3. 创设问题情境，启发学生回忆平行四边形、三角形和梯形面积计算公式的推导过程. 激起学生用旧知探索新知的兴趣，并明确用转化的数学思想方法.

(圆的面积与半径有关)

师生对话.

教师:这种思路给了我们很大的启发！按照这种思路可以拼成近似的什么已知图形?

学生:平行四边形.

教师:请拿出手中的圆片试着折一折,展开来,看看你折成了几等份?

学生展示并汇报。

教师:如果再折下去可以吗？现在老师就把你们折的这几种方案输入电脑.八等份、十六等份、三十二等份.

(课件演示八分法、十六分法、三十二分法的展开图)

教师:观察这三种分法,比较一下,同样大小的圆平均分的份数不同,拼出来的图形有什么变化?

学生:更接近长方形.

教师:(1) 长方形的长相当于圆的什么?

(2) 长方形的宽相当于圆的什么?

(3) 长方形的面积相当于圆的什么?

(4) 因为长方形的面积等于什么?

(5) 所以圆的面积的面积公式是什么?

学生:小组四人带讨论提纲汇报拼的过程并演示,多媒体演示公式推导过程.揭示字母公式,验证猜想 $S_{圆}=\pi r^2$.

教师:可见要求圆的面积与哪个量有关?

学生:半径 r 或直径 d.

(三)运用知识,解决问题

教师:现在我们再回到羊吃草的问题上来看看,告诉你们拴着羊的绳子长是 3 米,你们能运用所学的知识解决羊吃草的问题吗?

学生:运用公式直接做,独立解决.

例 1 (1) 已知圆的半径为 6 厘米,则圆的面积为__________平方厘米.

(2) 已知一个圆的直径为 24 分米,则这个圆的面积为__________.

(3) 已知圆的面积为 9π 平方厘米,半径是__________厘米.

(4) 如果一个圆的半径扩大到原来的 3 倍,周长扩大到原来

4. 通过小组汇报、采访小组等不同形式,来调动学生的多种感官参与学习,发挥学生的主体作用,培养学生主动探究、互助合作的精神,并通过电脑验证,使学生进一步明确圆可以拼成的近似的长方形,渗透化曲为直的方法.

5. 通过分组讨论汇报、试写面积公式等不同形式.再借助电脑课件的演示,生动形象地展示了化曲为直的剪拼过程.使学生进一步明确拼成的长方形与圆之间的对应关系,有效地突破了本课的难点.

6. 学生已经掌握了圆面积的计算公式,可大胆放手让学生尝试解答,从而促进了理论与实践的结合,培养了学生灵活运用所学知识解决实际问题的能力.

的________倍，面积扩大到原来的________倍；如果一个圆的周长扩大到原来的 2 倍，圆的半径扩大到原来的________倍，圆的面积扩大到原来的________倍.

例 2 小明绕着一个圆形花坛走了 12.56 米，这个花坛的面积约是多少平方米？（π 取 3.14）

例 3 上海海关大钟钟面的直径是 2.4 米，钟面的面积约为多少平方米？（π 取 3.14）

例 4 在边长为 4 厘米的正方形内剪一个最大的圆，求这个圆形的面积.

例 5 要求一张圆形纸片的面积，需测量哪些有关数据？比比看谁先做完，谁想的办法多？

7. 以小组讨论的形式解决问题，加强了学生之间的相互交流和师生交流，让学生参与到教学中来，挖掘学生的潜在能力，自主学习，自我教育、自我矫正、自我发展，充分体现“学生是学习主体”.

（四）课堂总结，巩固训练

教师：在这节课上你们学到了哪些知识？

学生踊跃发言，进行课堂小结.

8. 培养学生的语言表达能力，以及概括能力. 让学生发现数学来源于生活，又服务于生活.

（五）作业布置

1. 练习册习题 4.3.
2. 补充练习.

9. 根据学生的不同要求，作业适当分层，以提高他们的学习兴趣.

六、教学设计说明

（一）教学内容分析

圆的面积是在学生认识了圆的特征、学会计算圆的周长以及学习过直线围成的平面图形面积计算公式的基础上进行教学的. 由于以前所学图形的面积计算都是直线图形面积的计算，而像圆这样的曲边图形的面积计算，学生还是第一次接触到，所以具有一定的难度和挑战性. 教学关键之处在于学生通过观察猜想、动手操作、计算验证，自主探索、推导出圆的面积公式并能灵活应用圆的面积公式解决实际问题. 因此本课的教学应紧紧围绕“转化”思想，引导学生联系已学知识把新知识纳入已有知识中分析、研究、归纳，从而完成对新知的建构过程，建立数学模型，培养解决问题的综合能力.

（二）学情分析

小学生对几何图形的认识很大程度属于直观几何的学习阶段，而几何本身是比较抽象的. 从学生思维角度看，初中生具有一定的抽象和逻辑思维能力. 这一学段中的学生已经有了许多机会接触到数与计算、空间图形等较丰富的数学内容，已经具备了初步的归纳、类比和推理的数学活动经验，并具有了转化的数学思想. 所以在教学中应注意联系现实生活，组织学生利用学具开展探索性的数学活动，注重知识发现和探索过程，使学生感悟转化、极限等数学思想，从中获得数学学习的积极情感，体验和感受数学的力量. 同时在学习活动中，要使学生学会自主学习和小组合作，培养学生解决数学问题的能力.

（三）教法与学法分析

本节课在引入时选用了生活实例的教学模式，这是基于本节课的知识内容，可以依托数学实验让学生观察归纳从而得出结论. 因此本节课在教学活动的设计中，注意学生归纳能力的培养. 对于圆的面积的教学，我注重知识的迁移，把学生的发展放在第一位，体现学生的主体地位，有目的地培养学生获取知识的能力，重视学习过程. 设计的过程是提出问题—探究新知—熟练应用，以圆面积公式的推导这一教学重点，让学生自己动手操作，充分发挥学生的学习能动性，发挥学生的想象力、创造性，培养学生归纳推理的能力. 本节课，通过学生多次不同的剪拼，采用假设、转化、想象等方法，让学生体验“化曲为直”的极限思想，把圆转化成其他的平面图形，逐步归纳概括出圆面积的计算方法. 这样多层次的操作，多角度的思考，既沟通了新旧知识的联系，又最大限度地激发了学生的求知欲，学生学习兴趣盎然，课堂气氛十分活跃，使学生不仅知其然，更知其所以然. 另外利用多媒体设备，辅助课堂教学，充分调动了学生的学习兴趣，显示出直观、形象而又生动的特点，提高了课堂教学效率.

七、板书设计

圆的面积

一、定义

圆所占平面的大小叫作圆的面积

二、计算公式

长方形的面积＝长×宽

圆的面积＝周长的一半×半径＝$\pi r\times r$

$S=\pi r^2$

八、课堂反思

本节课是“圆的面积”的第一课时，从设计数学实验出发，通过学生的探究活动，引导学生归纳结论，从而得到圆的面积公式，既让学生掌握新的有用的知识，又可以有效提高学生解决问题的能力. 通过自主操作、探索的方式，不仅可以突破难点，还可以把新旧知识联系自然过渡，既掌握了学习方法，又提高了他们的学习兴趣，让他们也体会到成功的喜悦，感到自己也是学习的主人. 把生活中常见的例子搬到课堂中来，让学生发现数学来源于生活，又服务于生活. 既培养了学生解决实际问题的能力，也是对知识点掌握的一种检验. 以小组讨论的形式解决问题，加强了学生之间的相互交流和师生交流，让学生参与到教学中来，挖掘学生的潜在能力，自主学习、自我教育、自我矫正、自我发展，充分体现“学生是学习主体”. 反思本节课，完成了教学任务，学生互动也很充分. 在课堂中，教师的提问有效性还可以继续提高，将课堂能够更多地交给学生，提高他们解决问题的能力.

九、专家点评

本课是“圆的面积”的第一课时，圆作为一种由曲线围成的图形，与学生头脑中熟悉的由直线段围成的图形差别比较大，因此当提出“怎么求圆的面积呢?”这一问题时，学生感到很茫然，渴望得到老师的指点. 教师从培养学生的解题能力入手，引导学生从头脑里检索已有的知识和方法，在学生迷茫时指明了思考的方向和方法，与以前学过的图形联系起来了，建立了知识之间的联系，促成了迁移. 通过第一次探究，学生形成了很有价值的思路. 通过剪拼把圆转化成近似的平行四边形，达到渗透“转化”这一数学思想方法的目的. 再充分利用课件的优势，弥补操作与想象的不足，让学生真切地看到了“自己想象的过程”，充分地体验了“极限思想”. 本节课的主要目标是引导学生去经历探究圆的面积公式的过程，充分体验“转化”和“极限思想”，而有关求圆的面积的变式练习，以及利用圆的面积公式解决实际问题的练习都安排在下一节课中. 因此，这节课只设计了几个基本练习，目的是检验学生对圆的面积的理解和掌握程度. 数学学习，不仅是数学知识的学习，更重要的是数学思想与方法的学习. 课的最后，不仅与学生一起回顾了本节课学到的数学知识，还一起回顾了解决问题的思想方法.

二次函数 $y=ax^2+bx+c$ 的图像（第一课时）

上海市包头中学　杨织民

一、教学目标

（一）知识与技能

1. 知道抛物线 $y=a(x+m)^2+k$ 与抛物线 $y=ax^2$ 之间的平移关系.

2. 掌握抛物线 $y=a(x+m)^2+k$ 的对称轴、顶点坐标以及开口方向等图像性质.

3. 运用二次函数 $y=a(x+m)^2+k$ 的图像性质判断对称轴、顶点坐标以及开口方向.

（二）过程与方法

1. 经历探讨形如 $y=a(x+m)^2+k$ 的二次函数的图像特征的过程，领会数形结合的数学思想.

2. 体会由特殊到一般的探究策略，初步形成归纳一般规律的认知基础.

（三）情感、态度与价值观

通过探究抛物线 $y=a(x+m)^2+k$ 与 $y=ax^2$ 之间的平移关系，学生的探索精神和归纳能力有进一步的提升.

二、教学重点与难点

（一）教学重点

研究形如 $y=a(x+m)^2+k$ 的二次函数的图像，并归纳出函数图像的特征.

（二）教学难点

发现并归纳抛物线 $y=ax^2$、$y=ax^2+c$ 与 $y=a(x+m)^2+k$ 三者之间的关系.

三、教学方法与教学手段

（一）教学方法

以问题为驱动，引导探究，发现规律，归纳特征.

（二）教学手段

PPT、几何画板辅助教学.

四、教学流程设计

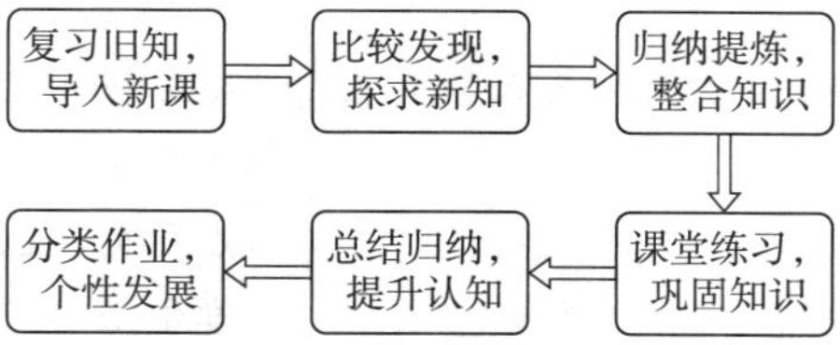

五、教学过程

教学流程	教师活动	学生活动	设计意图
复习旧知，导入新课	（一）课前练习 1. 二次函数 $y=\frac{1}{2}x^2$ 的图像是________，开口方向________，对称轴________，顶点坐标________，图像有最________点. 2. 二次函数 $y=\frac{1}{2}x^2$ 向上平移 3 个单位得到________，开口方向________，对称轴________，顶点坐标________，图像有最________点. 3. 二次函数 $y=\frac{1}{2}x^2$ 向左平移 1 个单位得到________，开口方向________，对称轴________，顶点坐标________，图像有最________点. （二）知识回顾 **教师**：我们最近几节课学习了二次函数的相关知识，让我们来简单地回顾一下. 我们首先学习了二次函数的解析式为 $y=ax^2+bx+c(a\neq0)$， 接着又延续学习一次函数的经验，先从 $b=0$ 和 $c=0$ 这个最简特殊的二次函数 $y=ax^2$ 研究其图像及其性质，我们知道它的图像是一条抛物线，然后通过观察我们归纳出了图像的性质.	学生回答. 师生互动： 分别说明开口方向、对称轴、顶点坐标，最高(低)点.	通过课前练习让学生回忆已学习的二次函数相关知识，通过师生互动对特殊的几类二次函数进行知识梳理，为新课的学习作好铺垫.

续表

教学流程	教师活动	学生活动	设计意图
复习旧知，导入新课	我们又了解了将 $y=ax^2$ 进行上下或者左右平移可以得到抛物线 $y=ax^2+c$ 或 $y=a(x+m)^2$ **教师：**在图像平移过程中，什么不变，什么变化了？ **教师：**这里系数 a、c、m 对抛物线有何影响？ **教师：**今天我们要在这个基础上，对图像再进行一次不同方向的平移，它的解析式又会变成什么形式呢？	**学生：**开口方向和形状不变，对称轴和顶点发生了变化. **学生：**a 决定开口方向和形状. c 和 m 决定位置.	
比较发现，探求新知	**教师：**如果将 $y=\frac{1}{2}(x+1)^2$ 向上平移 3 个单位，所得到的抛物线的表达式是什么？ **教师：**这是我们的猜测，那如何来证明这个结果是正确的呢？ 出示 $y=\frac{1}{2}(x+1)^2$ 的图像.（几何画板） 教师演示将 $y=\frac{1}{2}(x+1)^2$ 的图像上的每一点向上平移 3 个单位得到一条新的抛物线. 分析： 1. 设点 $P(u,v)$ 是新抛物线上一点，过点作垂直于 x 轴的垂线，交 $y=\frac{1}{2}(x+1)^2$ 于点 Q，可知点 P 和点 Q 的横坐标相同都为 u，点 Q 的纵坐标的值为 $\frac{1}{2}(x+1)^2$，点 P 的纵坐标的值比点 Q 纵坐标的值大 3，所以新抛物线上任意一点 P 的坐标 (u,v) 都满足关系式 $v=\frac{1}{2}(u+1)^2+3$. 所以新抛物线的解析式为 $y=\frac{1}{2}(x+1)^2+3$. 2. 可以将 $y=\frac{1}{2}(x+1)^2$ 中的 $x+1$ 看作 X，	**学生：**$y=\frac{1}{2}(x+1)^2+3$. 师生共同研究.	学生对于再次平移的解析式猜想可以根据前面复习的经验得到，但对于这个结论的证明是有一定困难的，教师在这一部分的学习中，引导学生通过已有的函数相关知识进行分析.

续表

教学流程	教师活动	学生活动	设计意图
比较发现,探求新知	这样解析式就可以看作 $y=\frac{1}{2}X^2$,而将 $y=\frac{1}{2}X^2$ 向上平移 3 个单位就可以得到 $y=\frac{1}{2}X^2+3$,那么也就是 $y=\frac{1}{2}(x+1)^2+3$ 这个表达式. **教师**:你能通过观察说出 $y=\frac{1}{2}(x+1)^2+3$ 图像的性质吗? **教师**:你们能说出 $y=\frac{1}{2}(x+1)^2+3$ 由 $y=\frac{1}{2}x^2$ 怎样平移得到的吗? **教师**:可不可以说是先向上平移 3 单位再向左平移 1 个单位呢? 议一议:怎样将 $y=\frac{1}{2}x^2$ 通过左右、上下平移,分别得到下列抛物线?并能说出图像的性质. $y=\frac{1}{2}(x-1)^2+2$,$y=\frac{1}{2}(x-3)^2-2$, $y=\frac{1}{2}(x+3)^2-2$.	**学生**:开口方向向上,对称轴直线 $x=-1$,顶点坐标$(-1,3)$,顶点是最低点. **学生**:是由 $y=\frac{1}{2}x^2$ 先向左平移 1 个单位,再向上平移 3 个单位得到的. **学生**:可以,平移的顺序不影响平移的结果. 学生回答.	
归纳提炼,整合知识	**教师**:我们可以看到将 $y=ax^2+c$ 再次左右平移或者将 $y=a(x+m)^2$ 再次上下平移,我们得到了这样一个新的抛物线表达式 $y=a(x+m)^2+k$. 例如 $y=\frac{1}{2}(x-3)^2+2$,这里的 2 是不是我们一般式中的常数项? 所以我们的解析式中,为了要和一般式中的常数项区分,这里用了 k 来表示. **教师**:请同学们说出 $y=a(x+m)^2+k$ 的	**学生**:不是. **学生**:$a>0$,开口方向向上.顶点是最	学生对于数值的理解是比较有概念的,但对于用字母表示数时为什么原来的 c 写成了 k,每个字母的不同意义需要分析清楚,也为一般式与顶点式的相互联系做好准备.

续表

教学流程	教师活动	学生活动	设计意图
归纳提炼，整合知识	图像性质. 几何画板演示 a、m 和 k 的作用。 **教师**：$y=a(x+m)^2+k$ 也是二次函数的一种表达形式，因为可以轻松地看出顶点、对称轴，我们把它叫作顶点式. 顶点式和一般式的关系我们将在后面的课中进行学习. 这里如果 $m=0$ 或 $k=0$ 时，就成为我们已学习的 $y=ax^2+k$ 和 $y=a(x+m)^2$，所以这两个函数也是顶点式的特殊情况.	低点. $a<0$，开口方向向下，顶点是最高点，对称轴：直线 $x=-m$. 顶点坐标：$(-m,k)$.	通过几何画板演示，使学生对于三个系数的几何意义有直观的认识.
课堂练习，巩固知识	1. 指出下列抛物线的开口方向、对称轴和顶点坐标. (1) $y=2\left(x-\frac{1}{2}\right)^2+1$； (2) $y=-2\left(x+\frac{1}{2}\right)^2-1$； (3) $y=(x+3)^2-4$； (4) $y=-(x-3)^2+4$. 2. 已知 m 是常数. (1) 如果抛物线 $y=(m+1)x^2$ 的最高点是坐标轴的原点，那么 m 的取值范围是________. (2) 如果抛物线 $y=x^2+m+1$ 的顶点坐标为原点，那么 m 的值是________. (3) 如果抛物线 $y=(x+m)^2+m+1$ 的对称轴是 $x=1$，那么它的顶点坐标是________. (4) 如果抛物线 $y=m(x+1)^2+m+1$ 的顶点坐标是 $(-1,-2)$，那么它的开口方向是________. 3. 将抛物线 $y=\frac{1}{2}x^2$ 先向下平移 2 个单位，再向左平移 2 个单位. (1)求此抛物线的解析式；(2)再将抛物线向右平移几个单位，能使所得的抛物线经过原点？	学生回答.	通过练习，巩固所学的知识点.

续表

教学流程	教师活动	学生活动	设计意图
总结归纳，提升认知	**教师**:谈谈你们有何收获?	学生谈收获.	让学生总结，主要是看看学生对这节课掌握的情况，同时让学生将知识系统化.
分类作业，个性发展	1. 练习册 26.3(1); 2. 校本作业选做.	根据学生能力差异，布置相应的作业.	作业分类布置，使班级学生各自获得不同层次上的平衡，从而产生强烈的愉悦感，增强学习信心.

六、教学设计说明

(一)教学内容分析

《二次函数》是初中阶段所学的有关函数知识的重点内容之一，学生在学习了正比例函数、反比例函数、一次函数之后学习二次函数，这是对函数及其应用知识学习的升华和提高，是今后学习其他初等函数的基础，因此，这部分对学生学习函数内容有着承上启下的作用，对培养和提高学生用函数模型(数学思想)来解决实际问题，逐步提高分析问题，解决问题的能力有着一定的作用.

(二)教法与学法分析

为了更好地遵循教师的主导作用和学生的主体地位相统一的教学规律，在教学过程中，设计 5 个环节:①比较发现——探求求知;②归纳提炼——整合知识;③课堂练习——巩固知识;④总结归纳——提升认知;⑤分类作业——个性发展. 这五个环节环环相扣、层层深入，注重关注整个过程和全体学生，充分调动了学生的参与性.

七、板书设计

二次函数 $y=ax^2+bx+c$ 的图像(第一课时)

$y=ax^2+c$ 开口方向：$a>0$向上，顶点是最低点；$a<0$向下，顶点是最高点. 对称轴：y轴，即直线 $x=0$. 顶点坐标（$0, c$）	左右平移 ⇔	$y=a(x+m)^2+k$ 开口方向：$a>0$向上，顶点是最低点；$a<0$向下，顶点是最高点. 对称轴：y轴，即直线 $x=-m$. 顶点坐标（$-m, k$）
⇕ 上下平移		⇕ 上下平移
$y=ax^2$ 开口方向：$a>0$向上，顶点是最低点；$a<0$向下，顶点是最高点. 对称轴：y轴，即直线 $x=0$. 顶点坐标（$0, 0$）	左右平移 ⇔	$y=a(x+m)^2$ 开口方向：$a>0$向上，顶点是最低点；$a<0$向下，顶点是最高点. 对称轴：y轴，即直线 $x=-m$. 顶点坐标（$-m, 0$）

八、专家点评

初中学生的数学思维能力还很不成熟，抽象思维能力弱，数形结合等价转换的能力不足，所以一元二次函数图像的学习是他们的一个难点，同时，思维的持续能力不足也极大地限制了他们对于复杂问题的研究学习. 本节课，教师从学生已经习得的知识引入，复杂问题多角度分解，问题处理层层推进，教学语言简练准确，情感丰富，课堂节奏的掌控驾轻就熟，整堂课气氛活跃，学生参与度极高，思维活动充分. 总的来说，是一堂相当精彩的课.

附录 1

子集与推出关系　课前指引

一、数学名人介绍

G. Cantor(1845—1918)

格奥尔格·康托尔，德国数学家，集合论的创始人. 他靠着辛勤的汗水，成功地证明了一条直线上的点能够和一个平面上的点一一对应，也能和空间中的点一一对应. 这样看来，1厘米长的线段内的点与太平洋面上的点"一样多". 然而这一理论一开始却遭到数学权威们的反对、谩骂，巨大的精神压力摧垮了康托尔，使他心力交瘁，患了精神分裂症，被送进医院. 直到1897年举行的第一次国际数学家会议上，他的成就才得到承认，被誉为"可能是这个时代所能夸耀的最巨大的工作". 可是，这时的康托尔仍然神志恍惚，不能从人们的崇敬中得到安慰和喜悦. 康托尔的信条是："数学在它自身的发展中完全是自由的，对它的概念限制只在于：必须是无矛盾的，并且与由确切定义引进的概念相协调……数学的本质就在于它的自由."

二、基本概念回顾

1. 已知两个集合 A 和 B：

(1) ____________叫作集合 A 是集合 B 的子集，记作________；

(2) ____________叫作集合 A 是集合 B 的真子集，记作________.

2. 已知 α、β 分别表示两个命题：

(1) α 是 β 的充分条件是指：____________________；

(2) α 是 β 的必要条件是指：____________________；

(3) α 是 β 的充要条件是指：____________________.

三、旧知检测　温故知新

	用“充分条件”“必要条件”填空	用符号“$\subseteq$,$\supseteq$,$=$”填空
1	“$x=1$”是“$(x-1)(x+3)=0$”的__________条件.	$A=\{x\mid x=1\}$,$B=\{x\mid (x-1)(x+3)=0\}$,则 A __________ B.
2	“$x^2=1$”是“$(x-1)(x^2+3)=0$”的__________条件.	$A=\{x\mid x^2=1\}$,$B=\{x\mid (x-1)(x^2+3)=0\}$,则 A __________ B.
3	“$x>5$”是“$x>3$”的__________条件.	$A=\{x\mid x>5\}$,$B=\{x\mid x>3\}$,则 A __________ B.
4	“$x>2$”是“$x>3$”的__________条件.	$A=\{x\mid x>2\}$,$B=\{x\mid x>3\}$,则 A __________ B.

上表描述了“两集合的包含关系”和“两命题之间的推出关系”,你能感受到它们的内在联系吗?请试着写出你的结论.

附录 2

子集与推出关系　课堂评价

一、自我评价

1. 利用子集和推出关系，判断 α 是 β 的什么条件.

(1) α：$-2<x<2$，β：$x-6<0$；

(2) α：$a+b>$，β：$a>0, b>0$；

(3) α：$a+b\neq 5$，β：$a\neq 2$ 或 $b\neq 3$.

2. 设 α：$1\leqslant x<4$，β：$1\leqslant x<m$，$m\leqslant \mathbf{R}$.

(1) "α 是 β 的充分条件"，求实数 m 的取值范围；

(2) "α 是 β 的必要条件"，求实数 m 的取值范围.

二、类比深化

设 $A=\{a\,|\,a$ 具有性质 $\alpha\}$，$B=\{b\,|\,b$ 具有性质 $\beta\}$，根据本节课所学内容，类比以下结论：

集合的包含关系	命题的推出关系	条件关系
$A\subseteq B$	$\alpha\Rightarrow\beta$	α 是 β 的充分条件
$A\supseteq B$	$\beta\Rightarrow\alpha$	α 是 β 的必要条件
$A=B$	$\alpha\Leftrightarrow\beta$	α 是 β 的充要条件
$A\subsetneqq B$		α 是 β 的________条件
$B\subsetneqq A$		α 是 β 的________条件

三、课后思考

1. 请写出一个"α 是 β 的充分非必要条件".
2. 请写出一个"α 是 β 的必要非充分条件".
3. 请写出一个"α 是 β 的既非充分也非必要条件".

附录 3

中外历史上的方程求解

N. H. Abel (1802—1829)

在人类用智慧架设的无数座从未知通向已知的金桥中，方程的求解是其中璀璨的一座. 虽然今天我们可以从教科书中了解各式各样方程的解法，但这一切却经历了相当漫长的岁月.

由于实际问题的需要，我们经常需要寻求函数 $y=f(x)$ 的零点(即 $f(x)=0$ 的根). 对于 $f(x)$ 为一次或二次函数，我们有熟知的公式解法(二次时，称为求根公式). 我国古代数学家已比较系统地解决了部分方程求解的问题，在《九章算术》、北宋数学家贾宪的《黄帝九章算法细草》、南宋数学家秦九韶的《数书九章》中均有记载. 在 16 世纪，已找到了三次和四次函数的求根公式，人们曾经希望得到一般的五次以上代数方程的根式解，但经过长期的努力仍无结果. 1824 年，挪威年轻数学家阿贝尔(N. H. Abel，1802—1829)成功地证明了五次以上一般方程没有根式解. 1828 年，法国天才数学家伽罗瓦(E. Galois，1811—1832)巧妙而简洁地证明了存在不能用开方运算求解的具体方程. 人们认识到高于四次的代数方程不存在求根公式，因此对于高次多项式函数及其他的一些函数，有必要寻求其零点的近似解的方法，这是一个在计算数学中十分重要的课题.

E. Galois (1811—1832)

图书在版编目(CIP)数据

基于核心素养的数学创新教学设计 / 王国江主编. —上海：上海社会科学院出版社，2018

ISBN 978-7-5520-2389-3

Ⅰ. ①基… Ⅱ. ①王… Ⅲ. ①中学数学课-教学设计 Ⅳ. ①G633.602

中国版本图书馆 CIP 数据核字(2018)第 166147 号

基于核心素养的数学创新教学设计

主　　编 / 王国江
副 主 编 / 张倬霖
责任编辑 / 何红燕
封面设计 / 郁心蓝
出版发行 / 上海社会科学院出版社
上海顺昌路 622 号　邮编 200025
电话总机 021-63315900　销售热线 021-53063735
http://www.sassp.org.cn　E-mail:sassp@sass.org.cn
照　　排 / 北京市林海印刷厂服务部
印　　刷 / 上海天地海设计印刷有限公司
开　　本 / 787mm×1092mm　1/16 开
印　　张 / 16
字　　数 / 335 千字
版　　次 / 2018 年 10 月第 1 版　2018 年 10 月第 1 次印刷

ISBN 978-7-5520-2389-3/G·765　　定价：69.80 元